# ¿QUÉ PASA ECUADOR?
## IDEAS PARA EL CAMBIO

**BRUNO FAIDUTTI NAVARRETE**

Interamerican Institute for Democracy

ISBN: 978-1548733971

InterAmerican Institute for Democracy
2100 Coral Way Suite #500
Miami, FL 33145, U.S.A.
www.intdemocratic.org
Email: IID@intdemocratic.org
+1 (786) 409 4554

Fondo editorial del
Interamerican Institute for Democracy

# AGRADECIMIENTO

"Es un privilegio haber vivido una vida difícil".

Indira Gandhi
Estadista y política hindú (1917-1984)

Nací del amor de mis padres, cuyo anhelo era tener una familia numerosa sin calcular que todos naciéramos hombres. En la actualidad, mi madre, Sara Eugenia Navarrete Romero, con sus 80 años se reúsa romper el cordón umbilical con sus hijos, circunstancia que se lo agradezco porque demuestra su amor a diario por nosotros. Pendiente de cada uno de sus hijos, nuestra madre se preocupa de invitarnos a comer todos los días. La seguimos llamando "mamita". Cocina deliciosa comida nacional e internacional, aunque a veces experimenta con nosotros, jamás dejamos de comer sus deliciosos platos y peor fallar a una reunión familiar de los días domingos, donde nos juntamos hijos, nueras, nietos y la única bisnieta, Robertita.

Mi padre, Juan Carlos Faidutti Estrada, nacido como Giancarlo, se cambió de nombre por su amor a la política, acertada o no su decisión, los primos, hijos de los Estrada Valle y amigos de la niñez lo llaman Giancarlo, el resto del Ecuador y sus amigos que recogió por el mundo lo llaman Juan Carlos. Sus hijos lo llamamos "Chicho" y con ese nombre lo acompañaremos hasta sus últimos días, ya que nuestro padre es y será uno más de nosotros por la confianza entregada desde la niñez. Siempre nos hizo participar de las conversaciones de adultos con los Estrada Valle y sus amigos. Recuerdo las visitas a Palemón, Miguel, Pablo, Raúl, Pancho y a mi madrina querida, Vichi, que hasta cumplidamente me llamó todos los 19 de agosto a desear feliz cumpleaños. Como padre nos proporcionó la mejor educación y oportunidad para estudiar en el exterior los estudios superiores, hecho que se lo agradezco profundamente.

La escuela de pensamiento es netamente mi interpretación por lo escuchado en cada una de las visitas y conversaciones que participé sumado a la experiencia vivida con el 5to velasquismo, mis visitas a Washington, Moscú, Canadá, Uruguay y Chile, lugares donde Chicho estuvo de embajador. A Ginebra nunca pude visitarlos, cedí la posta de visita a mis hijos mayores: Bruno y Giancarlo.

De mis abuelos maternos conocí el amor especial del consentimiento y la enseñanza de la solidaridad. Recuerdo haber acompañado a mi abuelo Simón a hogares de familiares pobres para dejar unas cuantas fundas de comida y hasta dinero en efectivo como una rutina desinteresada de ayuda humanitaria. La misma entrega y amor recibí de mi tía Tana Navarrete y mi querido tío Donald que me acogieron todos los fines de semanas posibles y feriados en su hermosa casa de Stamford, Connecticut. Sin mis tíos Donald y Tana mis días universitarios no hubieran tenido el calor de hogar que me proporcionaron.

Mis hermanos y yo crecimos en Urdesa Central, Guayaquil con amigos contemporáneos de familias numerosas. Entre nosotros, los Guzmán Pons, Bohrer Pons, Olsen Pons, Rendón Pons, Rigail Pons, Salvador Albán e Illingworth Plaza y las Arcentales éramos numerosos como para divertirnos deportivamente y coincidir los tres meses de vacaciones en las playas de Salinas. Jamás me enteré que clase social fuimos, pero estoy seguro que nada nos faltó y todos compartimos el "lunch" o sándwich donde nos brindaran mientras nos divertíamos.

Mis padres me dieron valores y buenas costumbres. Los curas claretianos fueron mis formadores de la escuela y colegio que confirmaron la religión católica inculcada desde la niñez. Mi deporte hereditario fue el Judo por ser el deporte que a Chicho le gustaba. Con ello desarrolle el amor a otros deportes sin discriminación. Todo el entorno de mi crecimiento ayudó mi formación como profesional y hombre de familia.

Tuve el acierto de enamorarme de Lourdes Álvarez Ampuero en nuestro lugar de trabajo. Ella tuvo la paciencia de esperarme cuando me ausente por mis estudios de maestría en Ottawa, Canadá, soportar lo poco que yo tenía para ofrecer y aceptar casarse conmigo el 5 de febrero de 1988, procrear a cuatro maravillosos hijos: Bruno Giulio, Giancarlo, Camila Francesca y Alessandro Martín y sobrellevar las arremetidas de la crisis económica de 1999 sumado a las secuelas que dejaron el hecho de haber sido deudor de la banca cerrada por tantos años.

Olmedo con su sapiencia y amor al deporte se convirtió en el suegro ideal -dispuesto a enfrentar cualquier reto sin importar la edad que nos separa- que conjuntamente con Fanny, han sabido dar ejemplo de amor y unidad familiar donde los domingos compartimos momentos agradables entre cuñados, concuñados y sobrinos.

Sin la amistad brindada por los amigos del barrio, los compañeros claretianos, universitarios de Bridgeport, amigos de los deportes que practique, de mis compañeros de buceo, de los futbolistas de los domingos, de la mañana de los martes y jueves: Trinka y Ciclón, de los chats políticos donde debatimos sin agredirnos, difícilmente podemos decir que mi vida haya sido aburrida.

Mi agradecimiento a los problemas, angustias, alegrías y lágrimas sufridas a lo largo de mi vida que sirvieron como base en la decisión de escribir este libro que tiene como finalidad el aporte personal de mis ideas económicas y políticas para una mejor sociedad con la creencia de un Dios superior.

Además, es justo agradecer al amigo Enrique Macías Chávez por sus correcciones y sugerencias realizadas con dedicación y mucho empeño en momentos los momentos finales de este libro. Igualmente, los comentarios e indicaciones del amigo Guillermo Arosemena Arosemena son de inmenso valor por su experiencia come empresario y escritor de temas relacionados a la historia económica y empresarial del Ecuador.

Bruno Faidutti Navarrete
Junio 1 de 2017

# INTRODUCCIÓN

"El futuro depende de lo que hagamos ahora en el presente".
Gandhi (1869 – 1948)

Después de 17 años de dolarización en el Ecuador no hay duda sobre la preferencia de la población hacia la moneda norteamericana; sin embargo, existen economistas críticos al esquema cambiario, incluyendo al expresidente Rafael Correa Delgado, que jamás quisieron dar su brazo a torcer y aceptar que se equivocaron. La dolarización es un hecho consumado y está para quedarse.

El libro no se trata de las bondades de ningún modelo monetario ni cambiario, se trata de ideas de libertad económicas y políticas que deben ser consideradas por actores políticos que consideren que los cambios son necesarios en el mundo civilizado y no por ellos se debe perder la cultura o identidad de los pueblos.

El camino de educar a los pueblos es necesario para el crecimiento de las ideas, las mismas que tendrán interpretaciones variadas de las experiencias vividas, a pesar de que la historia nos enseña lo que funciona o no funciona, solamente los errores nos obligan a corregir en un proceso de maduración que duraría años a menos que nuestros líderes, dejando el interés personal a un costado, se impongan la tarea de guiarnos con resultados reales de otras partes y se impongan un discurso distinto de honestidad, alejado del populismo, en sus propuestas de campaña.

Ha pasado una década de un gobierno populista donde la prioridad del gasto en la función pública abarcó dimensiones de dinero jamás soñado por mandatario alguno previo al 2007. El periodo gubernamental de Rafael Correa Delgado manejó ingresos por exportaciones de petróleo ($95.545 millones), recaudaciones tributarias ($98.840 millones) y nuevo endeudamiento público ($26.390 millones) que suman aproximadamente 220.776 millones de dólares; es decir, lo aproximado a 1,5 veces más de todos los ingresos del gobierno central recibidos desde la fundación de la República del Ecuador en 1830 hasta el 2006, periodo anterior a las políticas del Socialismo del Siglo XXI implantadas por el gobierno de la "Revolución Ciudadana" tal como se autocalifican los que ostentan el poder desde el 2007 hasta la fecha actual..

Este libro recoge las críticas a dos décadas de errores políticos y económicos que aspiro haberlos identificado con propiedad para recomendar con humildad los cambios inmediatos, requeridos, a consideración del lector, para que nos guie por el camino de la prosperidad y convivencia de los ciudadanos de distintas clases sociales.

Puede que mis apreciaciones políticas no concuerden con el lector sobre la crisis económica de 1999 ya que una mentira histórica dicha mil veces se torna difícil de cambiar, pero tengan la seguridad que mi análisis lo hice basado en cifras y hechos reales con interpretación distinta a la típica acusación política interesada de proteger a los verdaderos culpables de la crisis. Será tarea de otros reescribir la historia.

El haber escrito, opinado y enseñado mis conocimientos me dio la práctica para madurar, meditar y desarrollar todas las respuestas a todos los interrogantes que se me plantearon durante mi vida profesional, por lo que espero que la lectura de este libro sea de entera satisfacción o que por lo menos, sirva de guía para los piensan distintos de cómo combatir en pensamiento libre que aquí se expone.

Bruno Faidutti Navarrete

Junio 6 de 2017

# CONTENIDO

# POLÍTICA, LIBERTADES PARA LOS CIUDADANOS Y EL COMERCIO EXTERIOR

*"La mayoría de las personas son tan profundamente subjetivas que, en el fondo, no les interesa nada ni nadie más que ellas mismas. Ante cualquier tipo de comentario, sólo piensan en su propio caso y toda su atención es absorbida por cualquier referencia casual a algo que las afecte en forma personal, por más remoto que ello sea."*

Arthur Schopenhauer (1788-1860)
Filósofo alemán

## ¿DEBE IMPORTAR QUIÉN NOS GOBIERNA?

*"Para el que no tiene nada, la política es una tentación comprensible, porque es una manera de vivir con bastante facilidad".*

Miguel Delibes (1920-2010)
Escritor español

A cada uno de nosotros, al meditar y pensar sobre la pregunta planteada en el título, nos tomaría horas tratar de descifrar la repuesta correcta. Definitivamente no es fácil definir si realmente importa quién nos gobierna, si nos sentimos con bienestar y suficientes reservas patrimoniales como para asegurar varias generaciones de nuestra familia.

Recordemos que, por un lado, el ser humano vela por sus propios intereses y los de su familia, después por los de sus amigos y por último los de la comunidad. Por otro lado, los políticos tienen como prioridad la comunidad. Alguien tiene que hacer el trabajo comunitario, pero eso no significa que no estén pendiente de su entorno familiar; sin embargo, existe mucho sacrificio por parte de la clase política, que por lo general sus intenciones son buenas dentro del marco de la honestidad. El problema se suscita cuando nos equivocamos al elegir.

"¿De qué te preocupas flaco?" fue la pregunta que recibí de un industrial importante de la costa ecuatoriana, al comentarle el rumbo económico que tomaba el país bajo el liderazgo de la izquierda a inicios del 2007. Mi preocupación es la de la mayoría, ¿habrá inversión con las políticas macroeconómicas de izquierda implantadas en el país?, ¿hasta cuándo los impuestos, desempleo, desesperanza, etc.?

En el industrial no había inquietud; tal vez por ser una persona mayor, tomaba la vida con mayor calma o simplemente no le importaba la suerte de sus negocios; posiblemente dejaba el problema a las futuras generaciones; para él no cabía preocupación alguna.

Ese tipo de visión es lo que ha hecho que, en el Ecuador, los negocios familiares no perduren en el tiempo. Según Guillermo Arosemena, columnista del diario Expreso, los negocios familiares no pasan de 30 años[1] por lo que ciertos historiadores muchas veces, al tratar sobre el pasado de nuestra vida cotidiana, añoran los sabores y costumbres de nuestros abuelos ligados a negocios que ya desaparecieron, en lugar de identificar los problemas por los cuales pasaron los empresarios antes del colapso de las empresas de antaño.

Posiblemente, el vaivén económico del Ecuador ha hecho muy difícil perdurar en el tiempo. Los pocos negocios de más de 100 años son excepciones que confirman la regla. Sin contar que muchos tuvieron que apadrinarse a gobierno de turno para subsistir.

Volvamos a la lógica del industrial citado. Si se tiene dinero en efectivo como para cinco generaciones, cuyo legado de co-

---

[1] Sobre este tema leer a Guillermo Arosemena en "Historia Empresarial del Ecuador".

nocimiento se trasmitió a hijos y nietos, ¿se estuviera preocupado por lo que hace o deshace el gobierno de turno? Definitivamente que no, porque los tiempos han cambiado. En un mundo globalizado, con o sin nuestras costumbres o estilo de vida, las oportunidades para el que tiene dinero, se encuentran en otros países con climas similares.

Además, debemos recordar que los capitales no tienen soberanía, estos vuelan a lugares más seguros y como para citar un ejemplo, los países vecinos al Ecuador ofrecen mejores condiciones de inversión para el que instale una fábrica o negocio y dé empleo, al mismo tiempo del beneficio que implica operar en una escala de mercado más amplio al existente en el Ecuador.

No soy industrial con la vida definida, al igual que la mayoría de los ecuatoriano; soy simplemente un economista liberal como muchos, que no he tenido la oportunidad de aportar con ideas liberales a la gestión estatal.

El Ecuador es y ha sido un país paternalista, centralista y burocrático, donde los recursos se malgastan y se siguen malgastando en desmedro de la acumulación de riqueza; por lo tanto, no son verdaderas las acusaciones de líderes de izquierda sobre la destrucción económica del Ecuador a manos del neoliberalismo, cuyo significado no es satánico, como se pregona, sino tan solo significa nuevos liberales, de pensamiento ajeno al centralismo, estatismo o persecución a la generación de riquezas a través de más impuestos y trabas al comercio exterior. La competencia es nuestro legado, no el proteccionismo de monopolios privados o estatales ni la excesiva regulación.

En los países ricos con estabilidad relativa en la macroeconomía, la institucionalidad del Estado se mantiene al igual que el respeto a la propiedad privada; poco importa quién los gobierna, las cosas escasamente cambian.

En los países pobres nos gusta vivir nuestras propias experiencias ignorando (por completo) la historia de los demás países de éxito; por eso el péndulo de izquierda a derecha y de derecha a izquierda se repite constantemente, logrando resultados económicos adversos en unos casos y un tenue crecimiento en otros.

Definitivamente, mientras el Ecuador sea un país pobre, sí nos debe preocupar quien nos gobierna, caso contrario, con el peor escenario pesimista, preparémonos para migrar en busca de bienestar y oportunidades, tal como lo han hecho miles de ecuatorianos.

## LIBERTADES PARA TODOS

Concerniente a la primera multa impuesta por la autoridad competente a Teleamazonas[2], canal de televisión quiteño, los ecuatorianos lamentamos que ese acto reiterado de atropello contra la libertad de prensa pudiera ser el "éxtasis" total del gobierno del presidente Rafael Correa Delgado (2007-2017) por controlar los medios de comunicación.

El hecho nos afectaría a todos los ecuatorianos; sin embargo, como guayaquileño víctima del "status Quo", estoy en contra del centralismo a ultranza que vivimos los ciudadanos de Guayaquil, desde la creación de la república hasta estos días. Se hace necesario protestar en contra de todos los medios de

---

[2] La multa fue por la difusión de un supuesto hecho que no existió según la Superintendencia de Telecomunicaciones, ver noticia en: La Hora. "Autoridades ecuatorianas multan con 40 dólares a Teleamazonas por noticia".

comunicación que han callado los enfrentamientos costa y sierra en el pasado.

Conversando con un investigador económico acucioso como lo es Guillermo Arosemena Arosemena, me hace notar que la diferencia de criterios entre Quito y Guayaquil existe desde que somos república. Los guayaquileños siempre procuramos la liberación económica, frente al encierro comercial que la capital proponía. Tan cierto es, que la primera interpelación política que hubo en el Ecuador como república fue en el gobierno de un guayaquileño, Vicente Rocafuerte, al cuestionarse su ministro de hacienda de aquel entonces Francisco Eugenio Tamariz, de origen español, que había adoptado la medida económica de bajar los aranceles de importación.[3]

Vamos a historias más recientes. Si no hubiera sido por una visita casual de Guillermo Arosemena a la Universidad de Princeton y pedir los archivos del profesor Edwin Walter Kemmerer, hasta ahora seguiríamos con la versión centralista sobre la revolución juliana[4], donde se persiguieron a los banqueros guayaquileños como culpables del mal manejo de la economía, cuando eran las propias autoridades gubernamentales que obligaban a los bancos a que emitan nuevos billetes. Esto para poder cubrir el excesivo gasto público, ignorando por completo la caída de la producción del cacao, aparte de la caída de los precios de los principales productos de exportación del Ecuador, como consecuencia de la crisis mundial de la post guerra.

---

[3] Rocafuerte era un liberal en materia económica, por firmar los decretos del 19 de octubre de 1835 y del 10 de febrero del 36, que rebajaron a tres quintas partes los derechos de aduana, su ministro de hacienda, Tamariz fue destituido por el Congreso Nacional, salvándose Rocafuerte de su censura. Rodolfo Pérez Pimentel. "Francisco Eugenio Tamaríz".

[4] Arosemena, Guillermo, "La Revolución Juliana, evento ignominioso en la historia de Guayaquil".

Tuvieron que pasar 70 años, pero por fin tenemos una nueva versión documentada de la Revolución Juliana. Como era de suponerse, la versión contraria a la investigación de Arosemena sobre la revolución Juliana culpaba a la banca guayaquileña del descalabro económico, previo a la formación del Banco Central del Ecuador.

Para los intelectuales del centralismo, escribanos de la historia ecuatoriana, cualquier investigación documentada sobre la historia les afecta, tal como ocurre con el debate entre historiadores de Guayaquil y Quito sobre los acontecimientos libertarios de nuestra nación.

Mis preguntas son: ¿Por qué en la capital molesta tanto que se investigue la verdad? ¿A qué se teme? ¿Al espíritu emprendedor del guayaquileño que ha logrado sobrevivir al centralismo? o ¿porque se descuadra el Statu Quo, donde se hace pensar que todos los hechos históricos malos que afectaron el país provienen de Guayaquil?

La última pregunta parece encajar perfectamente en el enfrentamiento entre las ciudades. Además de la realidad de que los guayaquileños empezamos a disputar el poder político del centralismo y eso no es tolerable para la capital. La única razón de que el presidente Correa, guayaquileño, se mantuvo por 10 años en el poder es por su entrega total al centralismo. Mientras todo esté bien en la capital, no importa que la suerte en el resto del país sea distinta.

Revisemos el destino de los mandatarios guayaquileños de los últimos tiempos: Jaime Roldós, muerto en accidente de aviación el 24 de mayo de 1981[5], hecho nunca aclarado a pesar de las demandas de investigación que ha solicitado reiterada-

---

[5] Wikipedia. "Jaime Roldós Aguilera".

mente su familia; León Febres-Cordero, si no fuera por su carácter, hubiera sucumbido en la insurrección de la Base Aérea de Taura el viernes 16 de enero de 1987[6], además de la oposición que tuvo desde el primer día de su gobierno; Abdalá Bucaram, con su estilo grotesco para las costumbres tradicionales de Quito, disputó el manejo del petróleo afectando a los grupos de poder de la capital y por ende había que destituirlo declarándolo loco el 6 de febrero de 1997[7]. No debemos olvidar el fraude descarado en las elecciones de 1998, donde todos los partidos políticos se unieron para arrebatarle la presidencia al ganador, Álvaro Noboa Pontón, y sentar a Jamil Mahuad Witt, quien, por repartir el poder y por sus medidas económicas desacertadas, hizo colapsar al país en la peor crisis de su historia.

El fraude a Álvaro Noboa[8] no fue un enfrentamiento costa-sierra, más bien pasó a ser una necesidad de supervivencia de los grupos de poder, acostumbrados a manejar los recursos del Estado, quienes no podían darse el lujo de que alguien que no necesitó ni un solo centavo de ellos, por ser millonario en dólares, llegue a la presidencia, ya que no habría ni un solo compromiso. En lo acontecido, todos los medios de comunicación fueron cómplices y callaron cuando los seguidores de Noboa pedían que abran las urnas electorales.

Con la crisis económica del 99 se presentó la oportunidad de reeditar la revolución juliana destruyendo la banca guaya-

---

[6] Wikipedia. "León Febres Cordero".
[7] Wikipedia. "Abdalá Bucaram".
[8] Revista Avance. "El último fraude favoreció a Mahuad en 1998: Maugé".

quileña. A través de los medios de comunicación el expresidente doctor Oswaldo Hurtado Larrea[9] impuso la idea de banqueros "ladrones" para encubrir la burocracia dorada del Banco Central y de los miembros de su fundación Corporación de Estudios para el Desarrollo (CORDES), quienes fueron los verdaderos culpables de la crisis económica que sufrió el Ecuador. Acaso nos hemos olvidado de quiénes fueron los Luis Jácome, Pablo Better, Fidel Jaramillo, Augusto de la Torre, Ana Lucia Armijos, etc., unos miembros y otros allegados a CORDES[10] o al Presidente Hurtado. Otra vez la prensa calló.

Al Dr. Fernando Aspiazu Seminario, mientras declaraba voluntariamente ante las cortes de Guayaquil sobre sus intenciones de enfrentar el cierre del Banco del Progreso, entregando su pasaporte en señal de que no se iba a ninguna parte, el ejército ecuatoriano con órdenes del General José Gallardo irrumpe en las cortes apresando al banquero el 13 de julio de 1999, sin la existencia de orden de prisión alguna en su contra. Violación total del poder judicial por parte del ejército. Y la prensa no dijo nada sobre la ilegalidad de la actuación militar.

Como el "tinglado" contra los banqueros no estaba todavía armado, para mantener a Aspiazu Seminario preso, usan el poder del Servicio de Rentas Internas (SRI) para acusarlo de peculado por apropiación ilícita de impuestos recaudados a la circulación de capitales (ICC). Lo que se sabe es que toda la banca

---

[9] Presidente del Ecuador a partir de la muerte del presidente Roldós Aguilera desde el 24 de mayo de 1981 hasta el 10 de agosto de 1984.

[10] En el discurso del trigésimo aniversario de CORDES, el doctor Hurtado Larrea, presidente de CORDES, agradece a Abelardo Pachano, Pablo Better, Mauricio Dávalos, Luis Jácome y a Walter Spurrier entre otros, demostrando la vinculación de los mencionados en la economía previo a la dolarización por los importantes cargos que ostentaron e influencias en las opiniones de aquella época.

en ese momento estaba quebrada y que todos los bancos en absoluto debían al SRI por el mismo tema; sin embargo, el Dr. Aspiazu Seminario fue el único sacrificado. Y la prensa en silencio.

Como era de suponerse, una vez politizado el tema aparecerían acusaciones a todos los banqueros de la banca cerrada, salvando a los bancos que quedaban abiertos con informes de auditoría maquillados.

Pudiera escribir mucho sobre los culpables de la crisis con criterios contrarios a la versión de la partidocracia, pero traería unas 300 páginas de explicación y comprobación de cifras de porqué en el Ecuador todos quebramos menos en la capital. No perdamos el tiempo, nadie financiaría un libro con la versión económica de otros culpables de la crisis que no sean los banqueros señalados. Tendrán que pasar otros 70 años para que sepamos la verdad sobre la crisis económica de 1999. Sin embargo, puedo atreverme a resumir la crisis.

## CRISIS ECONÓMICA DE 1999

En épocas difíciles es fácil marcar a los culpables de la crisis económica, pero más fácil es equivocarse en señalar quienes son los culpables de los que la ocasionan. Mientras existan los malos políticos que con afán oportunista y demagógico sigan influenciando al pueblo con sus verdades a medias, la verdad jamás se sabrá y la historia estará escrita con grandes distorsiones.

Previo al estallido de la crisis y en momento oportuno señalé lo nefasto que sería para el país la aplicación del impuesto del 1% al capital en giro por la fuga de capitales que dicho impuesto ocasionaría (Expreso, *La Miopía de la Aplanadora*, Noviembre 30 de 1998); sin embargo, la maquinaría política pudo más que las razones técnicas que algunos economistas atinábamos en señalar al aprobarse la ley que fue el detonante del incumplimiento de los bancos, ahora cerrados, por la falta de liquidez que ocasiona una fuga de capitales de las magnitudes esperadas: más de 1.000 millones de dólares, por la aplicación de dicha ley. Para fines de los 90s, mil millones de dólares era muchísimo dinero para el tambaleante sistema financiero nacional a consecuencia de la afectación económica a los sectores productivos, de infraestructura, comercio exterior y sociales por el crudo invierno de 1997-1998 con la presencia del Fenómeno del Niño, se registra daños totales de 2.869,3 millones de dólares, cifra muy superior a los daños ocasionados en el invierno de 1982-1983, que también fue atribuido al Fenómeno del Niño, de $640 millones.[11]

Sin meditar en los daños por el azote de la naturaleza a las provincias de la costa, mayoritariamente, de inmediato oscuros intereses políticos, identificaron como culpables de la crisis económica a los banqueros de Guayaquil. A los banqueros se los culpó de los créditos vinculados; es decir, de prestarse dinero a sí mismo, de grandes inversiones en bienes no productivos, de cobrar altas tasas de interés, e inclusive se los criticó, generalizando, hasta de su forma de vida y preferencias ideológicas. Sin ánimo de defender a los banqueros ni mucho menos a algún banco, considero que sí es necesario que se analice el cómo, el cuándo y el porqué de la crisis financiera.

El problema económico del Ecuador tiene orígenes profundos por la mala conducción de las políticas monetarias y fiscales de gobiernos anteriores, dada la comodidad de nuestros gobernantes que se entregaron al facilismo de recetarios del Fondo

---

[11] Ministerio de Salud Pública y Organización Panamericana de la Salud. El Fenómeno del Niño en Ecuador.

### ¿Qué pasa Ecuador?

Monetario Internacional sin derecho a opinar. Recetarios simplistas y rápidos de solución fiscal para incrementar la recaudación de los ingresos para el Estado, sacrificando al pueblo y así equilibrar el déficit fiscal, olvidándose de que un ajuste en la burocracia o una refinanciación de la deuda externa hubiera traído beneficios más duraderos y menos traumáticos para la población. Estos recetarios económicos no dieron su efecto en aquella época y peor lo darían en la actualidad.

No nos olvidemos que el debilitamiento del sistema financiero se origina en 1995 donde ya se reflejan los primeros signos de colapso de los sectores productivos debido a las políticas monetarias equívocas, implantadas por los zares de la economía, que han dominado la década de los 90 en el Ecuador. Políticas económicas basadas en atracción de inversiones o capitales golondrinas, forzando una estabilidad en el tipo de cambio a un costo demasiado alto para los sectores productivos, esto es a altas tasas de interés reales que sobrepasaban la capacidad de pago de los actores económicos.

La estabilidad cambiaria fue momentánea y el flujo de capitales no fueron lo suficiente como para garantizar el crecimiento requerido del Producto Interno Bruto (PIB), pero sí lo suficiente como para generar jugosas utilidades financieras y por ende la proliferación de bancos en el sistema financiero nacional.

En agosto de 1998 hubo un nuevo gobierno, con expectativas de saber hacerlo y cómo hacerlo, que continuó con el mismo enfoque de defender el tipo de cambio a un alto costo, mermándose las reservas monetarias internacionales en tan corto tiempo y anunciar que el Banco Central del Ecuador, dejaría de intervenir en el mercado cambiario en momentos en que el Ministerio de Finanzas demandaba dólares para pagar los vencimientos de los bonos Brady.

| Año | Tasa de Interés real Activa (%) |
|---|---|
| 1990 | 12.13 |
| 1991 | 15.24 |
| 1992 | 8.91 |
| 1993 | 11.27 |
| 1994 | 23.23 |
| 1995 | 37.68 |
| 1996 | 20.91 |
| 1997 | 14.93 |
| 1998 | 10.37 |

Fuente: Economía Ecuatoriana en
Cifras, ILDIS

Como consecuencia de los desatinos del nuevo directorio del Banco Central se originó una depreciación de la moneda en alrededor del 100%, que sumada a las distorsiones ocasionadas al sistema financiero nacional por la entrada en vigencia de la ley del 1% al capital en giro, materializó la quiebra inmediata de un número importante de bancos, más de 10, generando la desconfianza en el sistema financiero en general.

Confianza perdida. Confianza difícil de recuperar, peormente cuando se congelan el 50% de los depósitos de ahorros, cuentas corrientes y pólizas de acumulación y se somete a todos los bancos a nuevas auditorías, costándole al Estado US$ 5,5 millones[12], cuando los resultados estaban a la vista. Todo esto por buscar culpables en los banqueros y politizar el tema sin analizar el perjuicio que se estaba ocasionando a la credibilidad del país.

---

[12] Memoria Crisis Bancaria. "Capítulo V: AGD entidad del sector público"

### ¿Qué pasa Ecuador?

Para consagrar la arremetida contra los bancos señalados políticamente como los culpables de la crisis, el gobierno de Gustavo Noboa Bejarano[13], ordena exámenes especiales de auditoria que consagre lo dispuesto por el inmediatismo de la prensa y políticos interesados de salvar la clase burocrática de turno. Las autoridades, se demoraron más de un mes desde que se sabían los resultados, en anunciar las auditorias, ¿Por qué? o ¿Para quién?, dejando al país con mayor incertidumbre que nunca por la falta de transparencia, la misma que rayó hasta en la torpeza de publicar dos listados de bancos con un día de diferencia y con patrimonios técnicos[14] distintos.

Más transparente que el resultado de las auditorias es hacer un pequeño ejercicio ficticio de cómo se deteriora un banco cuando la moneda se deprecia en un 100% de su valor y cómo la cartera de crédito genera pérdidas por el incremento de los créditos incobrables en un 100% (del 5% en Agosto de 1998 al 10% en pocos meses), porcentaje no ajeno a la realidad que vivía el país: Fenómeno del Niño que afectó el agro ecuatoriano y a sus principales productos de exportación sumado a la caída de los precios internacionales de esos productos, quiebra de los sectores productivos y falta de intermediación financiera por el congelamiento de las obligaciones de los bancos hacia el público en un 50%.

Tomando en cuenta la realidad económica de aquella época usemos las cifras del Banco XXX del cuadro *Antes de la Crisis*.

---

[13] Presidente constitucional a partir de la destitución del cargo de Jamil Mahuad desde el 2000 hasta el 2002.
[14] Patrimonio Técnico es el respaldo patrimonial del banco dividido sobre los créditos netos después de haberse rebajado las provisiones de créditos incobrables. En otras palabras, este indicador resume la posición de solvencia del banco en una fecha determinada.

Antes de la crisis:

### BALANCE GENERAL BANCO XXX

| | | | | |
|---|---|---|---|---|
| CAJA | 52 | | | |
| CARTERA EN SUCRES | 640 | OBLIGACIONES EN SUCRES | 640 | |
| CARTERA EN DOLARES | 320 | OBLIGACIONES EN DOLARES | 320 | |
| TOTAL DE CARTERA | 960 | | | |
| CREDITOS INCOBRABLES 5% | (48) | | | |
| TOTAL DE CARTERA NETA | 912 | | | |
| INVERSIONES EN SUCRES | 100 | CAPITAL | 100 | |
| | | RESERVAS | | |
| | | GANANCIAS (PERDIDAS) DEL EJERCICIO | 52 | |
| | | PERDIDAS POR INCOBRABLES | (48) | |
| | | PATRIMONIO | 104 | 9,77% |
| TOTAL DE ACTIVOS | 1.064 | TOTAL DE PASIVOS | 1.064 | |

Elaborado por: BFN

Asumamos que todos los banqueros se manejan con exactitud y balancean sus obligaciones[15] en sucres(640) y dólares(320) con colocaciones en cartera o créditos en los mismos montos que recaudan y que el total de sus aportaciones de capital(100) son colocados en inversiones(100) en sucres por su alta rentabilidad que representa dicha inversión que siempre será mayor a una posible rentabilidad en dólares; en otras palabras, el banquero coloca toda su fe y voluntad en la moneda local o simplemente no pusiera un negocio financiero en el país. Adicionalmente el balance general del Banco XXX se equilibra con los fondos disponibles (caja) que tiene el banco producto de las utilidades en el ejercicio. Dada la lógica y dada las cifras,

---

[15]Las obligaciones son las cuentas de ahorros, cuentas corrientes, pólizas de acumulación u otras acreencias con el público.

el Banco XXX aparece con un patrimonio técnico[16] 9.77%, situación similar promedio de los bancos ecuatorianos en agosto de 1998, hasta que el banco del ejemplo se enfrenta al deterioro de la economía por malas políticas económicas.

En menos de un año y después de las desacertadas políticas económicas, el Banco XXX adquiere una transformación en sus balances donde tiene pérdidas en el ejercicio por diferencial cambiario que afectan su patrimonio (104) en un 50%. Estos para efecto del ejemplo son los mismos 52 que ganó en el período anterior y que en el nuevo período se encontraba en reservas.

Después de la crisis:

### BALANCE GENERAL BANCO XXX

| | | | | |
|---|---|---|---|---|
| CAJA | - | | | |
| CARTERA EN SUCRES | 640 | OBLIGACIONES EN SUCRES | 640 | |
| CARTERA EN DOLARES | 320 | OBLIGACIONES EN DOLARES | 320 | |
| TOTAL DE CARTERA | 960 | | | |
| CREDITOS INCOBRABLES 10% | (96) | | | |
| TOTAL DE CARTERA NETA | 864 | | | |
| INVERSIONES EN SUCRES | 100 | CAPITAL | 100 | |
| | | RESERVAS | 52 | |
| | | GANANCIAS (PERDIDAS) DEL EJERCICIO | (52) | |
| | | PERDIDAS POR INCOBRABLES | (96) | |
| | | PATRIMONIO | 4 | 0,41% |
| TOTAL DE ACTIVOS | 964 | TOTAL DE PASIVOS | 964 | |

Elaborado por: BFN

Siguiendo con el análisis, los créditos incobrables se duplican de 48 a 96 y son castigados al patrimonio tal como exigen las autoridades de control dejándonos un nuevo patrimonio de

---

[16] Es una relación del Patrimonio sobre los activos y contingentes. Adaptaciones al cálculo del patrimonio técnico fueron hechas a través de la resolución JB-20001-382 del 8 de octubre 2001

apenas 4 o patrimonio técnico de 0,41% es decir de casi "0". Como comprobación del ejemplo a la realidad ecuatoriana los resultados en el ejercicio del sistema financiero al 30 de junio de 1999 dan pérdidas de 1,3 billones de sucres (S/. 1'300.000.000.000 esto es aproximadamente $119 millones[17]), cifra récord en la historia monetaria del Ecuador de aquel entonces.

Se podrá argumentar que las pérdidas por diferencial cambiario se las pueden diferir a varios años para que no afecte al patrimonio y así permitir que los bancos cumplan con el patrimonio técnico; también se puede cambiar la forma de calcular el patrimonio técnico, tal como se lo ha hecho, para encasillar a los bancos en el "sendero de la salvación"; sin embargo, el cambiar las reglas o la forma de enfrentar la problemática lo único que ocasiona son dudas y es como decidir que a partir de hoy la temperatura del cuerpo humano ya no es 37 ° sino 40°; el problema se resolvió pero la fiebre continuó por un tiempo. Prueba de ello que, después de un año de la dolarización, se permitió cumplir con patrimonio técnico a ciertos bancos con revalorización de activos. En otras palabras, les dijeron a los banqueros que no capitalicen los bancos con dinero en efectivo sino lo tienen porque nosotros, las autoridades, te permitimos capitalizarlos con ajustes contables. En conclusión, ya es hora que nos olvidemos de los banqueros "culpables" y comencemos a sincerarnos señalando a los "tecnócratas" causantes de la crisis económica del 99.

Continuando con los errores de la crisis, las autoridades de turno con Filanbanco bajo su mando, lo fusionan con el banco La Previsora, emiten bonos del Estado para financiar al mismo

---

[17] Al tipo de cambio de S/. 10.889,30 por dólar norteamericano. Fuente: http://www.americaeconomica.com/reportajes/sucreco.htm

### ¿Qué pasa Ecuador?

Filanbanco, desvían $80 millones de los $300 millones de bonos para el Filanbanco para capitalizar al Banco del Pacífico, no proceden a liquidar los bancos caídos por la crisis y se inventan una figura ilegal de "saneamiento" que consiste en mantener los bancos abiertos sin operar para dedicarse al cobro de la cartera, -manteniendo un gerente con su equipo de abogados cobradores en cada banco en saneamiento, mermando aún más los recursos-; previo a esto el Congreso Nacional había creado una institución burocrática (Agencia de Garantía de Depósitos, AGD) que agruparían a todos los acreedores y deudores de la banca cerrada, emitieron más de una resolución y nuevas leyes para tratar el tema de la crisis con muy malos resultados.

Para justificar las acusaciones a los banqueros, recuerden que el objetivo es defender a las autoridades económicas causantes de la crisis, se emitieron una serie de "rumores urbanos" tales como créditos vinculados a los banqueros y el otorgamiento de créditos sin respaldo. Es decir, que los banqueros habían prestado dinero a personas relacionadas con los accionistas del banco. Hecho que era legal en el Ecuador como lo es en el Asia de donde copiamos en su oportunidad el modelo del "Milagro Japonés" y de los "Tigres del Asia" por sus buenos resultados a la década de los 60s a 90s.[18] Por supuesto que la vinculación del crédito no tiene relación a la crisis económica. Nada tiene que ver si el crédito está vinculado o no a los malos resultados de la economía en general, porque cuando todos quebramos, no hay distinción entre vinculados y no vinculados.

---

[18] El milagro japonés con indicadores de crecimiento del 5% al 8% se dio entre las décadas de los 60s hasta los 80s. Los tigres del Asia (Corea del Sur, Hong Kong, Singapur y Taiwán) desde los 60s hasta la actualidad, exceptuando la década de los 90s, considerada la década perdida, han tenido crecimientos promedios 7% a 10%. Wikipedia. "Four Asian Tigers".

Con respecto a pagarés sin respaldo, es un hecho que solamente el banquero lo puede contestar caso por caso y no en forma generalizada. La generalización de las circunstancias de la crisis se produce con el afán de crear una conciencia popular que venda la idea de que los banqueros son los únicos culpables de la crisis y punto, con la finalidad de que se excluya a los malos economistas que nos llevaron a ella. Cada banquero conoce a sus clientes y qué pagaré está vinculado a que grupo económico al que pertenece, ya que muy a menudo se da el caso de que un solo bien inmueble respalda operaciones de crédito donde sus pagarés se registran con diferentes razones sociales o nombres.

Por lo general, después del daño que ocasionan las autoridades con el mal manejo de la economía, se vuelven rígidas en las normativas bancarias donde aplican la rigurosidad con las políticas más severas de otorgamiento del crédito, ignorando los síntomas de una posible recesión. Por ejemplo, la Superintendencia de Bancos obliga a provisionar a la cuenta de incobrables el 100% del crédito con un vencimiento fallido. En vista de que la cuenta de incobrables afecta el patrimonio técnico de los bancos, puede darse el caso de que los banqueros para evitar afectar el patrimonio técnico requerido por normativas de la superintendencia de bancos, hayan sugerido al cliente, el mismo que no pudiera honrar sus deudas por razones económicas, que renueve el crédito por vencer -capital más intereses- con una nueva operación bancaria que ellos aprobarían. Si este hecho ocurrió, explicaría que la crisis del 99 fue muy severa para todos sin excepción y los pagarés "sin respaldo" estaban cubiertos por otros activos en prenda que sólo el banquero conoce y no el burócrata intervencionista que nunca entendió el origen de la crisis. Todo esto se hubiera aclarado si las autoridades de aquel entonces hubieran procedido a tomar una de

**¿Qué pasa Ecuador?**

las dos decisiones: salvataje total del sistema bancario o a la liquidación inmediata de los bancos con la colaboración de los mismos banqueros.

El lector se preguntará: ¿si todos los bancos no cumplían con el patrimonio técnico, por qué a unos ayudaron y otros no? Tengo dos razones:

1. No alcanzaban los billetes para atender todo el público que demandaban sus depósitos a los bancos.
2. Por logística, no podían atender a los bancos fuera de la periferia de la casa matriz del banco central.

Así es, era tal la demanda del público por retiros de depósitos del sistema financiero que salieron a circular billetes destinados a ser destruidos que la gente los acogió con tal de salvaguardar sus ahorros metiéndolos bajo el colchón y convirtiéndolos a dólares.

Para los dueños del dinero en los bancos la crisis fue terrible, vivieron el cobro del uno por mil por cada transacción bancaria, hecho que los motivo a retirar el dinero de los bancos sumado a la depreciación de la moneda sucre frente al dólar norteamericano, profundizando el nerviosismo del depositante sobre la economía. Desde fines de 1997 hasta fines de 1998, el sucre se había depreciado frente al dólar en 53,51%.

De diciembre de 1998 hasta el 9 de enero del 2000, fecha que decide que la dolarización debe ser al tipo de cambio de S/. 25.000 por dólar, el sucre se depreció en 268%. Desde diciembre de 1994, fecha previa al conflicto bélico del Cenepa donde se enfrentaron Ecuador y Perú, hasta diciembre de1998, el sucre se había depreciado 199% y en todo el año de 1999 la depreciación del sucre fue de 195%. Ver cuadro Tipo de Cambio.

TIPO DE CAMBIO

En sucres

FIN DE PERIODO

| Años | Compra | Venta | Promedio | Var. |
|------|--------|-------|----------|------|
| 1994 | 2.268,00 | 2.270,00 | 2.269,00 | 10,95% |
| 1995 | 2.922,00 | 2.925,00 | 2.923,50 | 28,85% |
| 1996 | 3.634,00 | 3.635,00 | 3.634,50 | 24,32% |
| 1997 | 4.425,00 | 4.428,00 | 4.426,50 | 21,79% |
| 1998 | 6.765,00 | 6.825,00 | 6.795,00 | 53,51% |
| 1999 | 19.858,00 | 20.243,00 | 20.050,50 | 195,08% |
| 2000 | 25.000,00 | 25.000,00 | 25.000,00 | 24,69% |

Fuente: BCE

Hay que señalar que el país se venía manejando con bandas cambiarias desde 1992, sistema cambiario que empujaba el tipo de cambio al tope de la banda superior a menos que el BCE interviniera con dólares en el mercado libre de cambios. Determinar qué días y con qué frecuencias se intervino en el mercado libre de cambios no amerita un análisis económico, pero desde 1995 hubo seis ajustes al techo de la banda cambiaria, siendo el último ajuste a fines de 1998 y la liberación total del tipo de cambio, fuera del esquema de las bandas, en febrero de 1999. [19]

El tipo de cambio se dispara en el mes de diciembre de 1998 por las expectativas negativas que ocasiona la aprobación de Ley del Impuesto a la Circulación de Capitales, la misma que entraría en vigencia el 2 de enero de 1999 y como resultado, las autoridades monetarias intentan defender el tipo de cambio con "flotación sucia", esta vez sin el sistema de bandas, originando que las Reservas Monetarias Internacionales disminuyeran sustancialmente del pico de fines de 1997, con aproximadamente 2.093 millones de dólares, hasta finales de 1999, con

---

[19] En Obando (Diciembre 2003) pág. 2 hay un gráfico interesante la tendencia de la banda cambiaria: techo y piso versus el tipo de cambio promedio en el mercado libre.

**¿Qué pasa Ecuador?**

1.275 millones de dólares; lo que corresponde a una caída del -39%. Ver tendencia en el gráfico RMI y Tipo de Cambio.

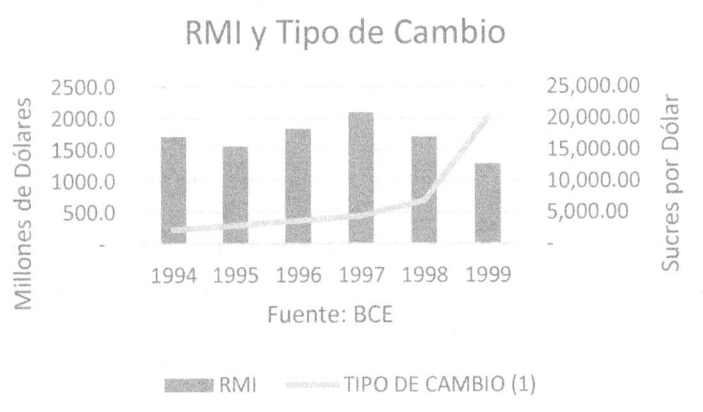

RMI y Tipo de Cambio

Fuente: BCE

En ocasiones las cifras no reflejan la magnitud de la crisis y éstas, por su frialdad, no representan el sentimiento de los que padecimos la crisis. Una cosa es referirnos a las tasas de interés como referencia que registra el banco central a fines de los 80s y durante los 90s; otra es recordar lo experimentado donde cada renovación de crédito en sucres bordeaba la tasa de interés del 70%.

En una consulta privada, tuve que analizar una industria importante de Guayaquil, donde como recomendación para salvarla había que reducir el pasivo a la mitad y restructurar a 10 años plazo la deuda al 30% de interés anual; es decir, a menos de la mitad de la tasa vigente en el momento. Cuando el industrial me pidió que lo acompañe a un par de bancos para explicar la situación, en vista de que mi recomendación era inusual, en una de las citas con el primer banco en la lista de las visitas, al explicar nuestro planteamiento, el banquero me miró como si yo fuera de otro planeta por recomendar una refinanciación a 10 años al 30% de interés. Como era en 1994, el inicio de lo que se podría venir más adelante con la crisis económica, no necesariamente el banquero había detectado problema alguno, el mismo que se presentaría como un alto nivel de endeudamiento del sector privado por las reiteradas tasas de interés en un periodo tan extenso. Las tasas de interés interbancarias llegaban a los niveles del 200% hasta el 400% de un día para otro.[20]

Indiscutiblemente que el conflicto bélico del Cenepa ocasiono retiros de capitales en 1995 y desinversión pública y privada, lo que llevó a bancos, financieras y tarjetas de crédito a fusionarse. Seguidamente viene el racionamiento de energía entre febrero de 1995 y febrero de 1996, ocasionando grandes daños económicos al país; además de la crisis política de inestabilidad que se manifestó con la censura en el congreso nacional del vicepresidente de la república, economista Alberto Dahik Garzozi, el mismo que era el gestor de la economía y de sus cambios durante la presidencia del arquitecto Sixto Durán Ballén.

Ya en problemas, la economía comenzó a demostrar signos de inflación, desempleo y morosidad en el pago de los créditos vencidos, es cuando el electo presidente el Abogado Abdala Bucaram sugiere cambios sustanciales para evitar los problemas

---

[20] Eran operaciones crediticias requeridas entre bancos que tenía como finalidad el poder cumplir con el requisito de encaje obligado por SBS. Los bancos hacían contratos privados con sus depositantes en operaciones "repots" (operaciones de reporto) para evitar que retiren el dinero. Los ahorristas en Pólizas de Acumulación (depósitos a plazo), al vencimiento de las mismas, fueron motivados a dejar el dinero por un día o fin de semana con renovación hasta lograr que el banco cumpla con el encaje legal.

que se avizoraban en materia económica, proponiendo la convertibilidad del tipo de cambio a S/.4.000 por dólar. Por su comportamiento folclórico y no por incapacidad, el congreso nacional, decide declararlo loco al presidente Bucaram para de esa manera inhabilitarlo como presidente. Viene el reparto del país y de sus instituciones públicas entre los partidos políticos que manejaban el Congreso Nacional, los mismos que destituyeron a Bucaram, colocando como presidente interino de la república, al presidente del congreso, doctor Fabián Alarcón.

Al año, se convoca a elecciones, compromiso de los partidos políticos del momento, se promociona al Doctor Jamil Mahuad Witt para presidente de tal manera que la principal fuerza política del país, partido social cristiano, se abstiene de poner candidato para la presidencia, sin calcular que el outsider, abogado Álvaro Noboa Pontón, tendría la fuerza suficiente para ganar las elecciones a la presidencia.

No hay equivocación alguna en los pactos políticos de la época que ahondaron en la crisis económica del 99. Los partidos políticos daban por seguro el triunfo de Jamil Mahuad Witt que necesitaban que el presidente interino adopte medidas económicas tales como el aumento del precio del cilindro del gas para suavizar su ascensión al poder. Previo a las elecciones de 1998, fue tan evidente la subida del gas que ligaba al candidato Mahuad que en Guayaquil salieron a circular hojas volantes con la leyenda: "Con Jamil el gas a S/. 20.000".

Al momento de las elecciones presidenciales de segunda vuelta, se orquesta un fraude electoral contra Álvaro Noboa y en favor de Jamil Mahuad. Prueba de ello fueron los problemas de urnas con inconsistencias en las actas y la negativa del Tribunal Supremo Electoral del Ecuador de recontar los votos de miles de urnas con problemas a nivel nacional. Tan descarado fue el fraude electoral[21] que el presidente del Tribunal Supremo Electoral, doctor Patricio Vivanco Riofrío, fue premiado como embajador del Ecuador ante la Organización de Estados Americanos (OEA) durante la presidencia del doctor Mahuad.[22] Además, el doctor Vivanco es el procurador judicial en el juicio que sigue el gobierno ecuatoriano al expresidente Mahuad.

El Ecuador entero se pasó de tumbo en tumbo político los últimos años de los 90s. El 25 de mayo de 1997: Consulta (para ratificar la sacada de Bucaram del poder), el 30 de noviembre de 1997: Elección de Representantes para la Asamblea Nacional, el 31 de mayo de 1998: Elecciones de Presidente de la República y vicepresidente, Diputados Nacionales, Diputados Provinciales, minorías de Consejeros Provinciales y de Concejales Municipales, y el 12 de julio de 1998: Segunda vuelta de la elección presidencial. Sumado a la caída de los precios internacionales de los productos de exportación[23], los desastres naturales ocasionados por el Fenómeno del Niño, alta tasas de interés por periodos muy largos -recordemos que los dos primeros años de Sixto Duran Ballén defendieron el tipo de cambio con altas tasas de interés dado que para atraer inversiones se necesitaba estabilidad en el tipo de cambio, se decía- llevó a la economía al extremo de que los empresarios no podían cancelar sus obligaciones con la banca, aumentando la morosidad de la cartera.

Este es un pequeño resumen de la crisis económica del 99, para que mis hijos y la juventud que lea este libro estudien la

---

[21] Delgado Jara. "¿Los resultados se dirimen siempre en las urnas? - ¿Una "feliz" "coincidencia"?"

[22] La Hora. "Informe de actividades en la OEA".

[23] Exceptuando el precio de la fruta de Cacao que subió un 2% y los elaborados de la misma fruta en 10%. Ver Banco Central del Ecuador. "La economía ecuatoriana en 1998".

crisis y lleguen a sus propias conclusiones investigando más sobre ésta. Es muy fácil satanizar a los banqueros y deudores de la banca como responsables de una crisis económica, cuando el manejo de la macroeconomía en el Ecuador ha estado en manos de los políticos desde que se fundó el Banco Central del Ecuador en 1927.[24] Con la dolarización, la afectación de las malas políticas económicas por parte de las decisiones políticas-económicas que aplique el gobernante de turno son menores, porque la soberanía del dinero la tiene el que posee sus dólares; es decir, la clase trabajadora.

### ENTENDIENDO MEJOR LA CRISIS ECONÓMICA

Para mejor comprensión de lo que ocurre en una crisis, hacemos un paralelismo entre la red de distribución eléctrica y la economía. La finalidad del gráfico Red de Distribución Eléctrica – Economía es para ilustrar lo que pasaría si el flujo eléctrico falla. La Central Generadora, sea ésta termoeléctrica, hidráulica, a gas, solar, etc., produce electricidad la misma que es elevada a una Red de Transporte hasta la Subestación de Transformación para ser repartida por la Red de Reparto pasando por la Estación de Distribución; esta estación distribuye la electricidad para los clientes industriales, comerciales, agrícolas, pequeñas industrias, artesanos, etc., para llegar al transformador (Centro de Transformación) antes de su destino final: el Cliente Residencial.

De la misma manera que el fluido eléctrico, en la economía tenemos el Gobierno que da las directrices a las Autoridades Económicas que dictan las Políticas Económicas a través del im-

---

[24] Banco Central del Ecuador. "Historia del Banco Central del Ecuador".

pulso de Leyes en la asamblea, aplicación de regulaciones ministeriales, resoluciones de superintendencias, aplican encajes monetarios y normativas bancarias o empresariales. Todo esto hace que el flujo de dinero o de inversiones sea menor o mayor, el mismo que pasa por la intermediación de las instituciones financieras (Bancos).

Los bancos hacen la labor de prestar dinero para fines industriales, comerciales, agrícolas, hipotecarios, personales y pequeños negocios. La intermediación bancaria crea dinero a través del crédito cuya fuente son los depósitos y líneas de créditos impulsadas por las tasas de interés a través de las políticas económicas; por ende, los generadores de riquezas (todos los ciudadanos en general[25]) pagamos impuestos, tasas, regalías, valores por permisos de funcionamiento, etc.

Para que el ejemplo de la gráfica tenga sentido económico vamos a suponer que las Familias Clase Trabajadora solamente dispone de su dinero después del pago de los impuestos señalados en la gráfica.

El paralelismo entre la electricidad y la economía está en lo siguiente: por el lado de la electricidad, nótese que todos nuestros hogares tienen cajas de fusibles que protegen los artefactos eléctricos del hogar.

Los fusibles saltan o se queman por variación en el voltaje haciendo que la corriente eléctrica se interrumpa ocasionando que todos los artefactos eléctricos dentro del hogar dejen de funcionar. Este hecho es individual en cada hogar. No necesariamente una variación de voltaje en el país haga saltar todos

---

[25] No sólo la clase trabajadora o generadores de riquezas pagan impuestos sino todos los ciudadanos del país porque al consumir cualquier producto de la economía en su precio al público, aunque no esté marcado específicamente con el IVA, tiene un componente de tasa o impuesto en la composición de dicho precio. Ver capítulo sobre impuestos.

los fusibles de los hogares, pero el hecho es que la posibilidad existe. De la misma manera, por el lado de la economía, cuando el flujo normal de dinero tiene interrupciones por falta de consumo e inversión, sea cuál sea la razón que ocasionó la crisis de liquidez en el país, tenemos los fusibles económicos que interrumpen el buen desenvolvimiento de la economía, con una gran diferencia que los fusibles de la economía son: los bancos.

**Red de Distribución Eléctrica - Economía**

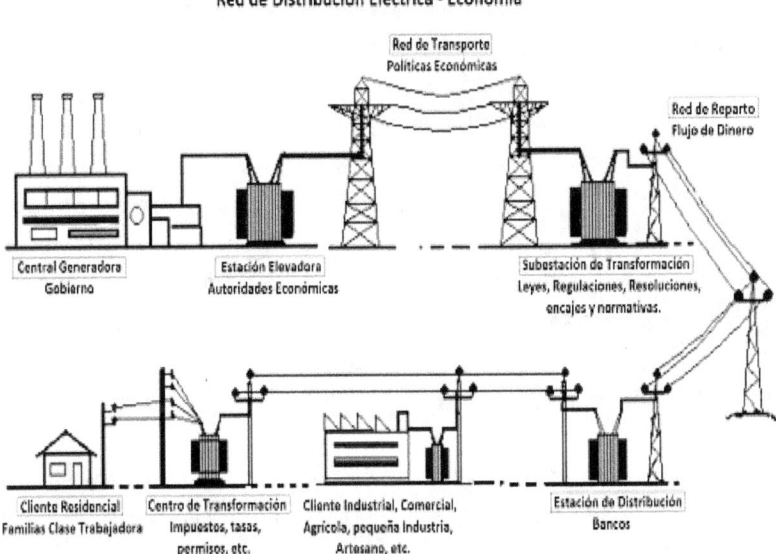

Los bancos están visibles en la economía a diferencia de los fusibles del hogar que solo la familia afectada se entera que los fusibles saltaron cuando dejaron de funcionar todos los artefactos eléctricos. Con la afectación de la economía, paulatinamente comienza afectarse los resultados financieros a través de la disminución de los depósitos e incremento de la cartera vencida afectando los índices de liquidez y solvencia de los bancos. Bajo esos indicadores las autoridades de la superintendencia de bancos actúan con sus recomendaciones que pueden derivar en castigo de cartera con aprovisionamiento del 100% de los créditos incobrables, impedir que operen con el otorgamiento de más créditos, que capitalicen el banco, etc. Sin embargo, estás autoridades jamás podrían detectar un "shock" de confianza[26] en la economía como ocurrió en 1999. Todos los cuentacorrentistas se volcaron a retirar el dinero depositado en los bancos, dinero que los bancos lo tienen colocado vía prestamos en la industria, comercio, agricultura, acuacultura, pesca, etc., dinero que no se lograba cobrar al vencimiento del crédito por razones económicas.

Si el lector, después de mi explicación sigue pensando que algo de culpa tienen los bancos -no los culpo- total es difícil querer a un banquero -a pesar que mis experiencias como deudor de tres bancos guayaquileños han sido magnificas- sugiero que se acepte la sugerencia de que no se siga llamando la crisis de 1999 como "crisis bancaria de 1999" sino que se llame: "crisis económica de 1999" para que quede extremadamente claro que los políticos de turno que manejaron la economía son los causantes de la crisis.

Lo expuesto, no consagra a los banqueros en su totalidad, entre los más de 40 gerentes generales de bancos habrá los que burdamente pensaron que el dinero era de ellos y no de los depositantes. Alguno en plena crisis fue reportado retirando dinero de la bóveda del banco donde gerenciaba y algún otro que malgastó los recursos en vuelos con aviones o helicópteros alquilados, hecho innecesario porque vivimos en un país donde

---

[26] Un shock de confianza es la pérdida de confianza generalizada de los ciudadanos sobre una o varias instituciones. En este caso fue contra los bancos e instituciones financieras del Ecuador.

las distancias son cortas y el tiempo vale poco por los escasos instrumentos bancarios que se manejan en el sector financiero.

Igualmente, no podemos condenar a los pocos buenos funcionarios que actuaron con honestidad en la AGD que, a falta de resoluciones apropiadas, no actuaron diligentemente en favor de la terminación o liquidación de los bancos. Pero si hay que recalcar las pérdidas acumuladas que ocasionaron a cada banco en saneamiento.

A diciembre de 1998, el sistema financiero nacional tenía aproximadamente 61'044.913'852.000 de sucres equivalente a US$8.983'798.948 de esa época. Inmediatamente, al mes siguiente, por razones que explico anteriormente, cierran los primeros seis bancos. Con lo que se venía en el sistema financiero nacional y con los balances aquí expuestos, ¿por qué las autoridades no supieron actuar a tiempo y enfrentar la crisis? La respuesta es simple: porque no vieron venir el shock de confianza que ocasionó el Impuesto a la Circulación de Capitales (ICC) y la variación del tipo de cambio.

Aquí viene otra pregunta: ¿por qué a unos bancos si lo salvaron y a otros no? Diría que por logística salvaron a los bancos de la capital porque el Banco Central del Ecuador queda en la capital y no alcanzaban a despachar el dinero al resto del país.

En otras palabras, la ayuda fue selectiva y no sistémica como debió ser. La ayuda selectiva ocasionó mucho daño, ¡ya lo sabemos! ¿qué otras alternativas tenían las autoridades antes de ordenar el cierre de unos bancos y la continuidad de otros? Repito, si no era la ayuda al sistema financiero nacional de manera generalizada, se debió proceder a la intervención de todos los bancos para determinar su apertura en muy corto tiempo o liquidación inmediata de los bancos con menor patrimonio técnico y problemas de liquidez.

Al decir intervención de las autoridades, me refiero que el banquero sigue en su puesto y conjuntamente con el interventor analizan la reapertura o liquidación total del banco que no pase la prueba de "estrés"[27].

Tengan la seguridad que la mayoría de los bancos hubieran sido salvados por sus propios ahorristas de Póliza de Acumulación[28] que, a cambio de acciones, podrían dejar de demandar el retiro de sus dineros, ya que el panorama de incertidumbre negaba la posibilidad de obtener el dinero en corto plazo. Los ahorristas al capitalizar el banco mejoraban la situación de baja solvencia del banco donde tenían su depósito, a espera de una fusión o un préstamo de emergencia que reactive la institución financiera.

¿Qué hubiera pasado si todo el sistema financiero nacional entraba en liquidación? Se hubiera perdido mucho menos de lo que se perdió. Veamos los números del Balance Consolidado de los bancos al 31 de diciembre de 1998. Por un lado, en los activos del Balance Consolidado, tenemos la liquidez en Fondos Disponibles por 7'522,698 millones de sucres más la Cartera de Crédito por S/. 29'118.297 millones y más las Inversiones por S/. 10'930.902 millones como la sumatoria de valores de fácil recuperación; siempre y cuando, se aplique descuentos sustanciales en la recuperación de la cartera de crédito y de las inversiones.

---

[27] La prueba de estrés en los bancos es una técnica de simulación para determinar la repuesta de las instituciones financieras ante situación de crisis. Más sobre el tema en: Wikipedia. "Prueba de resistencia bancaria".

[28] Póliza de Acumulación es un instrumento financiero ofrecido por la banca ecuatoriana que tiene fecha de vencimiento y rendimiento con una tasa de interés pactada con el cliente. Por lo general, el plazo mínimo de una Póliza de Acumulación es de 31 días.

## ¿Qué pasa Ecuador?

**BALANCES CONSOLIDADO A DICIEMBRE 31 DE 1998** - (En Millones de Sucres)

| | | | |
|---|---|---|---|
| 1 ACTIVO | 61.044.914 | 2 PASIVO | 53.081.076 |
| 11 FONDOS DISPONIBLES | 7.522.698 | 21 DEPOSITOS A LA VISTA | 15.340.864 |
| 12 FONDOS INTERBANCARIOS VENDIDOS | 444.334 | 22 FONDOS INTERBANCARIOS COMPRADOS | 329.018 |
| 13 INVERSIONES | 10.930.902 | 23 OBLIGACIONES INMEDIATAS | 3.073.365 |
| 14 CART. CRED. Y CONT. ARREND. MERCA | 29.118.297 | 24 DEPOSITOS A PLAZO | 13.813.824 |
| 15 DEUDORES POR ACEPTACIONES | 793.331 | 25 ACEPTACIONES EN CIRCULACION | 793.331 |
| 16 CUENTAS POR COBRAR | 974.995 | 26 CUENTAS POR PAGAR | 1.227.978 |
| 17 BIENES ARREND. MERC. Y ADJ. POR PA( | 556.520 | 27 CRED. FAVOR BCOS Y OTRAS INST FINAN | 14.024.059 |
| 18 ACTIVO FIJO | 4.220.945 | 28 VALORES EN CIRC. Y OTRAS OBLIGACION | 2.244.221 |
| 19 OTROS ACTIVOS | 6.482.891 | 29 OTROS PASIVOS | 2.234.415 |
| | | | |
| 4 CUENTAS DE RESULTADO DEUDORAS | 17.251.386 | 3 PATRIMONIO | 7.963.838 |
| | | 31 CAPITAL PAGADO | 4.679.684 |
| | | 33 CAPITAL SOCIAL | |
| | | 34 CAPITAL SUSCRITO NO PAGADO | |
| | | 35 APORTES PATRIMONIALES | 361.913 |
| | | 36 PARTIDAS DE CONSOLIDACION | -480.213 |
| | | 37 FONDOS DE GARANTIA O RETROGARANTIA | |
| | | 38 RESULTADOS | -301.774 |
| | | 39 REEXPRESION MONETARIA | -83.923 |
| | | | |
| | | 5 CTAS. DE RESULTADOS ACREEDORAS | 17.718.349 |

| | | | |
|---|---|---|---|
| TOTAL ACTIVO Y RESULTADOS DEUDOF | 61.044.914 | TOTAL PASIVO PATRIM. Y RESUL. ACREEI | 61.044.914 |

ELABORACION: Dirección de Productos de la Superintendencia de Bancos

FUENTE: Información reportada por las entidades del sistema financiero, bajo su responsabilidad. (Arts. 78 y 79 LGISF)

Para simplificar tomamos la sumatoria de los tres rubros (S/. 47'571.898 millones) y castigamos su valor en el 70%, quedando un saldo de S/. 14'271.569 millones como único valor recuperable a corto plazo de los activos del balance consolidado. Por otro lado, tenemos el pasivo del banco que es donde se registra las acreencias o el dinero que el banco debe por depósitos a los "cuenta-habientes". Para ello, tomemos la totalidad del pasivo: S/. 53'081.076 millones y restamos la cuenta: Crédito favor Bancos u Otras Instituciones Financieras, la misma que registra el valor de S/. 14'024.059 millones, para llegar a tener el valor neto e inmediato que habría que pagar, esto es S/. 39'057.016 millones.

Hasta ahora, bajo estos cálculos, vemos que lo que se recaudaría por cartera castigada al 60% apenas cubriría el 49% (19'028.759/39'057.016); lo que en teoría quedaría un hueco por falta de cobertura de los pasivos ocasionados que no resguarda a todos los depositantes del sistema financiero; sin embargo, sabemos que todo esto no es verdad si nos remitimos a las Cuentas de Orden y Cuentas de Contingentes. Las dos cuentas son registradas fuera del balance, pero influyen en un evento inesperado sobre la operación del banco.

El retiro masivo de dinero de los depositantes del sector financiero es un evento inesperado. La cuenta de orden (S/. 133'214.825 millones) registra la cartera que se ha venido castigando como incobrable a lo largo de los años, la misma que no necesariamente tenga un valor de cero ya que está respaldada por algún bien que garantiza aquella cartera provisionada y que por razones judiciales no se han podido cobrar.

También tenemos la cuenta de contingentes (S/. 26'619.083 millones) que registra todos los avales que el banco ha otorgado como garantía a otras instituciones financieras o clientes por apertura de cartas de crédito, etc. A sabiendas de que en las cuentas de orden están los valores de la cartera 100% provisionada hacemos el ejercicio de recuperar un 40% de esta cuenta, registrando un valor de S/. 53'285.930 millones disponibles para cubrir la cuenta de contingencia que tiene un valor de S/. 26'619.083 millones y cuya diferencia, una vez cancelado los avales o cartas de crédito al exterior de S/. 26'666.847 millones, quedarían libres para que el liquidador pueda sumarlos a los S/. 19'028.759 millones de la cartera castigada al 60%. La nueva cifra para cubrir las obligaciones a los depositantes sería de S/. 45'695.606 millones; esto es superior en 1,17 veces (45'695.606/39'057016).

### ¿Qué pasa Ecuador?

Con un descuento del 60% a los deudores de todo tipo de cartera de crédito que puedan tener la banca y con una rigidez de pagar hasta el último centavo, los activos bancarios cubrían los pasivos con creces a pesar del deterioro de la economía en momentos que los bienes perdía su valor de mercado, rápidamente. De la misma manera que se perdía el valor de las garantías y de las propiedades en el país, se pulverizaba el poder adquisitivo de los depósitos en sucres dentro del sistema financiero nacional; lo que hacía mayor la necesidad de que se liquide o intervengan las instituciones en el sistema financiero nacional. El no haberlo hecho hizo que la herida quede abierta hasta que alguna autoridad de turno con personalidad decida terminar la problemática de los deudores y acreedores de la banca.

Hay que admitir que, por fin se pone coto final al problema bancario del pasado y se liquidan los bancos en el 2010. Como decisión final de los problemas con deudores se aprueba la Ley Orgánica para el Cierre de la Crisis Bancaria de 1999, la misma que resumiendo hace que se acepte el más reciente avalúo individual de los bienes en garantía para que su valor se aplique el descuento al capital de la deuda. Con este hecho se comprobó que en el pasado hubo mala disposición en contra de los deudores castigando los embargos a precios ridículos y aplicando los valores a intereses vencidos y de mora. El problema quedó latente *at infinitum* porque, a pesar de que embargaron todos los bienes en garantía, el capital adeudado seguía intacto.

¡Cuánto daño! Negocios destruidos y hombres de negocios estigmatizados como deudor de la banca cerrada, sin poder de recuperación en el sector privado y vetado para trabajar en el sector público.

## "DEUDOR DE BUENA FE" – EXPERIENCIA PERSONAL DE VIDA Y FRUSTRACIÓN

Los deudores de la banca cerrada, no cometimos ningún delito al creer en el futuro del país invirtiendo en áreas productivas. Tan cierto es lo expresado que, en mi caso particular, siempre profesé invertir en el país.

Todo dinero que generé en diferentes actividades productivas, lo continué invirtiendo en más negocios productivos y jamás tuve una casa propia por considerarla una inversión improductiva. Existen razones de sobra que prueban que todos los deudores de la banca actuamos de buena fe:

Primero, nadie es sujeto de crédito de la nada o por amistad. La amistad solo ayuda a agilitar un trámite, pero nadie regala la plata a nadie, peor dinero que no les pertenece, siendo éste el caso de los banqueros que prestaron dinero a nuestras compañías representadas. Cuando hemos pedido prestado dinero, a través de compañías, al sistema financiero nacional, los bancos se cercioraron de que teníamos las garantías suficientes antes de darnos el dinero.

Segundo, el mismo hecho de haber calificado como sujeto de crédito prueba que el banco creía en los proyectos que se le presentaron. Las garantías sobre los préstamos superan con creces los montos solicitados en la gran mayoría de los casos. Además, todos los créditos han sido garantizados con firmas personales y de los respectivos conyugues, como regla generalizada exigida por los bancos.

Tercero, como inversionista he incursionado en actividades tales como agricultura (sembrío de 60 hectáreas de Maracuyá), minería (concesión de explotación y planta procesadora aurífera en Guayzimi Alto, Zamora Chinchipe) y Camarón (150 hectáreas de producción en el Golfo de Guayaquil), con cualidades administrativas suficientes para decidir inversiones de menor cuantía como el cultivo de langosta de agua dulce Red Claw, el mismo que ocasionó el endeudamiento de mis socios y mío como garantes del préstamo con Solbanco.

Cuarto, la actividad langostera en el país fue impulsada y sustentado sus estudios de mercadeo por la Corporación Financiera Nacional (CFN), cosa que no fue real a la hora de tener que salir a vender la producción. En otras palabras, la CFN nos engañó y no podemos demandarlos porque la ley de la creación de la CFN los protege de cualquier tipo de demanda civil relacionada a la actividad bancaria.

Quinto, lo invertido por los socios representa casi el triple de lo adeudado. Puedo sustentar lo aseverado a quien lo solicite.

Y sexto, mis socios y yo jamás negamos el hecho de deber a la CFN a través de la banca cerrada; por lo tanto, hemos planteado, en múltiples ocasiones, soluciones de pago que no han tenido la respuesta debida a la inoperancia y falta de decisión por parte de las partes acreedoras.

Cuando estuvimos a punto de cancelar lo adeudado entregando en dación de pago los bienes invertidos más las garantías, la burocracia de la AGD, la misma que aceptó la operación planteada, no pudo pasarla para tratarse en comité de crédito por incapacidad de los administradores que no conocían de finanzas. Con cambios de autoridades, un funcionario de la AGD decide declarar a las dos empresas deudoras, con mi participación accionaria, como empresas vinculadas a Solbanco, negándome el derecho a la dación en pago para cancelar la deuda.

La vinculación absurda a Solbanco viene del hecho de que S/. 300'000,000 de un depósito que tenía en el banco en el año 1996 fue capitalizado para evitar la quiebra del banco. La capitalización del certificado de depósito era equivalente a

U$100.000, esto es menos del 1% del capital pagado del Sol-banco.

Perdí todo mi patrimonio con la inversión en la langostera adicional a lo que perdí con la camaronera por el efecto de la mancha blanca (enfermedad mortal del camarón). De la misma camaronera salieron las inversiones para la langostera, pues el endeudamiento era apenas una tercera parte de lo invertido. Sin embargo, al no tener más ingresos se me dificultó el pago de la deuda, el sustento de mi familia y el desistimiento de planes personales.

Es importante mencionar que logré, como empresario, cancelar todas las acreencias con la banca operativa, pero me declaro incapaz de solucionar lo adeudado a la AGD y CFN (por el mismo crédito langostero) ya que la AGD no aceptó ningún planteamiento propuesto por nosotros. De lo adeudado a la AGD y CFN soy responsable por el 33% por ser accionista en un 33% de las dos empresas involucradas en la actividad.

Por estar en el directorio de Solbanco como décimo vocal, sin jamás haber asistido a reunión alguno, después de seis años de crisis me vinculan a Solbanco por el crédito al negocio langostero. De esa manera, me quitaron la oportunidad de cancelar -a menos que sea a través de pago de dinero en efectivo- por intermedio de la dación de bienes, fruto de las inversiones por el dinero prestado y con garantías adicionales concedidas.

En conclusión, a título personal jamás me he endeudado con dinero en el sistema financiero nacional para uso de consumo personal. He invertido y las empresas que he representado han adquirido deudas con garantías personales de todos los socios y sus respectivos conyugues; por eso, mi aparición como deudor de la banca cerrada en el pasado es como deudor solidario por ser accionista de las empresas deudoras.

**¿Qué pasa Ecuador?**

Tal como mencioné anteriormente, ¿qué tiene que ver la vinculación o no de una empresa a banco alguno si la economía no marcha? Además, muchos podemos dar fe de que mientras los bancos se mantuvieron abiertos, algunas empresas vinculadas o no a la banca abierta, se recuperaron de la mala situación económica, caso contrario quebraban las empresas con la banca cerrada, porque proponer un plan de refinanciación a la AGD, para que consideren lo planteado, era una misión imposible y desgastante por falta de decisión de las autoridades de turno que alegaban que la ley se los impedía, cerrando las puertas al dialogo.

Personalmente, intente una refinanciación de mi representada con la AGD a través de un nuevo sujeto de crédito, que estaba dispuesto a asumir la deuda de la compañía y hacer planteamientos de pago a corto plazo. Este nuevo sujeto de crédito que nos reemplazaría, fue visto como extraterrestre por ser de Milagro y no de Guayaquil, Quito o Cuenca. Aducían que no era sujeto de crédito por no tener registros bancarios actualizados. No valió la explicación de que él operaba en efectivo después de la crisis económica por desconfianza a los bancos. Tengan la seguridad que la promesa de pago periódicos del reemplazante de mi firma y la de mis socios en ese negocio especifico, tenía mayor valor por su compromiso de pago que lo existente, porque las condiciones de la deuda quedaban iguales con las mismas garantías de maquinarias y equipos.

Los proyectos propuestos de recuperación de la cartera de crédito fallida, bien estructurados, que generan riqueza deben valer más su atención, -por su retorno en el tiempo, los mismos que deben permitir el pago de todo lo adeudado y garantizar el empleo-, que por el nombre o apellido de los que hemos perdido todo.

## ¿ERA VIABLE EL BANCO DEL PROGRESO?

Con el colapso de la banca habría que justificar la inacción de las autoridades y sacar al banquero del escenario político. Para consagrar el hecho, algún documento debía producirse para justificar lo actuado en el señalamiento a los banqueros como culpables de la crisis. En un afán "pilatezco" de lavarse las manos, las autoridades económicas del doctor Gustavo Noboa Bejarano, vicepresidente, reemplazante de Mahuad en el poder, ordenan nuevas auditorías de los bancos, los mismos que estaban en manos de interventores asignados por la Superintendencia de Bancos y Seguros (SBS).

Había presión por parte de las autoridades por un pronto pronunciamiento de la SBS, estando en el ojo del huracán el Banco del Progreso, banco que tenía aproximadamente 730.000 clientes. Las expectativas por lo que tenían que decir las auditorias de control eran similar a un cuento infantil: "ya viene el lobo y cuando venga te comerá". El gobierno de Gustavo Noboa Bejarano puso plazo a las compañías auditoras por un pronunciamiento, porque la prensa y los clientes bancarios presionaban por una solución definitiva. El 24 de junio de 1999, Deloite & Touche, por orden del Intendente de Bancos de Guayaquil, entrega el informe especial sobre el Banco del Progreso S.A. y Banco del Progreso LTD. Este informe de auditoría fue filtrado a la prensa con la condena respectiva, sin haberse permitido el descargo inmediato de los informes, ya que recién el 9 de julio daban a conocer a los administradores de los Bancos del Progreso S.A. y Progreso Limited. Anteriormente, en flagrante violación del sigilo por parte de las autoridades de control, filtra el primer informe auditado sobre el Banco del Progreso S.A. -informe que debe haber estado interpretado por los mismos que querían hacer daño- al diario El Comercio el 25 de marzo de 1999 donde aparece publicada en la página 2A una lista de 86 supuestas empresas de créditos vinculadas al banco en mención. Recién el país se enteraba de que este hecho de posible vinculación dañaría la imagen de todos los bancos que las autoridades se prestaban para destruir con la finalidad de distraer la atención del fracaso de las políticas económicas; lo que demuestra que las presiones políticas influenciaron en los informes internos y externos segados contra ciertos bancos, especialmente los referentes a bancos guayaquileños.

En resumidas cuentas, hubo condena hacia los bancos por parte de políticos centralistas y la prensa capitalina se hizo eco de los informes de auditorías que, ni bien concluyeron los exámenes especiales, éstos fueron filtrados a la prensa sin sus respectivos descargos por parte de los banqueros, como mandaba la ley. Las acusaciones estuvieron basadas en la supuesta vinculación del crédito; se castigó indiscriminadamente la cartera de crédito y todo lo que en teoría pudiera afectar la solvencia del banco con la finalidad de justificar la no reapertura del Banco del Progreso, por la decisión equivocada de haber decretado el feriado bancario, Decreto 685 del 8 de marzo de 1999.

El Decreto 685 empeoró la situación de los bancos, el BCE no se alcanzaba con el despacho del dinero físico para cubrir los retiros a la vista de los sucres que no estaban congelados o reprogramados. El viernes 19 de marzo de 1999 el BCE tenía un pedido de S/40.000 millones en efectivo por parte del Banco del Progreso para poder atender los posibles retiros de la semana del 22 al 28 de marzo. El lunes 22 de marzo, el doctor Fernando Aspiazu Seminario, recibe a sus clientes en la puerta del Banco del Progreso para informarles que el Banco Central del Ecuador no había despachado los billetes necesarios para atender los retiros y que por tal razón se veía forzado a cerrar el banco. Hecho valiente que gano la admiración de los cuentas-habientes que decidieron apoyarlo en acto de protesta con una multitudinaria caminata hacia la municipalidad de Guayaquil, donde el fervor de apoyo y defensa de los guayaquileños y sus instituciones, hace que el ingeniero León Febres Cordero, alcalde de Guayaquil, expresidente y líder nacional, reciba al doctor Aspiazu Seminario en su despacho mientras la multitud daban canticos de apoyo regionales. El ingeniero Febres Cordero se compromete a ayudar, en un discurso improvisado a las masas, pronuncia la frase que con el tiempo se transformó en un eslogan y que lo identificaría aún más como líder: ¡ustedes me conocen!, ¡yo no me ahuevo jamás!

Por la presión el respaldo popular de ese día lunes, se crea la oportunidad para plantear la reapertura del Banco del Progreso. Una comprobación más de que los problemas los ocasiona el mal manejo de la economía, la compañía auditora Alvarado Schaffer, en un informe más sobre el Banco del Progreso, registra un tipo de cambio de S/. 6.765 por dólar al 31 de diciembre de 1998 y un tipo de cambio S/. 10.369 por dólar al 22 de marzo de 1999, día del cierre voluntario del Banco del Progreso; es decir, en ese corto periodo de 81 días hubo una depreciación del tipo de cambio del 53%, razón suficiente para demostrar que el mal manejo de la economía estaba destruyendo la solvencia de los bancos.

La decisión para la reapertura del banco del Progreso debió haberse analizado con criterios técnicos, políticos y experiencias pasadas en otros países. Por tal motivo, la empresa McKinsey & Company, cuyos firmantes eran los señores Roberto Newell y Greg Wilson hace recomendaciones inmediatas el mismo día que las autoridades económicas tomaron medidas referentes al feriado bancario del 8 de marzo. McKinsey & Company mediante memorándum dirigido a Ana Lucia Armijos (Ministra de Finanzas), Jorge Egas (Superintendente de Bancos), Luis Jácome (presidente del Directorio del Banco Central), Patrick Barrera (Miembro del Directorio de la AGD), Mauricio de Wind (Miembro del Directorio de la AGD) y James McPherson (Miembro del Directorio de la AGD) hace recomendaciones contundentes en inglés (la traducción y resumen del inglés al español es mía):

1. Abrir los bancos lo más pronto posible.
2. Todos los bancos, incluyendo el Tungurahua, deben abrirse de inmediato para el pago a los depositantes según lo planeado con la finalidad de demostrar que hay una estrategia en desarrollo y que todas las instituciones se las traten por igual.
3. Bancos como el Progreso que están ilíquidos e insolventes no deberían ser cerrados con la misma metodología aplicada…. En contraste debería seguirse los mejores consejos prácticos observados en otros países (ejemplo: Estados Unidos)….primero los bancos ilíquidos, luego los solventes para ser pasados a la AGD…. Con todo el apoyo legal y autorización para la toma de decisiones y resoluciones individuales. En caso de que un banco se cerrara un viernes, ese banco debería abrirse el lunes inmediato con apoyo de la AGD…. Los bancos tendrían que mantenerse abiertos hasta que todos los clientes tengan acceso a sus fondos durante la intervención. La AGD crearía un "banco puente" bajo su control legal manejado por empleados temporales hasta una solución definitiva.
4. …. Mantener cerrado los bancos empeora el problema. Las instalaciones de los bancos pueden llegar a ser el

blanco de las protestas.... Las cosas pueden salirse de control como pasó en Indonesia y otros lugares.

5. .... El BCE debe imprimir y distribuir suficiente efectivo en manos de los demandantes (se refiere a los clientes de los bancos).

6. Anunciar un feriado bancario sin la comunicación adecuada crea problemas mayores. Por ejemplo, el anuncio del feriado bancario actual no dio una fecha definida de reapertura.... Esto constituye una falla que pudiera traer mayores problemas.

El memorándum continúa detallando el cómo de la información a transmitirse de la siguiente manera:

1. Expliquen con claridad las medidas que se adoptarían para estabilizar la macroeconomía y el sistema financiero.

2. Establecer con claridad la apertura de los bancos individualmente bajo el control de la AGD para que se permita pagar a los depositantes con programación de entrega de efectivo u otros instrumentos financieros.

3. Comunicar la forma de que un banco potencialmente fallido (ejemplo: Progreso) se resolvería en el futuro; esto es, en caso de que cierren el viernes debe abrirse el lunes inmediato con la intervención de la AGD para poder mantener la confianza la resolución final de las autoridades.... Parte de la estrategia de las autoridades debe ser el retorno de los bancos al sector privado lo antes posible.............

**¿Qué pasa Ecuador?**

Nótese que el memorándum menciona al Banco del Progreso por la información que tienen que haberles proporcionado las autoridades bancarias a los consultores, caso contrario no habría manera de que una empresa consultora tenga conocimiento de la verdadera situación de cada uno de los bancos.

Las recomendaciones son acertadas de manera general por la experiencia que poseen por lo ocurrido en otras partes del mundo. En todo caso, Mckinsey & Company[29] jamás recomienda intervenir los bancos indefinidamente sin fecha de solución.

Como solución a los problemas que atravesaba el Banco del Progreso, los administradores del banco hacen sus cuentas proponen cifras, presentan garantías y plantean un posible escenario de reapertura a las autoridades bancarias con los siguientes números:

| | | | |
|---|---|---|---|
| APORTE DE CLIENTES | 48.300 | $ | 50.000.000 |
| APORTE DE FIDEICOMISO NACIONAL | | $ | 40.000.000 |
| APORTE DE FIDEICOMISO INTERNACIONAL | | $ | 340.000.000 |
| FACILIDAD FINANCIERA INTERINA | | $ | 170.000.000 |
| CAPITALIZACIÓN TOTAL | | $ | 600.000.000 |

Fuente: Informe Privado, FAS

---

[29] Hice contacto con uno de los firmantes del memorándum, doctor Roberto Newell Garcia, quien confirmó la asesoría a las autoridades económicas del Ecuador durante semanas previas al anuncio del feriado bancario. Sus recomendaciones fueron que los bancos tengan una inyección de liquidez proveniente del BCE para que sigan operando independientemente, pero con supervisión estrecha por parte de las autoridades. Doctor Newell García me informa que el memorándum fue redactado en inglés para facilitar la participación del otro firmante del memo, Greg Wilson.

Donde 48.300 clientes estaban dispuestos a aportar con sus depósitos alrededor de 50 millones de dólares. Más las propiedades del matrimonio Aspiazu-Nebel que estarían en un fideicomiso nacional ($40 millones) aportando haciendas bananeras y ganaderas, el total de las acciones del Canal de Televisión Sí TV, el 99,63% de las acciones de Diario el Telégrafo y su vivienda personal. Más el aporte del fideicomiso internacional ($340 millones) poseedor del 100% de las acciones de la Empresa Eléctrica del Ecuador Inc. (Emelec) y Electroecuador.[30] Y finalmente el préstamo interino solicitado al Gobierno por 170 millones de dólares.

Cabe la pregunta: ¿Por qué tendría el Gobierno que acceder a la petición de los administradores del Banco del Progreso para la capitalización y reapertura del banco? Tal vez porque a junio de 1999 el sistema financiero nacional había acumulado una ayuda monetaria de aproximadamente 1.600 millones de dólares[31] y sería discriminatorio no hacerlo con el Banco del Progreso.

A mi criterio la capitalización del Banco del Progreso debió aceptarse para evitar el daño que ocasionó a sus clientes; además que era viable porque el préstamo de liquidez de $170 millones no sólo estaba respaldado por los propios activos del banco, sino por otras propiedades ajenas al negocio como era los fideicomisos nacional y extranjero que sumaban conservadoramente $380 millones.

Otro escenario posible hubiera sido que inversionistas nacionales o extranjeros hagan una oferta de compra por Emelec

---

[30] Empresas de distribución y generación de energía eléctrica.

[31] No se tiene la cifra exacta de la ayuda a los bancos en ese momento, pero lo que si es cierto que las autoridades si ayudaron a unos y se negaron a ayudar a otros. El pretexto fueron las auditorias.

y Electroecuador, pero se hubieran espantados con la intervención del Gobierno sobre las dos empresas, cuyos activos nunca sirvieron para resarcir a los depositantes del Banco del Progreso.

La actitud del Gobierno por perjudicar a unos y a otros era tan ciega que en el caso del Banco del Progreso se ignoró por completo que Emelec, empresa propuesta en el fideicomiso internacional, tenía una cuenta pendiente con el Estado a su favor de \$326'578.182,18[32] al 22 de marzo de 1999, día del cierre voluntario del Banco del Progreso.

Las autoridades económicas no aceptan la capitalización del Banco del Progreso por ser una situación consumada políticamente. La defensa de Aspiazu Seminario con su actitud valiosa de presentarse ante la Corte de Justicia de Guayaquil fue un acto de rebeldía contra las malas actuaciones gubernamentales.

Aspiazu Seminario planteó un amparo constitucional como accionista del Banco del Progreso contra los actos administrativos de las autoridades económicas el día 11 de julio de 1999, la acción le permitiría defenderse contra el rechazo a la capitalización del banco bajo oficio No. JB-99-319 (del 9 de julio de 1999) de la Junta Bancaria y oficio No. SB-INBGF-99-0685 del 9 de julio de 1999 referente a las auditorias de los Bancos del Progreso S.A. y Progreso Ltd. Es importante recalcar que el juez de turno citó a la audiencia para el día siguiente a las cinco de la tarde citando a audiencia a los involucrados; esto es, al deman-

---

[32] La cifra se compone de acreencias a la ex INECEL y CENACE por uso de potencia y energía menos todos los ingresos que garantiza el Decreto Ley 580 por la distribución de la energía a los hogares e instituciones guayaquileñas.

dante, Superintendente de Bancos y presidente de la Junta Bancaria. Acude a la cita judicial el Doctor Aspiazu Seminario con su abogado por una parte y por las otras partes se presentan los respectivos procuradores legales de la SBS y JB. Durante la audiencia en plena etapa de la revisión ocurre una interrupción armada de personas vestidas de civil y militarmente para apresar al demandante violando todo precepto constitucional contra el poder judicial.

Esta vejación contra el demandante demuestra que había órdenes superiores de la política que querían evitar a toda costa que el Banco del Progreso salga fortalecido si judicialmente se aceptaba el pedido de capitalización del banco. Comprenderá el lector que un banco con un capital de $600 millones para esa la época hubiera acaparado con las 2/3 partes del Patrimonio Técnico Constituido de todo el sistema financiero nacional que al 31 de diciembre de 1998 registraba el monto aproximado de 927 millones de dólares.

A pasado mucho tiempo desde la crisis económica de 1999 que desmanteló la banca guayaquileña y condicionó la clase empresarial de la costa a la quiebra de sus negocios, por tal motivo, es tiempo de preguntar a las ex autoridades económicas, ex bancarias y ex funcionarios de la AGD: ¿Dónde está la plata de todos los bienes que dilapidaron pertenecientes al Banco del Progreso y accionistas del banco? Y ¿Cuál es el balance final de cada banco intervenido a lo largo de tantos años? La razón de las preguntas es que de los 18 años que han transcurrido desde la crisis económica de 1999, 10 años han estado bajo la tutela de las autoridades de control monetario y financiero del gobierno de Rafael Correa Delgado. Es hora de saber la verdad en números y balances de lo actuado para poder empezar un nuevo rumbo en el país, transparencia es la defensa de la honestidad.

## PERDIDAS BANCARIAS POR INACCIÓN DE LAS AUTORIDADES

Recordemos que en el sistema financiero nacional las pérdidas pueden ser mayores o menores, dependiendo de las autoridades bancarias que obligan a castigar la cartera de crédito, de manera individual, al encontrarse vencido por un plazo prudencial. Los porcentajes de castigos a los créditos según el tiempo transcurrido, lo proporciona la autoridad bancaria.

La autoridad bancaria pudiera llegar a establecer una tabla de descuentos o castigos parciales o totales a los créditos otorgados por las instituciones del sistema financiero. Con esta explicación, puede darse el caso de que con el tiempo una cartera 100% provisionada a incobrables, los abogados de los bancos recuperen el dinero prestado a sus clientes. Pregunto: ¿Cómo se registraron los dineros recuperados por los abogados de la banca cerrada? La razón para que los bancos estén en saneamiento son las cobranzas, las mismas que continuaron durante años; sin embargo, los bancos en saneamiento profundizaron sus pérdidas año tras año.

Al 31 de diciembre de 2002, las pérdidas acumuladas de los bancos en saneamiento contabilizaban 1.567'194.000 de dólares. Sorpresivamente, la cifra en referencia es información que registró los balances de los bancos en saneamiento hasta el 31 de diciembre del 2007. La pérdida acumulada por el periodo comprendido desde el 2002 al 2007 suma la cantidad de 1.024'882.000 de dólares. El total de la pérdida acumulada de los 12 bancos enlistados en el cuadro BANCOS EN SANEAMIENTO era de $2.592'076.000, según los registros de la SBS.

A mediados del 2008, por resolución de Junta Bancaria, diez bancos (Azuay, Finagro, Tungurahua, Unión, Solbanco,

Bancomex, Crédito, Popular, Préstamos y Progreso) que estuvieron en saneamiento, entraron en proceso de liquidación. Esto significa que, después de 9 años de crisis, cada banco está en manos de un liquidador que tendrá que cobrar y vender todos los activos para la cancelación total de todos los pasivos contabilizados.

## BANCOS EN SANEAMIENTO
### Al 31 de Diciembre del 2007

| BANCOS | FECHAS | | Pérdidas Acumuladas | |
|---|---|---|---|---|
| | Cierre al Público | Liquidación | Diciembre 31 | 2002 - 2007 |
| Azuay | 18/01/1999 | 2008 | (62.917.000) | (29.194.000) |
| Bancomex | 30/07/1999 | 2008 | (88.099.000) | (16.481.000) |
| Crédito | 1999 | 2008 | (25.520.000) | (6.870.000) |
| Del Occidente | 1999 | n.a | (9.394.000) | (3.698.000) |
| Finagro | 1999 | 2008 | (91.896.000) | (28.252.000) |
| Financorp | 1999 | n.a | (77.820.000) | (8.171.000) |
| Popular | 26/09/1999 | 2008 | (241.641.000) | (128.827.000) |
| Préstamo | 25/08/1998 | 2008 | (121.854.000) | (87.391.000) |
| Progreso | 22/03/1999 | 2008 | (649.694.000) | (677.694.000) |
| Solbanco | 30/07/1999 | 2008 | (38.554.000) | (5.935.000) |
| Tungurahua | 30/12/1999 | 2008 | (66.654.000) | (22.772.000) |
| Unión | 1996 | 2008 | (93.151.000) | (9.597.000) |
| TOTAL A DIC. 31 DE 2007 | | | (1.567.194.000) | (1.024.882.000) |
| TOTAL DE LA PÉRDIDA BANCARIA 2002 AL 2007 | | | | (2.592.076.000) |

Fuente: SBS
Elaborado por: BFN

Sin considerar el hecho de aprobación de leyes y resoluciones del pasado, donde se blinda responsabilidades sobre lo actuado a cada administrador de banco en saneamiento, liquidación o a funcionario de la AGD sobre todo lo actuado, debería haber un balance final de cada banco separando las etapas por la cual cada banco fue sometido antes y después de la intervención pública.

**¿Qué pasa Ecuador?**

Mientras no haya información transparente jamás sabremos el verdadero costo del sistema financiera nacional ocasionada por la crisis económica. Sería bueno saber lo siguiente:

- ¿Las pérdidas atribuidas año a año de los bancos en saneamiento son contables o reales?
- ¿Qué hicieron con la cartera provisionada al 100% que ocasionó la pérdida anual de cada banco en saneamiento?
- ¿Qué procedimiento se utilizó para la venta de los principales bienes de cada banco, a qué precio y en qué momento se procedió a hacerlo?
- ¿Cuál es el saldo final de cada banco liquidado, hubo vuelto o no hubo vuelto?
- ¿Quién se quedó con el vuelto?; con el vuelto: ¿acaso se pagó los intereses de los depositantes? o ¿se devolvió dinero a los banqueros?

Todo este cuestionamiento siempre sembrará dudas mientras no se publique el historial de cada banco y se escuche la versión de los banqueros, principales protagonistas y "fusibles quemados" de la crisis económica.

## FILANBANCO Y LA LIBERTAD DE PRENSA

Desde un pueblito en las montañas de Líbano, Sequiet Eljait, Mema Qeshaya llega a Ecuador a inicios del siglo XX. En 1923, Mema Qeshaya se instala como comerciante en Catarama, provincia de Los Ríos, antes de instalarse en Guayaquil. Incursionó en el comercio como vendedor recorriendo las principales ciudades de la sierra y de la costa, hasta que puso su propia fábrica de textiles. Mema Qeshaya cambió su apellido a

Isaías por facilidad al comercio, aducía que nadie podía pronunciar su nombre por no ser castizo.

Con el tiempo, la familia Isaías Barquet, cuyos orígenes en los negocios, provienen del comercio y de la industria, decide incursionar en las finanzas adquiriendo la caja de ahorros: La Filantrópica en 1958. En 1978, con un nuevo aumento de capital la caja de ahorros se convierte en Filanbanco.

Con los años Filanbanco estuvo entre los tres primeros bancos del país, alternando el primer lugar con el Banco de Pichincha y Banco del Pacifico. Con su presencia en el sistema financiero nacional, Filanbanco llegó a manejar el 60% del comercio exterior y el 20% de la intermediación financiera del país.

Por la crisis económica, Filanbanco requirió de préstamos de emergencia provenientes del Banco Central del Ecuador, tal como le asistía dentro de lo estipulado dentro la ley de régimen monetario vigente a esa fecha. Estudios demuestran que el préstamo de emergencia concedido por el BCE llegó a totalizar la suma de $425 millones; monto por el cuál Filanbanco pagaba la cantidad de un millón de dólares diariamente por interés[33].

Filanbanco termina en manos de la AGD a partir de diciembre de 1998. A pesar de su recuperación en corto plazo, dado que reportaba utilidad por más de $100 millones al 30 de junio de 1999, las autoridades bancarias proceden a utilizar al Filanbanco, en una especie de banco central, concediendo préstamos de emergencia a otros bancos y a recibir Certificados de Depósitos reprogramados (CDRs) de otros bancos en montos

---

[33] Una reseña secuencial breve de lo ocurrido con Filanbanco, consultar Caso Filanbanco por Orlando Rodríguez.

superiores a los estipulados por las autoridades bancarias[34]. El cupo de Filanbanco para recibir CDRs era de $64,4 millones como tope, pero termino recibiendo la cantidad aproximada de $183,9 millones. Lo ocurrido lleva a Filanbanco a recoger grandes pérdidas en el segundo trimestre de 1999, cerrando el Estado de Pérdidas y Ganancias con $6,7 millones de utilidad al 31 de diciembre de 1999; es decir, todo lo ganado en la gestión[35] del primer trimestre del año 1999 se fue al traste por malas decisiones de las autoridades bancarias y de control. Las malas decisiones coincidieron en la no renovación de los asesores internacionales, ING Barings, descartándose las intenciones iniciales de reprivatización del banco.

Quedó clara la intención de las autoridades de utilizar al Filanbanco como prestamista de otros bancos del sistema. Filanbanco en créditos subordinados prestó la cantidad de $58'923.768 al Banco del Pacífico, $49'641.000 al Popular, $37'132.000 a la Previsora hasta que las autoridades bancarias fusionan a los dos bancos en Julio del 2000 y finalmente $2'544.408 para Cofiec. Filanbanco cierra definitivamente sus puertas en julio del 2001.

A inicios del 2001, los estudios sobre la situación de Filanbanco indicaban la necesidad de un aumento de capital de 500 millones de dólares, siendo el aumento de capital vía bonos del Estado un hecho ineficiente debido a que pocos bonos de los $300 millones, fueron comprados por instituciones públicas a descuentos de mercado elevados, por ser bonos a 15 años

---

[34] El Decreto Ejecutivo 1492 del 10 de noviembre de 1999 obliga a los Bancos a recibir el CDRs a valor nominal cuando éstos se negociaban en mercado financiero al 50% de su valor.

[35] Dicha gestión empresarial a manos de la AGD, estuvo respaldada con el asesoramiento bancario del ING Barings, banco holandés-inglés con más de 200 de experiencia en negocios financieros.

plazo. Digamos que, los "famosos" Bonos Filanbanco no proporcionaron liquidez para cubrir los retiros de clientes, aparte de ser un acto ilegal la forma que se calificaba al banco por no estar contemplado en la Ley General de Instituciones del Sistema Financiero, pues el artículo 42 de dicha ley, expresa que los aumentos de capital de las instituciones financieras solamente podrán provenir de dinero en efectivo, compensación de crédito, capitalización de acreencias por vencer y valoradas, excedencia de reservas legales, utilidades no distribuidas, reservas especiales y aportes a futuras capitalizaciones; por ende, ¿de dónde proviene la idea de la capitalización de Filanbanco con bonos del Estado? La respuesta es clara: por insistencia del Ministerio de Finanzas y no por los órganos de control financiero.

### FILANBANCO EN MANOS DEL ESTADO
#### CRONOLOGÍA

| DETALLE | $ MILLONES | FECHA |
| --- | --- | --- |
| Entregado a la AGD | | 2-Dec-98 |
| Estado de P y G | (20,9) | 31-Dec-98 |
| Estado de P y G | 6,7 | 31-Dec-99 |
| Préstamos subordinados | (148,2) | 1999-2001 |
| Autorización para recibir CDRs | (183,9) | 2000 |
| Estado de P y G | (100,5) | 31-Dec-00 |
| Bonos Filanbanco | 300,0 | 14-May-01 |
| Estado de P y G | (95,3) | 30-Jun-01 |
| Cierre del banco | | 17-Jul-01 |
| Saldo de Gestión Estatal | (242,1) | |

Nota: Por decisión de las autoridades de control, Filanbanco entra en liquidación el 30 de julio del 2002.

Fuente: La Hora     Elaborado por: BFN

En el cuadro FILANBANCO EN MANOS DEL ESTADO se registra una cronología de los hechos contables. Sin necesidad de ser crítico de las decisiones del Estado con respecto a las acciones tomadas durante la administración de Filanbanco, hacemos una sumatoria de los estados de pérdidas y ganancias al 31 de diciembre y desde la entrega hasta la fecha del cierre del banco, resultaría que, de las pérdidas contables acumuladas de Filanbanco, cuantifica la suma de $242,1 millones de dólares de los cuales $195,8 millones corresponde a las pérdidas acumuladas desde el 2000 hasta el 17 de julio de 2001, fecha de cierre del banco.

Es importante notar que para Filanbanco, los préstamos subordinados que estaba obligado a entregar con la finalidad de salvar a los bancos Pacífico, Previsora, Popular y Cofiec a través de préstamos subordinados eran dineros irrecuperables por la caída sistemática de los bancos beneficiarios de los mismos. Esta decisión desacertada de las autoridades a cargo del Filanbanco hace que las pérdidas contables se incrementen en el año 2000 en aproximadamente $100 millones. Adicionalmente, incrementa las pérdidas el hecho de tener que recibir CDRs por $183,9 millones, activos improductivos vencidos que no generaban intereses, en reemplazo de los créditos vigentes que pagaban intereses por cada renovación; en otras palabras, los CDRs se los usaban para cruzar cuentas y hacer ajustes contables con otros bancos del sistema matándose la operación crediticia que generaba intereses a favor de Filanbanco.

Después de una década de politización de la crisis económica del 99, el gobierno del presidente Correa, incauta los bienes (alrededor de 495 empresas) de la familia Isaías, principales accionistas de Filanbanco. A pesar de ser un atentado contra la propiedad privada, la prensa sólo recogió el episodio y no se dijo nada más sobre la violación de los derechos a la defensa de la familia Isaías, ni sobre los juicios que se ventilaban en las cortes nacionales.

Lamentable la actitud de políticos que manchaban el apellido Isaías con fines electorales y actitudes del poder judicial influenciados por la política, para sentenciar a los hermanos William y Roberto en cortes nacionales. Los hermanos Isaías fueron sentenciados a ocho años de cárcel en el Ecuador. Empero, internacionalmente los hermanos Isaías obtenían sentencias favorables de no haber cometido delito bancario alguno en cortes de Miami, condenando las incautaciones de sus bienes. Es así como, el Comité de Derechos Humanos de la Organización de Naciones Unidas (ONU) concluyó que la condena de jueces de ocho años de reclusión es un acto de persecución política.

En torno al Caso Isaías, por más apelación que presente el procurador de la nación, con todos sus argumentos de querer condenar a los hermanos Isaías, considero difícil que a futuro la justicia internacional cambie los fallos actuales. Todo lo actuado ha costado dinero para el país y para los defendidos, dinero que al final del camino pudiera ser revertido a favor de la familia Isaías, no sólo por los $600 millones del avalúo de los bienes incautados, sino también por todos los gastos legales y daño moral incurridos sobre un apellido que había logrado honorabilidad en el país.

Para incautar los canales Telecentro, Gamavisión y Cable Visión: ¿acaso no hubo atentado a la libertad de expresión?

Al poco tiempo de la incautación de canales usaron todas las artimañas posibles para dejarnos a Guillermo Arosemena A. y a mí sin nuestro acostumbrado programa económico de los días miércoles a las 19h30 en Cable Visión. Agradezco a Bonil por haber hecho referencia al tema en una caricatura donde hace una sátira de Enrique Arosemena Robles, funcionario del gobierno, sobre la reprimenda hacia Mariaca y a mí por desviarnos del tema en nuestros respectivos programas sobre cocina y economía, respectivamente. El argumento de Arosemena Robles era que Mariaca no debería hablar sobre la carestía de la vida y yo[36] tampoco me debería referir al hecho ilegal de la incautación, cosa que lo comente con el Doctor Jaime Damerval Martínez en el siguiente miércoles después de la incautación de los canales. El periodista Carlos Vera Rodríguez mencionó el hecho cuando lo agasajamos en previsión a lo que se venía: el retiro indefinido de Vera de la cadena Ecuavisa. Carlos Vera jamás dijo los motivos de su salida de la televisión nacional, pero por su estilo frontal y crítico es de suponer que su presencia en Contacto Directo, programa mañanero de Ecuavisa, incomodaba a los propietarios del canal por los reiterados ataques del gobierno a los medios de comunicación.

Entendible la preocupación de Teleamazonas por su posible incautación que terminó en venta obligada de las acciones por parte de sus propietarios a terceros que no tengan vinculación con el Banco de Pichincha.[37] Entendible el llamado de El Universo, principal diario del país, por un despertar de la ciudadanía a favor de la libertad de prensa; sin embargo, olvidan que esa tarea es de todos los días, por ejemplo, fui editorialista económico de ese prestigioso diario desde 1989 a 1991 y que me

---

[36] Me refiero en primera persona porque inmediatamente después de la incautación de Cablevisión, Guillermo Arosemana decidió retirarse del programa de opinión para no someterse a controles estatales. Mi criterio fue luchar desde adentro con mis opiniones en contra del socialismo, pero como era de esperarse, comenzaron los controles de tener que anunciar con anticipación al invitado y de la pretensión de que el programa económico de los días miércoles sea grabado y no trasmitido en vivo tal como veníamos haciéndolo por más de 4 años.

[37] Según la Constitución vigente desde el 2008, los banqueros no pueden ser accionistas de medio de comunicación alguno.

dejaron de publicar los artículos a raíz de una denuncia financiera en: ¿*Pillería o Negligencia*? que afectaba a autoridades económicas de la época[38]. En mi denuncia criticaba la acción del Banco Central al depositar parte de nuestras escasas reservas monetarias internacionales en una cuenta corriente en sucursal de un banco en paraíso fiscal cuyos accionistas son los mismos de un banco de Ecuador. Con dinero de nuestras reservas internacionales se generaron intereses suficientes como para que la sucursal extranjera preste dinero a sus propios accionistas para que compren acciones del banco en Ecuador.

Es decir, los grupos de poder de la Costa si hacen favores a los grupos de poder de la Sierra. Ciertos medios de comunicación pueden llegar a ser cómplices del poder por conveniencia económica en nuestro Ecuador. Por lo tanto, cuando se quiera unir al Ecuador para luchar a favor de la libertad de expresión, sugiero que también se convoque por otras libertades tales como la liberación económica de los pueblos y la autonomía solidaria de las regiones.

Por el lado público, cuando la riqueza del Ecuador esté en manos de los ciudadanos, sin intermediarios gubernamentales, habremos derrotado al centralismo y habríamos ganado la batalla contra los grupos de poder que se pelean por manejar los fondos estatales.

Por el lado privado, para derrotar los monopolios privados no se necesitan leyes ni persecuciones estatales, simplemente facilitar la competencia a través de la apertura comercial al mundo. Soluciones fáciles para unir al Ecuador están a la vista, pero no porque tocan a algún poderoso de la sierra o costa tenemos que pagar el resto.

---

[38] Faidutti Navarrete. "¿Pillería o Negligencia?".

**¿Qué pasa Ecuador?**

Los grupos de poder están cosechando lo que sembraron: dividir para reinar. En un llamado a la unidad, sino es por el lado de la liberación económica, hagan de cuenta que no estamos disponibles y que ya nos llevaron a todos tal como lo expreso alguna vez el pastor luterano alemán Martin Niemöller (1892 – 1984)[39] como arrepentimiento por haber apoyado el nazismo en sus inicios. Cabe preguntarse: ¿Cuántos simpatizantes de la prensa arrepentidos tiene el presidente Correa en la actualidad?

No necesariamente al ciudadano nos tiene que gustar los medios de comunicación o creer todo lo que informan, la libertad de aceptar o no una noticia es del ciudadano al elegir lo que lee, ve o escucha; por lo tanto, el político o ciudadano no tendría que temer a la libertad de los medios de comunicación, sí al asumir su rol de gobernarnos lo hace con honestidad. La gente percibe las infamias cuando una opinión daña la honra de un hombre decente. Molesta el hecho, pero la verdad prevalece al final. El funcionario público capaz sabe más que sus detractores sin experiencia en las labores del estado, porque vive los problemas a diario y puede explicar a cabalidad sus planes que posiblemente no fueron comprendidos en su primera gestión. Eso implica que no se debe cuestionar cada decisión política que funcionario público asuma, caso contrario se perseguiría el derecho del votante al haberlo elegido, con cada cuestionamiento de los medios de comunicación. A su vez, el dialogo jamás debe perderse. Dialogo no significa consenso en todas las ocasiones. Las decisiones ejecutivas son hechas por el elegido o ministro que lo representa con los lineamientos que ya el votante conocía al momento de sufragar. Hechos los comentarios anteriores, considero que los medios de comunicación,

---

[39] Wikipedia. "Martin Niemöller".

por un tiempo prudencial, deben ser consecuentes con los electores y permitir que el mandatario elegido para gobernar implemente sus políticas económicas y sociales sin tener que cuestionarlas por cada paso que se ejecuta. Prensa con responsabilidad, información a la mano e investigación veraz es el rol critico que todos los ciudadanos quisiéramos ver en cada reportaje y noticia que se presenta. A pesar que los ciudadanos tenemos la libertad para aceptar o rechazar la noticia que se lee, escucha o ve; una investigación mal hecha, titular redactado con malos propósitos o noticia sin confirmación de las fuentes puede llevar al ciudadano a cometer exabruptos irreparables contra familias honorables; adicionalmente, lo ya mencionado un mal titular o titular de prensa es recogido inmediatamente por observadores internacionales para calificarnos de corruptos antes de la comprobación del delito. La denuncia sin sustento no favorece, en el momento de buscar inversionistas extranjeros.

## AUTONOMÍA Y LIBERTADES PARA LOS CIUDADANOS SIN BARBARIE

El ser humano nace atado al cordón umbilical de su madre y mientras es indefenso está atado al cuidado, reglas y costumbres de su familia, la que a la vez procura seguir las normas establecidas para vivir en comunidad. Esta comunidad a su tiempo está atada al espectro global de las leyes que crean la composición política del entorno comunitario. Ese entorno puede ser una región autónoma, provincia o estado, las mismas que pasan a conformar un país bajo la protección de la carta magna (constitución).

### ¿Qué pasa Ecuador?

Respetando la constitución el gobernante tiene la obligación de proporcionar seguridad para que los habitantes desarrollen bienestar para sus familias. Dentro del raciocinio de la raza humana, el gobernante, quien debe ser elegido democráticamente, tiene el compromiso de gobernar para todos, no para unos pocos sin discriminación, sin dejar a un lado culturas, ciudades o regiones. Ejemplo, en épocas de emergencias eléctricas del pasado, los guayaquileños fuimos perjudicados con mayores periodos de corte eléctrico que el resto del país. Igualmente, muchas regiones del país pudieran quejarse del centralismo y preferencia de los principales cantones frente al resto de cantones del país. La equidad en el Ecuador no ha sido un mérito del pasado.

Ecuador, país diverso en costumbres por su variada geografía y étnica, obliga que los mandatarios deban gobernar con diversidad de criterios en procura de satisfacer a todos. Sin embargo, el centralismo recalcitrante reinstaurado en el país por el presidente Correa, ha hecho que las grandes ciudades como Guayaquil, Cuenca, Machala y Manta hayan retrocedido en el tiempo en obtención de permisos estatales para la actividad económica privada. Esto sin contar que los recursos seccionales para los municipios están a merced de simpatías con el gobierno de turno.

Si antes existían pre-asignaciones presupuestarias por tamaño de la población o por lo que los cantones aportan al erario nacional, esto no es válido para el gobierno de turno, pues parecería que cuenta más a qué partido político el alcalde o prefecto pertenece, siendo el único "confiable" el partido del gobierno, que el derecho ciudadano de elegir democráticamente a su gobernante seccional. El avasallo político a las ideas del contrincante es una vieja práctica de la partidocracia que tanto criticó el presidente Correa y que fue motivo de su triunfo electoral. En el 2006, recordemos que el pueblo eligió el cambio, rechazando las técnicas antiguas del quehacer político en el país.

En teoría las pre-asignaciones presupuestarias[40] no son buenas porque desordenan la planificación de los dineros del Estado al no entrar en la cuenta única del tesoro nacional. Tal vez por eso, las misiones del Fondo Monetario Internacional del pasado vienen insistiendo en su eliminación. El gobierno elimina las preasignaciones, pero olvida que estás fueron fruto de las conquistas de los gobiernos seccionales por el centralismo voraz del pasado. Tan corrupto era el centralismo que se tuvo que ceder ante la entrega automática de los recursos a las prefecturas, municipalidades, universidades, entidades deportivas, pagos pre-asignados de ayuda, prioridad de pagos, etc. El paso hacia adelante no es el de volver a centralizar sino cumplir con el mandato popular de las autonomías. La autonomía no sólo es de carácter económico sino también de ampliación territorial. Es decir, ampliar los territorios para que solidariamente se pueda llegar con obras y servicios a los rincones de la patria donde no llega el Estado central. ¡Ah, claro! por capricho, en forma ilegal, un congreso ilegitimado por la expulsión de 57 congresistas electos, y sin estudios crearon dos nuevas provincias, en contra de los criterios universales sobre las divisiones territoriales modernas. En el poder legislativo murió el ordenamiento territorial.

¿Cuándo parará el juego político que tanto daño hace al país? Es conveniente impulsar las libertades ciudadanas. No

---

[40] Las pre-asignaciones presupuestarias tienen como finalidad reservar un porcentaje de los ingresos del gobierno para destinos específicos como educación, salud, gobiernos autónomos descentralizados, etc.

solo con la libertad de expresión, la libertad de elegir y la libertad económica del ciudadano común, sino también otorgar a las autoridades regionales un esquema de autonomía plena.

Aplicando las autonomías regionales, pudiéramos decir que el ciudadano del oriente recibe lo justo por la riqueza petrolera; el guayasense quedaría más satisfecho al ver que sus aportes tributarios regresan en inversión; el galapagueño se sentiría con mayor derecho de defender la ecología de las islas; el manabita pudiera proyectar su desarrollo hacia el exterior por tener puerto de aguas profundas y aeropuerto; etc. En fin, pudiéramos nombrar todas las provincias o regiones del Ecuador y encontrar diversidad de ventajas que poseen cada una, con la finalidad de que se reciba los fondos con prontitud, acompañado de planes de desarrollo que crean bienestar para sus ciudadanos. A mi criterio, no va más el modelo político centralista del Ecuador.

Con el centralismo los únicos beneficiados son los ciudadanos de la capital porque la burocracia crecería al mismo ritmo de las necesidades de empleo del quiteño. Me explico: el burócrata de turno se agrupa y logra conquistas a su favor tales como la de asegurar el empleo a sus hijos o futuras generaciones, hechos ocurridos en instituciones símbolo como Banco Central del Ecuador, Superintendencia de Bancos, Petroecuador y otras instituciones estatales donde las grandes prebendas han colapsado en el tiempo con una serie de reformas estructurales y compras de renuncias multimillonarias costosas para el Estado. Ejemplo, en el BCE se decidió una reducción del personal de 1.400 empleados a partir de 1992, proponiéndose la compra de renuncias voluntarias con lo equivalente 1,7 veces el sueldo mensual promedio de 1992 multiplicado por el año de servicios al BCE. Tan atractiva oferta de liquidación hizo que en avalancha los empleados del BCE se acojan a la propuesta de liquidación sin necesidad de estar en edad de jubilación.[41]

La autonomía regional es parte de la libre determinación de los pueblos e igual de importante como lo es la libertad de expresión, libertad de culto y la libertad económica. Sin ellas estamos sembrando la inconformidad ciudadana que nos pudiera llevar a la desmembración regional del Ecuador. Evitemos el separatismo, vamos por la autonomía económica de los pueblos porque en países de gran diversidad cultural, con diferentes hábitos de alimentación marcados, dialéctica diferente y formas de habitar, no habría fórmula perfecta para el diseño a nivel nacional de la planificación pública proveniente del centralismo. Como experiencias del pasado centralista, para la región de la Costa se diseñaron viviendas populares en zonas agrícolas que no eran recomendables por estar al ras de piso, cuando lo recomendable es la construcción tradicional del campo sobre pilares y materiales frescos para evitar las inundaciones.[42]

## ¿CUÁNTO VALE LA VIDA HUMANA?

Pocas veces en mi vida he quedado impactado por las imágenes televisivas como las que he presenciado en Teleamazonas en una mañana del mes de marzo de 2009 sobre un ajusticiamiento indígena en Saquisilí. Un supuesto ladrón fue ama-

---

[41] Nota técnica 38 del Banco Central del Ecuador preparada por Martin Rama y Donna MacIsaac.
[42] El Universo-La Revista. "Casas elevadas de caña guadua".

rrado y arrastrado hasta la plaza principal para que los "justicieros" continúen con los latigazos y vejámenes, so pretexto de que estaban cansados de los constantes robos en la comunidad.

Las imágenes mostraban el intento de sacar la verdad o que el acusado divulgue a sus cómplices durante la aplicación de la justicia indígena.[43] Tal era el terror de los espectadores que nadie atinó a hacer nada para impedir la barbarie. Si el hecho presentado por la televisión lo hubiera realizado agentes del orden, se llamaría brutalidad policíaca y todas los ONGs acreditadas en el país estuvieran protestando y exigiendo justicia. Pero como se trata de indígenas autorizados para rociar gasolina en la humanidad del posible delincuente, ya que dicen tener los "papeles" que los respaldan para hacer el ajusticiamiento -así lo mencionó ante las cámaras de televisión un miembro femenino de la comunidad indígena- entonces aquí como que no pasara nada.

Estas son las consecuencias de la nueva constitución aprobada en Montecristi, donde se reconocen naciones indígenas dentro de una nación: Ecuador. Sus leyes inexactas y forma de ajusticiamiento pueden llegar al extremo de golpear o matar sin piedad por delitos menores tales como el robo y la hechicería, ya que al existir la iniciativa para prender fuego con gasolina a un ser humano es un intento de homicidio. Este hecho que no termina con la muerte por la acción de las autoridades regulares, que al ver que el crimen del acusado se aproxima, recién se llenan de valor para intervenir y someter al acusado a la justicia regular.

---

[43] La justicia indígena está contemplada en la constitución del Ecuador desde el 2008. Lamentablemente, el derecho otorgado a las autoridades comunitarias indígenas está mal interpretado al atentarse contra la vida en reiteradas ocasiones. Más sobre el tema en resumen en:
http://dspace.ucuenca.edu.ec/bitstream/123456789/2956/1/td4392.pdf

Estos errores en la Constitución del Ecuador, deja mucho que desear la formación ética y moral de nuestros asambleístas que parecerían que no valoran la vida como el resto de los ecuatorianos. Los asambleístas, representantes de los pueblos, deben ser el ejemplo para la sociedad y no el reflejo de la civilización maltrecha de sus representados, que estarían hambrientos de ser guiados al progreso educado de la convivencia entre prójimos. Por eso es necesario intentar darle valor monetario a la vida humana, no sin antes aclarar que no hay dinero en el mundo que justifique la muerte de un ser humano.

Estoy seguro que debe haber muchos métodos académicos en el mundo que intentan ponerle valor a la vida humana, pero casi siempre encontraremos que cualquier intento de valorar la vida estarían relacionados a los números que puedan presentar planes de seguros de salud; es decir, cuánto le costaría a un gobierno cuidar a sus ciudadanos a lo largo de su vida, educarlo, darle seguridad, etc. No es sencillo calcular el valor estadístico de la vida.[44] En Estados Unidos, diferentes instituciones públicas estiman valores entre 6 a 9 millones de dólares la vida humana, estimando beneficios frente a costos generados por el estado a favor de la sociedad. El valor estadístico de la vida siempre será filosóficamente debatido dependiendo del riesgo en el comportamiento de cada individuo con sus propios hábitos de fumar cigarrillos, forma de transportarse, alimentación y que tan riesgoso es el trabajo que realiza.[45]

En el Ecuador no sería fácil calcular el valor de la vida a partir de las estadísticas de planes de la salud pública, debido a que

---

[44] Wikipedia. "Value of Life".
[45] Partnoy, Frank. The Globalist. "The Cost of Human Life, Statistically Speaking".

el servicio no llega a todos. Empero, podemos intentarlo sumando todo lo que el estado invierte a lo largo de su vida, empezando por la propia generación de leyes que protegen su vida o garantizan su existencia desde que nace. Habría que preguntarse: ¿Cuánto cuesta un plan de salud a lo largo de su vida? ¿Cuánto costó su educación? ¿Se le garantizo vivienda propia?

No me atrevo a poner cifras a mis cuestionamientos. Pero sugiero que se medite a cabalidad cada vez que seamos testigos de la muerte de un hermano ecuatoriano, porque aparte del incalculable valor emocional que esto significa para su familia, su muerte representa una pérdida de recursos para la sociedad que van más allá de una simple estadística de promedio de vida.

Vivimos en comunidad por la vida y por el bien de nuestra sociedad. Como dijo Albert Einstein, "el mal no existe sino la ausencia del bien". Deroguen de la constitución la barbarie o en su efecto habría que ponerle límites a la justicia indígena.

## LIBERTAD ECONÓMICA

Una máxima popular es: "Yo con mi dinero hago lo que me dé la gana". Mientras no utilices el dinero para afectar a terceros ese debe ser el lema del que sudó, se esforzó y hasta lloró por generar su propia riqueza; por eso, suena agresivo el eslogan arriba mencionado; una agresividad que no afecta a nadie ni transgrede derechos de otros, tal vez sensibilidad en los oídos, hay que reconocer que es una expresión dura. ¿Qué motiva una expresión de esta naturaleza? Muy sencillo, el hecho de una imposición de un ente regulador que quiera enseñar y obligar al ciudadano como gastar su dinero. Ese ente regulador es el Estado. El Estado es todo lo que representa el poder burocrático donde, sin experiencia en la tenencia o generación del dinero, se diseñan planes para arrebatar vía impuestos a sus legítimos propietarios del dinero que fue ganado con el esfuerzo de sus trabajos o el de sus antecesores.

Cada gasto que ocasiona el estado lo pagamos los ciudadanos con tasas e impuestos. ¿Qué tan libres somos para gastar en lo que nos dé la gana? Muy poco libres cuando se medita si al final de cuentas al comentario abrupto se compromete tu bienestar y el de tu familia.

La libertad económica se expresa en el pensamiento ideológico de Adam Smith considerado padre de la economía clásica, autor del libro *La Riqueza de las Naciones*, publicado en 1776, donde promueve el individualismo e independencia del ciudadano como motor de la economía. Con tan sólo mencionarlo una vez, Smith parece introducir el concepto de la *mano invisible* en la economía pasó a ser la base del capitalismo, donde el individualismo egoísta del hombre crea intereses comunes en la sociedad y mueve la economía siempre y cuando no intervenga el estado.

El criterio de "dejen hacer, dejen pasar" que en economía se hizo popular la frase francesa *Laissez faire*, que es la esencia de la economía de mercado o libertad económica sin intervención de ninguna índole. Por eso, cada vez que se diseña una nueva forma de intervención del estado en la economía con prohibiciones, leyes que regulen el mercado o cobro de nuevos impuestos, nos están quitando la libertad económica de hacer lo que queramos con nuestro dinero. Curiosamente, a pesar de que en el primer mundo se pagan elevados impuestos que afectan a los ciudadanos, éstos no están dirigidos a entorpecer la voluntad del consumidor. Por ejemplo, el impuesto al valor agregado (IVA), que es realmente un impuesto al consumo, varía entre el 5% y el 8% de estado a estado en Estados Unidos, frente al 12%, 16%, 18% y 20% de Ecuador, Perú, Colombia y

Argentina, respectivamente. Lo mismo podemos decir de los aranceles y salvaguardias, que no es otra cosa que un arancel adicional al arancel establecido sobre el precio de los productos importados.

Los precios de mercado de los productos, cualesquiera que este sea, desde un alfiler hasta un avión, se determinan por la oferta de los fabricantes y por la demanda de los consumidores. El precio de un bien en el mercado se establece donde convergen las curvas: de la oferta, la misma que es ascendente porque a mayor precio mayor cantidad de productores deseosos a fabricar mayor cantidad del producto en sus industrias y; de la demanda, cuya pendiente es descendente, porque los consumidores comprarían mayor cantidad del mismo producto a menor precio. Este precio determinado por las fuerzas del mercado se llama pecio de equilibrio. Ejemplo, un consumidor estaría dispuesto a pagar por dos latas de soda un dólar, pero si el precio es 70 centavos por lata ya no le interesa comprar la extra lata porque tuviera que desembolsar 40 centavos adicionales. Bajo esas circunstancias el mismo consumidor sólo demandaría una lata de soda a los precios de 70 centavos, otro consumidor a 80 centavos y otro a 90 centavos y así sucesivamente; y demandaría más de una lata de soda a menos de 60 centavos por cada una. De esa manera se crea la demanda por la lata de soda de manera descendente con mayor o menor inclinación. Mientras más pronunciada es la curva más inelástica es la demanda demostrando el poder que tiene el producto sobre el consumidor; en otras palabras, si el producto es muy apetecido téngase la seguridad de que la curva de la demanda sería casi vertical porque el consumidor estaría dispuesto a pagar cualquier variación de precio con tal de obtener el producto. Esta es parte de la historia del petróleo, mientras no había fuentes tan eficientes de remplazarlo como producto generador de energía, su demanda era casi inelástica.[46] A mayor elasticidad de la curva de la demanda; es decir, inclinación casi horizontal, demuestra que el producto tiene competencia con otros similares; siendo este el caso de la soda, producto que viene en diferentes presentaciones (no sólo en lata) y que compite con otros sabores de sodas, aguas y jugos que puedan ser alternativa al deseo del consumidor por saciar la sed.

Por el lado de la oferta, aparecerán muchos fabricantes entrando a producir mayor cantidad de sodas a diferentes alternativas de precios. La cantidad se incrementa de forma ascendente porque siempre habría mayor cantidad de fabricantes colocando sus productos a mayor precio siempre y cuando la demanda lo permita. La elasticidad de la curva de la oferta está relacionada a la cantidad de fabricantes y tecnologías de punta que facilitan la fabricación del producto; es decir, a mayor competencia y tecnología más plana o elástica es la curva, pero siempre ascendente. Claro está que la inelasticidad de la curva de la oferta puede durar dependiendo cual sea el producto que se esté vendiendo. Un producto de tecnología complicada pueda que demore un tiempo en que entre alguien a competir ofreciendo el mismo producto, frente a un producto como el pan que tan sólo requiere de las manos del hombre (mujer), harina y agua para sacar a la venta al día siguiente con un producto similar al ya existente. Por eso, la curva de la oferta de los alimentos y bebidas son altamente elásticas.

---

[46] El cartel de la OPEP (Organización de Países Exportadores de Petróleo) tuvo mucho éxito a fines de la década de los 70s en fijar precios internacionales del petróleo elevados, mientras la oferta por petróleo fue limitada a falta de nuevos yacimientos, no había mejor sustituto al petróleo y todos los grandes productores eran parte del cartel.

**¿Qué pasa Ecuador?**

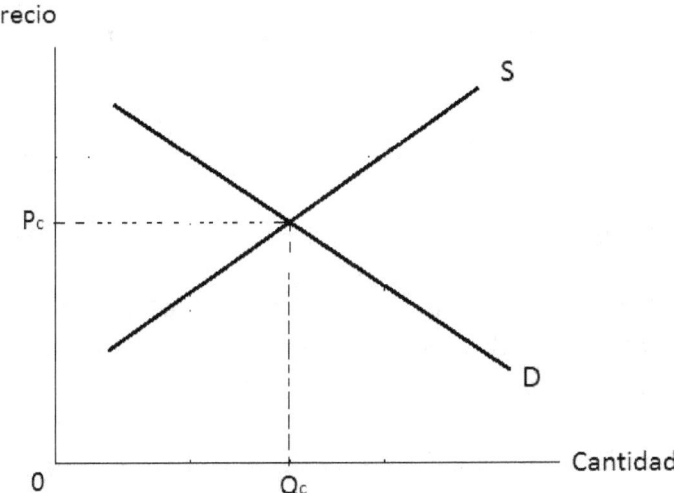

En la gráfica, la curva de la oferta (S) intercepta la curva de la demanda (D) para determinar el equilibrio, precio de competencia (Pc) y la cantidad (Qc) de un producto cualquiera. En la intercepción de las dos curvas de la oferta y de la demanda se forman los precios en el mercado de bienes y servicios, nacionales o importados, cuando el estado no interfiere con las actividades libres de la economía.

### ¿QUÉ PASA CUANDO SE APLICA UN ARANCEL O SALVAGUARDIA A LOS PRODUCTOS DE IMPORTACIÓN?

Sin discusión alguna se crea una distorsión en el mercado para establecer el precio justo del producto que demanda el ciudadano encareciendo el bien para que éste se comercialice a precios superiores a los precios internacionales. En otras palabras, con la aplicación de aranceles de importación y salvaguardias adicionales sobre los propios aranceles, por más que

éstas últimas sean medidas temporales, creamos un encarecimiento de los productos importados que consumimos y el hecho no garantiza protección a producción local, ni mejor calidad
en la producción, alejándose de los precios competitivos al forzar al consumidor a través de la compra de productos nacionales, protegidos con el arancel o salvaguardia aplicados a los productos importados.

En el gráfico, en libre competencia, el precio de equilibrio
(Pc) y la cantidad (Qc) se determina a la altura de la intercepción
de las dos curvas de oferta (S) y demanda (D) donde tanto consumidores y productores están dispuestos a satisfacer el mercado. Esta situación de equilibrio se da en todos los bienes y
servicios de la economía donde por el lado de la demanda, el
*slope*[47] o inclinación de la curva (D) es negativo y estaría influenciada por los cambios de gusto del consumidor, el ingreso del
consumidor, los productos sustitutos y el número de consumidores en el mercado.

Su curva siempre sería descendente porque la necesidad
de consumir más o menos de ese mismo producto lo determina
el precio; a mayor precio menos deseo de consumir, a menor
precio mayor la oportunidad de consumir mayor cantidad de
productos.[48]

Por el lado de la oferta, la posición de la curva (S) está determinada por los cambios en tecnología que afecta positivamente a la producción, así como el precio de los insumos para

---

[47] Por el lado de la demanda, slope = $-m = \frac{\Delta X}{\Delta Y} = \frac{X1-X2}{Y1-Y2} = \frac{Q1-Q2}{P1-P2} \leq 0, donde\ P =$
*Precio y Q = Cantidad y mayor de menos uno es elástica la curva de la demanda;*
por el lado de la oferta, el slope = $m = \frac{\Delta Y}{\Delta X} = \frac{Y1-Y2}{X1-X2} = \frac{P1-P2}{Q1-Q2} \geq$
$0,$ *donde más se aleja de cero el slope* $(m)$ *más elástica es la curva de la oferta.*

[48] Mansfield, Economics.

la fabricación come es el costo de los bienes de capital (maquinarias utilizadas para la producción), costo de la tierra y por supuesto el costo laboral. A diferencia de la curva de la demanda (D) el *slope* o inclinación de la curva de la oferta (S) es positivo o hacia arriba.[49]

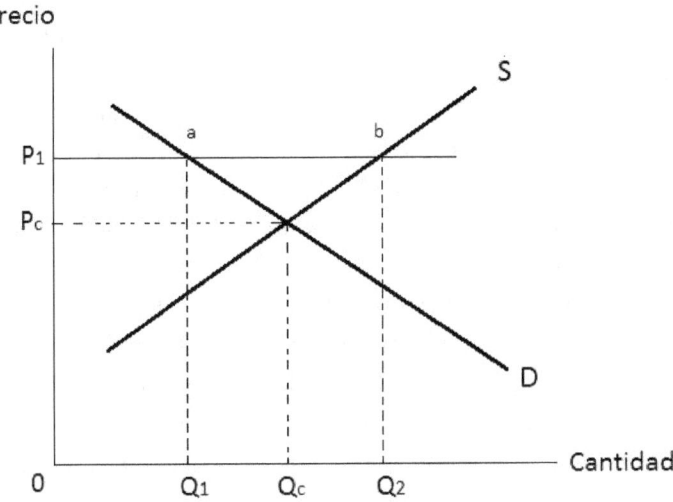

Vamos a suponer que la decisión de nuestras autoridades económicas es aplicar un arancel de importación. Un arancel el un porcentaje de impuesto que se aplica sobre el precio de los bienes que se importa. Por ejemplo, si un vehículo fabricado en otro país tiene un precio de fábrica de $25.000 y el arancel es del 50%, el costo del vehículo ingresado al país es de los $25.000 del costo original del automóvil más el arancel de $12.500; total el vehículo tendría un precio de $37.500 en el patio del distribuidor de autos. El distribuidor agregaría el IVA

---

[49] Mansfield

($5.250) al momento de la venta, sumaría el costo de importación ($2.000), más su comisión por venta ($4.000); el vehículo puede llegar a valer alrededor de $48.750; casi el 100% adicional del precio original.

En otras palabras, mis deseos y las ganas del lector son de tener un automóvil de $25.000 más el transporte marítimo de $2.000. Obviamente en Ecuador, a consecuencia de los impuestos y aranceles altos se nos fueron las pretensiones de renovar nuestros vehículos. Gráficamente, una vez aplicado el arancel de importación el nuevo precio de equilibrio no sería Pc sino P1; este hecho crea una distorsión en el mercado del bien haciendo que a ese precio de P1 intercepte la curva de la demanda (D) en el punto "a", la misma que equivale a la cantidad de Q1; e intercepta la curva de la oferta (S) en el punto "b" que corresponde a la cantidad Q2. A la altura de la intercepción del punto "a", claramente la cantidad Q1 representa una cantidad donde los consumidores demandan menos el producto grabado con el arancel. En cambio, en el punto "b", la cantidad Q2 corresponde al deseo de los ofertantes de vender o fabricar al precio P1.

La realidad es que la diferencia entre las cantidades Q2 y Q1 viene a ser un exceso en la oferta del bien que afecta el mercado porque los consumidores jamás demandarían la cantidad Q2 al nuevo precio P1.

## CONTROL DE PRECIOS: ¿CUÁNTO DAÑO HACE?

Parece que aún no superamos la etapa de los años cuando el sucre era moneda nacional, donde el ministro de industria era un súper funcionario del estado donde todos los industriales lo cortejaban, ya que tenía el poder de imponer los precios en la escala de valores de los principales precios de productos de consumo en el país. Así era como se ponía el precio a la leche, pan, carne, pollo, arroz, aceite, jabón, atún, maíz, hasta de carros populares en los 80s, etc. En fin, se puede imponer control de precio sobre todo producto de venta en el país porque esa disposición de control económico se encuentra expresada en la carta constitucional, artículo 335 de Intercambios Económicos y Comercio Justo en el segundo párrafo dice textualmente: "El Estado definirá una política de precios orientada a proteger la producción nacional, establecerá los mecanismos de sanción para evitar cualquier práctica de monopolio y oligopolio privados, o de abuso de posición de dominio en el mercado y otras prácticas de competencia desleal."

Con la "sabiduría" que le caracteriza al funcionario técnico del ministerio de industria o cualquier otro burócrata designado para la tarea, éste determinaría la escala de valores en la cadena de producción para que los empresarios ganen lo justo y así no se perjudique al consumidor ecuatoriano. Como los funcionarios a cargo de la tarea de fijar los precios son estudiosos en la materia, no debería existir errores en el cálculo del precio final, ¿verdad? ¡Bueno fuera! Pero no es así.

Lo descrito anteriormente es la lógica de las decisiones políticas centralista donde se considera que el Estado debe regular la economía con decretos y leyes, ignorando por completo las fuerzas del mercado o las circunstancias que hacen que la ley de la oferta y la demanda se equilibren en transacciones para dar armonía a vendedores y compradores en un justo precio y cantidad.

Por un lado, cuando el mercado fija un precio no hay explicación alguna que dar. Son las fuerzas del mercado quienes determinan en forma automática si ese precio fue el acertado o no. El precio de un bien que pudiera cambiar por decisión autónoma del ofertante/vendedor hasta que aparezca un demandante/comprador libremente acepta el nuevo precio y se crea la transacción. Tanto el ofertante como el demandante quedarían satisfechos por la compra/venta. Se repite el mismo escenario en cada uno de los productos y servicios de la economía.

Por otro lado, tenemos al Estado que se ha tomado las facultades del mercado para la fijación de los precios. El Estado a través de sus funcionarios técnicos pretende recaudar información del empresario y sus costos para fijar el precio político de los productos bajo su control. Dicho funcionario pretende favorecer al consumidor/demandante enfrentándose al empresario/ofertante creando "armonía" en la economía del día a día. Momentáneamente, el comprador/demandante queda satisfecho y en empresario/ofertante también si es que el funcionario acertó en su tarea de fijar el precio por primera vez. Esto sería un tipo de suerte de principiante. ¡Así es! la alegría de la fijación de precio es pasajera porque está probado que la economía, por su dinamismo, no se la puede manejar con leyes ni decretos. Si en la constitución o la ley existe la facultad de fijar los precios de la economía, con decreto pueden cambiar el listado de control de precios las veces que se equivoque el burócrata.

En el gráfico EFECTO DEL CONTROL DE PRECIO MÁS BAJO QUE EQUILIBRIO, el Estado toma la decisión de fijar el precio (PI) a un nivel más bajo que el precio de equilibrio de mercado o precio de competencia, Pc. En equilibrio, donde las fuerzas del mercado se encuentran el precio es Pc y la cantidad de bienes dispuestos a transar a ese precio es Qc. La línea que fija el nuevo precio decretado y fijado por el Estado (PI) intercepta la curva de la oferta (S) al punto "a" que corresponde a la cantidad $Q_1$ y la curva de la demanda (D) al punto "b" equivalente a la cantidad $Q_2$.

**¿Qué pasa Ecuador?**

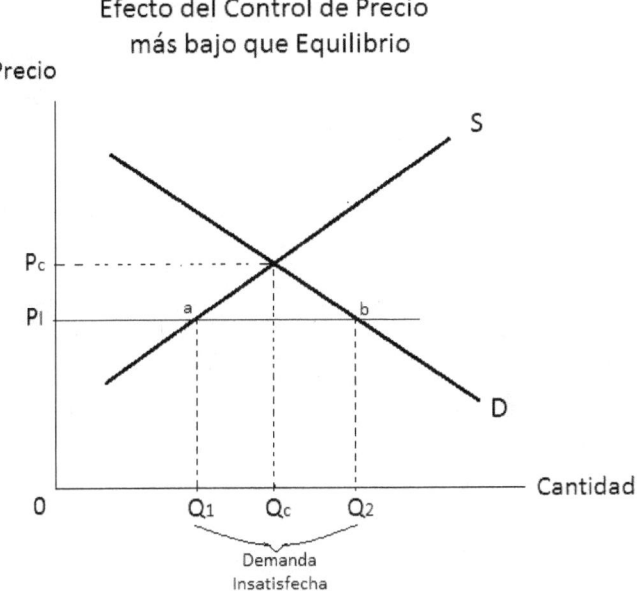

La diferencia entre las cantidades ($Q_2$ - $Q_1$) es lo que he llamado en el gráfico como la "demanda insatisfecha" porque los vendedores de ese bien no estarían dispuestos a proporcionar la misma cantidad $Q_2$ al precio PI; en su lugar, los vendedores al precio estatal de PI ofertan menos que sería la cantidad $Q_1$. Por lo tanto, los consumidores no consiguen toda la cantidad del producto que desearían al precio oficial creándose la escasez del producto y con el tiempo la desaparición de productores del mercado, porque no estarían dispuestos a producir a un precio inferior al de equilibrio, Pc. Ejemplo, Venezuela bajo el socialismo del siglo XXI, lleva años aplicando el control de los precios de los principales productos de la canasta familiar sin éxito alguno generando escasez de productos industrializados como papel higiénico, toallas sanitarias, azúcar, aceite, entre otros y ausencia de las proteínas como carne, pollo y pescado.[50]

Otro ejemplo. En EL Gráfico EFECTO DEL CONTROL DE PRE-CIO MÁS ALTO QUE EQUILIBRIO, el Estado se equivoca una vez más en su política de fijación de precios, yéndose en contra del mercado, fija un precio oficial de Pl. Al nivel de precio Pl; este precio es más alto que el precio de equilibrio Pc, hace que intercepte la curva de la demanda (D) al punto "a" que corresponde a la cantidad $Q_1$ y la curva de la oferta (S) en "b" que es equivalente a la cantidad $Q_2$, haciendo que se produzca una diferencia en cantidades ($Q_2 - Q_1$) entre los niveles que los demandantes y ofertantes estarían dispuestos a tranzar.

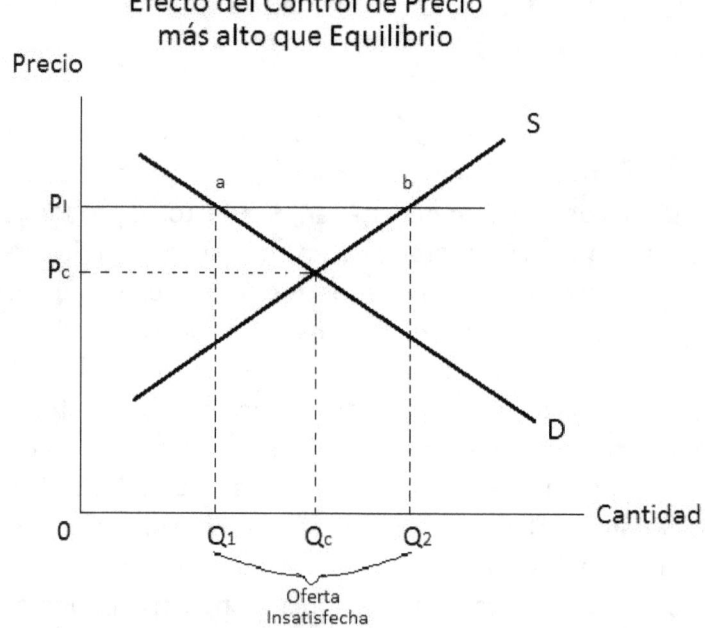

Efecto del Control de Precio
más alto que Equilibrio

---

## ¿Qué pasa Ecuador?

En el gráfico la diferencia $(Q_2 - Q_1)$ la he llamado "oferta insatisfecha" porque el Estado los favoreció fijando el precio Pl a nivel superior del precio de competencia; sin embargo, a ese precio la demanda se contrae y los vendedores se quedan con exceso de inventario porque no se cumplió sus expectativas de vender lo mismo que vendían antes con éste nuevo nivel precio fijado por el Estado. En este caso, es factible que los ofertantes irrespeten el precio oficial y vendan a precio de equilibrio Pc para cumplir con su cuota de producción y deshacerse del inventario.

La política de control de precio discrimina la competencia facilitándose la creación de grupos de poder, porque el cabildeo pasa a ser parte importante para llegar a influenciar al funcionario público, previo a la toma de decisiones en la fijación de los precios. Esto ocasiona corrupción, barreras a la entrada a nuevos competidores, distorsiones del mercado, exclusividad porque no todos tendrían acceso al funcionario público, hasta la posibilidad de formación de nuevos monopolios protegidos por el estado.

Resumiendo, las puertas en el Ecuador están abiertas para que cualquier autoridad quiera fijar los precios de cualquier producto. No existe técnico en el mundo que pueda prever o calcular un precio con precisión sin que esta medida sea una aberración en contra de las fuerzas del mercado. Una gran verdad es que el mercado se regula por sí solo, no necesita que se lo esté regulando. Estamos a tiempo de desmantelar la lista de precios de productos básicos, de permitir la competencia liberando el comercio exterior y todas las trabas a la competencia.

Esperemos que nuestras futuras autoridades no se acojan literalmente a los artículos constitucionales que distorsionan el accionar económico del país. Bastaría con recoger la experiencia venezolana donde PDVAL[51] que ha pasado a ser el principal abastecedor de alimentos básicos, trayendo amargas experiencias a vendedores y consumidores por la escasez de productos. ¿Quiere Ecuador seguir la misma suerte económica de Venezuela?

Para conocimiento general, el único culpable de la inflación es el Estado. El fracaso evidente del manejo de las políticas económicas de los gobiernos, no se lo puede justificar a costillas de la empresa privada imponiendo controles de precios. En su oportunidad, los industriales ajustan sus precios en base a los costos de producción y si éstos aumentan sus precios a niveles mayores a los experimentados es porque sus costos actuales subieron; también porque las expectativas de los negocios son negativas ocasionadas por el mal manejo de las políticas económicas y porque no hubo suficiente competencia que impida su incremento. Las expectativas se reflejan en un constante temor de no llegar a cubrir sus costos de reposición de las materias primas o componentes del producto final.

Actualmente, los miembros del frente económico de un gobierno estatista solo inspiran expectativas negativas por el acoso constante al sector privado. En el Ecuador, no se avizora ningún cambio positivo en materia económica, peor ahora en tiempos de incertidumbre política como son las elecciones presidenciales. Todo, por la necedad de mantener un estado inoperante a través de un excesivo gasto público y una política de acoso a los ecuatorianos con imposición de nuevos impuestos.

---

[51] A falta de un buen abastecimiento de alimentos en Venezuela por motivos del control de precios, Petróleos de Venezuela S. A. (PDVSA) creó una almacenera: PDVAL.

## LA INTEGRACIÓN Y EL LIBRE COMERCIO

Cuando escuchamos las palabras: libre, liberación o libertad, nuestra naturaleza humana nos hace reaccionar positivamente por estar acorde a nuestros principios de independencia y por el hecho de que nuestros actos de conciencia están siendo respetados. Mientras el usuario de ese privilegio de libertad no vulnere el espacio o los derechos que tienen los demás dentro de un esquema sustentable para el ambiente y cuidando el bienestar de las futuras generaciones, las leyes que se promuevan no deben coartar la autonomía de los ciudadanos para innovar, producir, transar con mercaderías, obtener propiedad privada o movilizarse en busca de empleo y bienestar para su familia.

Desde la existencia de la humanidad, el comercio ha sido el eje del desarrollo de los pueblos. No hay nación industrializada que haya tenido éxito en su desarrollo sin una apertura comercial hacia el mundo. Cuando se trata de países con poblaciones grandes mayor es el tamaño del mercado; esto crea ventajas de costos en su fabricación por economías de escala sus productos pueden comercializarse a precios más competitivos que el resto del mundo; también es cierto que, con la integración de zonas regionales, los países pequeños pueden lograr acceso a un mercado ampliado de consumidores y beneficiarse de esas economías de escala por aumento en la producción.[52] Mientras exista capacidad instalada sobrante en una fábrica y demanda por el

---

[52] Economía de escala es un término utilizado en microeconomía que define las ventajas de fabricación en costos obtenidas cuando se produce en mayores cantidades, escalonadamente, porque los costos fijos se disminuyen proporcionalmente y porque las materias primas se consiguen a menor costo cuando se las compran en grandes cantidades.

producto manufacturado, la expansión en ventas se justifica para aprovechar al máximo la economía de escala.[53]

Por el lado de la oferta, los Tratados de Libre Comercio (TLC) devuelven la libertad que perdimos en el tiempo, con políticas mercantilistas del pasado[54], y permiten a los comerciantes la oportunidad de exportar a mercados internacionales que nos han sido esquivos por falta de reciprocidad de parte del Estado en permitir la importación de productos extranjeros, en unas ocasiones. En otras, los mercados internacionales se encontraban muy distantes como para aventurar las ventas de nuestros mejores productos de exportación, o, por políticas restrictivas al comercio exterior en países de destino de nuestras exportaciones.

En la actualidad, gracias a la globalización, las comunicaciones y variadas alternativas de transporte, los costos transaccionales y de negociación se disminuyeron permitiendo la cercanía de los mercados para que los comerciantes puedan ofertar sus productos. Por tal ventaja que nos provee la globalización sería un absurdo coartar los derechos del comerciarte de competir por una percha de exhibición de sus productos en los mercados mundiales.

Por el lado de la demanda, el consumidor tiene el derecho de comprar a mejor calidad y a menor precio sin importar el origen de procedencia de la mercadería. Tenemos mucho que aprender del comportamiento del consumidor; sin embargo, se puede afirmar con seguridad que el ama de casa cuando va al mercado, tienda de barrio o supermercado, elige los productos

---

[53] Más sobre economía de escala en Wikipedia, "Economía de escala".

[54] Las políticas mercantilistas las heredamos de España con los criterios comerciales de generar riqueza en desmedro del otro, pretendiendo que el comercio favorezca al venderse más productos de los que compraran.

por precio y calidad y no por origen. Me explico, ella o él, sin que necesariamente tenga educación en economía, no pregunta de donde es el producto porque lo único que le interesa es saber si alcanza el dinero para cubrir su canasta de productos, dentro de las limitaciones de su presupuesto, para poder alimentar a su familia. En el caso que los productos tengan precios similares, el consumidor determina que marca elegir basado en experiencias pasadas como como comprador o porque sencillamente su subconsciente lo guía en la elección como recordatorio a la publicidad que captó.[55]

Con estos criterios básicos de liberación económica, los mercados deben estar abiertos para acoger la libre competencia de los productores y comerciantes mundiales por el bienestar de más de 7.200 millones de consumidores del planeta Tierra. Por ejemplo, cada vez que en el mercado nacional se quiere restringir una mercadería extranjera, ya sea a través de aranceles, cuotas o salvaguardias, por proteger unas cuantas familias de propietarios y trabajadores que viven de la fabricación del producto nacional, se estaría perjudicando a la totalidad de la población (más de 16 millones de habitantes) que tendría el derecho de demandar ese producto extranjero, restringido por las trabas estatales.

## NEGOCIACIÓN TRADICIONAL

Los países y zonas de integración tales como Comunidad Andina (CAN) y MERCOSUR siguen el mismo patrón de negociación con otros mercados. Constantemente están analizando sensibilidades por sectores de los mercados de los países miembros para culminar en un intercambio de cuánto me liberas

---

[55] Marketing Directo. "Al consumidor se le conquista por el subconsciente".

para liberarte los aranceles, en lugar de negociar por principios de libertad; es decir, yo te libero todo, tú libérame todo.

En las negociaciones actuales, se pierde mucho tiempo y dinero en viajes y reuniones unificando criterios en la homologación de normas, aranceles, reglas de sanidad, tratamiento de propiedad intelectual, forma de empaque, etc. cuando lo más importante para un TLC es la transacción libre de las mercancías, lo demás es desgastarse a favor o en contra de sectores interesados.

Equivocadamente en los acuerdos, nuestros negociadores pretenden equilibrar la Balanza Comercial[56] entre las naciones, porque ven el comercio exterior como una operación aritmética de exportaciones menos importaciones, para ver que queda, si déficit o superávit en el balance y no como lo que debería ser el comercio exterior, esto es una sumatoria de importaciones más exportaciones. Al final de cuentas lo que importa en un TLC es el incremento de las transacciones comerciales para que se mueva más dinero en la economía.

Ejemplo, si los ecuatorianos en el exterior están enviando dinero en un promedio de $2.500 millones al año y existen $1.500 millones de déficit en la balanza comercial, es porque los inmigrantes están financiando las importaciones que generan el déficit. Ahora bien, supongamos que los inmigrantes ya no envíen los $2.500 millones, esto significaría que ya no habría una demanda por tantas importaciones porque hay menos dinero en la economía, entonces se supone que habría más exportaciones que importaciones, generando un superávit en la

---

[56] Balanza Comercial es la diferencia entre los bienes exportados y los bienes importados. Si las exportaciones son mayores que las importaciones se dice que existe un superávit en la balanza comercial y si las importaciones superan a las exportaciones se registra un déficit en la balanza comercial. En dolarización este hecho de déficit o superávit es irrelevante.

balanza comercial y por ende estaríamos mejor supuestamente. Sin lugar a dudas, es mejor que exista siempre más dinero en la economía, provenga de donde provenga del exterior, que tratar de restringir el comercio exterior para lograr superávit en la balanza comercial. Por esta lógica expuesta es que nuestros países vecinos hace ocho años comenzaron a buscar la oportunidad de firmar TLCs pensando en el consumidor y no en los sectores sensibles de la economía.

A mi parecer, los únicos productos sensibles para la economía de un país en negociaciones por lograr un TLC son los productos perecibles, ya que estos son la mayoría agrícolas y la distancia de los mercados puede afectar la alimentación del ciudadano. Además, que existen productos agrícolas subsidiados en países desarrollados que salen de la competencia o juego limpio en el comercio internacional[57]. Para todos los demás productos es bienvenida la competencia.

Todos estos acuerdos TLC conllevan una serie de movilizaciones de burócratas, técnicos y políticos, empresarios, comerciantes y productores, de ambas partes negociadoras generando cuantiosos gastos que pudieran evitarse si no hubiera tantos intereses creados de parte y parte. Para evitar lo mencionado sugiero un diferente escenario de negociación. Pero antes revisemos los elementos básicos que conllevan un TLC:

## REDUCCIÓN DE ARANCELES

Cuando el comercio exterior está estancado entre países o regiones se procedo a revisar el arancel (impuesto sobre las importaciones) de los países participantes. Existe una nomenclatura mundial que clasifica los productos comercializables a nivel

---

[57] El Mundo, "Los subsidios y la cartera agrícola".

mundial. La nomenclatura arancelaria del Ecuador proviene de las decisiones de la Comunidad Andina[58]: NANDINA y está clasificada en secciones:

1. Sección I – ANIMALES VIVOS Y PRODUCTOS DEL REINO ANIMAL
2. Sección II - PRODUCTOS DEL REINO VEGETAL
3. Sección III - GRASAS Y ACEITES O VEGETALES; PRODUCTOS DE SU DESDOBLAMIENTO; GRASAS ALIMENTICIAS ELABORADAS; CERAS DE ORIGEN ANIMAL O VEGETAL
4. Sección IV – PRODUCTOS DE LAS INDUSTRIAS ALIMENTARIAS; BEBIDAS, LIQUIDOS ALCOHÓLICOS Y VINAGRE; TABACO Y SUCEDANEOS DEL TABACO ELABORADOS
5. Sección V – PRODUCTOS MINERALES
6. Sección VI – PRODUCTOS DE LAS INDUSTRIAS QUÍMICAS O DE LAS INDUSTRIAS CONEXAS
7. Sección VII – PLÁSTICO Y SUS MANUFACTURAS; CAUCHO Y SUS MANUFACTURAS
8. Sección VIII – PIELES, CUEROS, PELETERÍA, MANUFACTURAS DE ESTAS MATERIAS; ARTÍCULOS DE TALABARTERÍA O GUARNICIONERÍA; ARTÍCULOS DE VIAJE, BOLSOS DE MANO (CARTERAS) Y CONTINENTES SIMILARES; MANUFACTURAS DE TRIPA
9. Sección IX – MADERA, CARBÓN VEGETAL Y MANUFACTURAS DE MADERA; CORCHO Y SUS MANUFACTURAS; MANUFACTURAS DE ESPARTERÍA O CESTERÍA
10. Sección X – PASTA DE MADERA O DE LAS DEMÁS MATERIAS FIBROSAS CELULÓSICAS; PAPEL O CARTÓN PARA RECICLAR (DESPERDICIOS Y DESECHOS); PAPEL O CARTÓN Y SUS APLICACIONES
11. Sección XI – MATERIAS TÉXTILES Y SUS MANUFACTURAS
12. Sección XII – CALZADO, SOMBREROS Y DEMÁS TOCADOS, PARAGUAS, QUITASOLES, BASTONES, LÁTIGOS, FUSTAS, Y SUS

---

[58] El Acuerdo de Cartagena o Comunidad Andina es un órgano de integración de la región andina y actualmente está conformado por Bolivia, Colombia, Ecuador y Perú. La Comunidad Andina toma decisiones a través del consejo de ministros de integración de los países miembros entorno a la integración, desarrollo y comercio exterior.

PARTES; PLUMAS PREPARADAS Y ARTÍCULOS DE PLUMAS; FLORES ARTIFICIALES; MANUFACTURAS DE CABELLO
13. Sección XIII – MANUFACTURAS DE PIEDRA, YESO FRAGUABLE, CEMENTO, AMIANTO (ASBESTO), MICA O MATERIAS ANÁLOGAS; PRODUCTOS CERÁMICOS; VIDRIO Y SUS MANUFACTURAS
14. Sección XIV – PERLAS FINAS (NATURALES) O CULTIVADAS, PIEDRAS PRECIOSAS O SEMIPRECIOSAS, METALES PRECIOSOS, CHAPADOS DE METAL PRECIOSO (PLAQUÉ) Y MANUFACTURAS DE ESTAS MATERIAS; BISUTERÍA; MONEDAS
15. Sección XV – METALES COMUNES Y MANUFACTURAS DE ESTOS METALES
16. Sección XVI – MÁQUINAS Y APARATOS, MATERIAL ELÉCTRICO Y SUS PARTES; APARATOS DE GRABACIÓN O REPRODUCCIÓN DE SONIDO, APARATOS DE GRABACIÓN O REPRODUCCIÓN DE IMAGEN Y SONIDO EN TELEVISIÓN, Y LAS PARTES Y ACCESORIOS DE ESTOS APARATOS
17. Sección XVII – MATERIAL DE TRANSPORTE
18. Sección XVIII – INSTRUMENTOS Y APARATOS DE ÓPTICA, FOTOGRAFÍA O CINEMATOGRAFÍA, DE MEDIDA, CONTROL O PRECISIÓN; INSTRUMENTOS Y APARTOS MEDICOQUIRÚRGICOS; APARATOS DE RELOJERÍA; IMSTRUMENTOS MÚSICALES; PARTES Y ACCESORIOS DE ESTOS INSTRUMENTOS O APARATOS
19. Sección XIX – ARMAS, MUNICIONES, Y SUS PARTES Y ACCESORIOS
20. Sección XX – MERCANCIAS Y PRODUCTOS DIVERSOS
21. Sección XXI – OBJETOS DE ARTE O COLECCIÓN Y ANTIGÜEDADES

Todos los productos se clasifican con el sistema métrico de medición o su conversión en longitud, masa, superficie y volumen.[59]

Son comunes los criterios utilizados en las negociaciones de TLCs alrededor del mundo normados por la Organización

[59] Resolución No. 59 del Comité de Comercio Exterior

Mundial de Comercio (OMC) y ratificados por los respectivos parlamentos de los países participantes del comercio exterior. En los TLCs o negociaciones bilaterales entre países tiene como objetivo mejorar el bienestar de los países miembros, donde se discuten los siguientes puntos prioritarios:

1. Reducción de barreras no arancelarias. – Toda barrera no arancelaria tales como prohibiciones, cuotas y salvaguardias entran a la discusión en procura de ser desmanteladas por los comités de negociadores de los TLCs. Las prohibiciones pueden ser excusas para no permitir la entrada de animales vivos por evitar contagio de enfermedades. Las cuotas son poner límite a la importación de ciertos productos como a los vehículos, hecho aplicable a la actualidad ecuatoriana. Y salvaguardias son la imposición de un arancel adicional al existente.

2. No discriminación. – La no discriminación en el comercio es lo que aspira todo país que negocia con otro que pertenece a un bloque de integración comercial en procura que al firmar un TLC se esté obteniendo los mismos beneficios negociados por terceros países. Por ejemplo, Ecuador aspira que el banano ecuatoriano obtenga las mismas preferencias arancelarias que las Islas Canarias en la Unión Europea con la cuál negocia un TLC.

3. Trato nacional y trato de la nación más favorecida. – Una vez que las mercancías importadas ingresan al recinto aduanero, por disposición de los acuerdos internacionales, tendrían el mismo trato que las mercancías nacionales para competir a igual que los servicios con la finalidad de garantizar los compromisos de los TLCs. En otras palabras, cualquier medida de protección a la vida, salud o moral de los ciudadanos deben ser aplicadas sin

discriminación a la parte extranjera ya sea en los servicios o en el comercio. Por ejemplo, en Ecuador existe la restricción de propiedad de tierras en playas y bahías a 20 kilómetros de las zonas de frontera a los extranjeros, tema negociable dentro de un TLC.[60] La Nación Más Favorecida (NMF) es el principio de no discriminación entre países miembros de un TLC.

4. Reciprocidad. – Es el apoyo a la equivalencia en el comercio exterior sobre el otorgamiento de concesiones comerciales de un país a otros países para que sean iguales a los que éstos conceden. De igual manera, se aplica el proteccionismo de un sector económico a los países que empleen prácticas proteccionistas.

5. Exenciones. – Son acuerdos entre las partes para dejar afuera la liberación de sectores sensibles para las partes participantes de un TLC. Por lo general, los países tienden a defender los sectores agrícolas por los subsidios que puedan afectar a la competencia dentro de una apertura comercial. Para superar los impases dentro de un TLC, se estila proporcionar plazos al desmantelamiento de las exenciones evitando las prórrogas a menos que sean plenamente justificadas.

Aunque todas las cláusulas de una negociación bilateral o TLC puedan ser redundantes en su redacción, el objetivo primordial es aprovechar los momentos de paz entre países para crecer en las relaciones comerciales a nivel mundial. Podríamos decir que el impulso de integración de las naciones a través del comercio exterior, movilidad de las personas y los servicios han sido parte del efecto de globalización, caso contrario es porque

---

[60] Marqués de Vélez

no hay entendimiento pleno del bienestar que la globalización trae a los ciudadanos del mundo. Sin temor a equivocarme en muy corto plazo los ciudadanos de Gran Bretaña estarían arrepentidos de haber votado por la salida de la Unión Europea[61], bloque de integración donde pertenecieron por más de 40 años desde el nacimiento de la Comunidad Económica Europea, precursora de la Unión Europea; y los estadounidenses sufriendo los estragos de las políticas excluyentes al libre comercio que pretende implantar el presidente Donald Trump[62], el mismo que felicitó a Gran Bretaña por haberse salido de la Unión Europea. Trump planifica renegociar el Tratado de Libre Comercio de América del Norte (NAFTA por sus siglas en inglés) que está formado por Canadá, México y Estados Unidos y todos los acuerdos bilaterales que considere que son lesivos a los intereses norteamericanos. Esperemos que las nuevas políticas del presidente Trump no atenten contra la estabilidad mundial: económica y bélica.

## APERTURA UNILATERAL COMO ALTERNATIVA DE NEGOCIACIÓN

Me imagino al lector preguntándome: ¿Con la apertura unilateral de bajar los aranceles y la eliminación de restricciones al comercio exterior ya no se necesitarían TLCs o negociaciones bilaterales entre naciones amigas? Así es porque los

---

[61] El referéndum Brexit (Britain Exit) aprobó con el 52% la salida de Gran Bretaña de la Unión Europea dejando la libra esterlina debilitada a niveles de hace 30 años, como efecto inmediato. Además de las pretensiones de Escocia e Irlanda del Norte de separarse de la Gran Bretaña son realidades que atentan contra los avances de la globalización.

[62] Presidente de los Estados Unidos de Norteamérica por el periodo presidencial del 2017 hasta el 2021.

acuerdos de la OMC son mandatorios para los países signatarios, sería cuestión de que se cumpla la liberación reciproca que nivele la decisión de una de las partes.

En el caso del Ecuador, esto significaría que se tomaría la disposición de aplicar el libre acceso de mercancías de todos los mercados mundiales por tiempo indefinido para que compitan con nuestra producción local en beneficio de los consumidores ecuatorianos, esto es alrededor de 16 millones de habitantes.

No se necesita establecer mesas de diálogo para aplicar normativas especiales o de armonización de nomenclatura arancelaria porque en la actualidad, sin temor a equivocarme, todos los países del mundo son signatarios de la OMC donde están todas las normas que regulan el comercio exterior.

Solucionado la apertura del comercio exterior por el lado del consumidor, a corto plazo estaríamos con los mercados del primer mundo a nuestra disposición sin tener que haber pasado por la mesa de negociaciones. Todo esto por la simple lógica de que las políticas comerciales en los países desarrollados son de mayor libertad que las nuestras debido a que sus empresarios están acostumbrados a la competencia.

En la actualidad, difícilmente habría un fabricante del primer mundo haciendo presión con sus autoridades económicas para evitar el ingreso de mercadería ecuatoriana; en cambio ocurriría que los exportadores de estos países, que conquistaron el mercado ecuatoriano lucharían para que la reciprocidad comercial entre los países se lleve a cabo y se consolide el libre comercio. Es decir, el gasto en la gestión a favor del libre comercio lo realiza el empresario exportador del país que negocia con Ecuador y viceversa.

Con esta alternativa en mención evitamos tantos gastos y discusiones técnicas que aplazan las decisiones, las mismas que al final del camino siempre serán políticas y no técnicas.

# SOBRE EL TRABAJO

*"Póngase a trabajar siempre sin temer a la imprudencia. Cuando la mente de quien actúa alberga miedo al desacierto, quien lo observa ya lo ve como evidencia de su fracaso... Las acciones se tornan peligrosas cuando se duda de su sabiduría; en ese caso, mejor sería no hacer nada."*

Baltazar Gracián (1601 – 1658)
Escritor y filósofo español

En el último trimestre de cada año calendario: los sindicatos, asociaciones de empleados, empleados y empleadores se están programando para negociar los sueldos que entrarían en vigencia a partir de enero del año a venir.

En países con inflaciones de dos dígitos o más se dificulta la negociación entre dirigentes laborales y empleadores porque en su momento, no importó qué tan bien se negoció el sueldo mínimo legal al inicio del año -que a los pocos meses de haber entrado en vigencia el sueldo "deseado" por todos los trabajadores- porque la inflación se encargó de pulverizar el poder adquisitivo de la moneda oficial. Este efecto descrito de inflación prolongada es común en países en vías de desarrollo que no poseen una moneda nacional que tenga las características de una de las monedas "duras" que rigen en los mercados del primer mundo. Una moneda dura o fuerte está relacionada a los países o región cuya moneda nacional mantiene su poder adquisitivo en el tiempo dando confianza de largo plazo al inversionista y estabilidad a su economía. Las diez monedas duras más conocidas son: el dólar estadounidense, el euro, el yen japonés, la libra esterlina, el dólar australiano, el franco suizo, el dólar canadiense, el peso mejicano, el yuan chino y el dólar neozelandés.[63]

Engañado el trabajador a los pocos meses, dado que su sueldo no fue adecuadamente negociado como se esperaba, siente fastidio y molestias frente a su empleador porque éste se benefició con la inflación, pagando menos en sueldos a todos los trabajadores cuyas mensualidades fueron cancelados con la moneda nacional, mientras aquel empresario ajustaba sus precios al índice inflacionario. Este malestar se repite todos los años en las mesas de diálogos. En estos enfrentamientos verbales de negociaciones se desgastan los involucrados, incluyendo las autoridades laborales que forman parte independiente en el proceso diálogo entre trabajadores y empresarios. En la mayoría de los países las autoridades laborales actúan como intermediarios entre los trabajadores y los empresarios. En otros países, las autoridades toman parte defensoras de la clase trabajadora tratando de lograr el máximo redito en la negociación a favor de los trabajadores, siendo ésta una estrategia política peligrosa porque siempre la clase trabajadora, en el momento que no les convino, culpará al gobernante de turno por la mala negociación del sueldo mínimo que se imponga por ley.

Al repetirse año tras año los incrementos de sueldos para los trabajadores, los dirigentes de la clase trabajadora politizan su labor de representar a sus agremiados a tal punto que, muchos de ellos terminan involucrándose en la actividad política, ya sea como candidatos a representaciones sesiónales, a nivel

---

[63] Entre las monedas duras su orden puede cambiar. La intención del autor es de mencionarlas las 10 monedas más conocidas al momento de la consulta. Bigas, Magda. "Las diez monedas más utilizadas del mundo".

nacional o apoyando a algún candidato en busca de la presidencia de la república, por lo general de tendencia de izquierda. Esta circunstancia, genera suspicacias por parte de sus representados y alejan del dialogo a la clase empresarial que interpreta que el trabajador es su enemigo. Igualmente, pasa con las cámaras empresariales, aunque con mayor moderación, se argumenta siempre en contra de la generación de nuevos empleos o despidos en caso de que se ajuste el salario a niveles superiores a lo previsto por sus cálculos. En resumen, empresarios y trabajadores adquieren posiciones antagónicas que no ayudan al sano desarrollo de la economía por el desgaste en sus posiciones extremas.

En la relación Empresario-Trabajador no prospera porque no respetamos o entendemos las estructuras de la empresa donde se trabaja. En un ejemplo hipotético, si nos preguntamos: ¿Quién es el dueño de la empresa? Todos dirán que son los accionistas, ¿verdad? De allí parte la primera equivocación en la repuesta.

En principio, una empresa es una agrupación de personas donde cada miembro tiene su rol protagónico en la función de proveer bienes y servicios. El gerente general guía a los gerentes de cada sección necesaria para la producción de bienes y servicios, los gerentes departamentales guían a sus supervisores y los supervisores a los trabajadores. Sobre el gerente general está el directorio de la empresa o corporación, el mismo que puede estar conformado por accionistas o profesionales que los representan. Los accionistas, podríamos decir, que son los dueños de la empresa; sin embargo, éstos no poseen el deseo individual de cada involucrado que conforman la empresa por lo tanto los empleados son libres en su accionar siempre y cuando no atenten contra los intereses de la compañía. Sin la clase trabajadora no existiría empresa conceptualmente constituida.

¿Qué rol tienen los clientes, los proveedores y otros involucrados dentro de la compañía?, quiénes son más importante en una compañía de aviación: ¿el piloto, el avión con su equipo de mecánicos o los pasajeros? Son preguntas a contestar; además, que contablemente se puede dar el hecho de que los activos (edificios, maquinarias, equipos, terrenos, inventarios, marcas, etc.; sean de un valor inferior a los pasivos (deudas a proveedores, trabajadores y bancos); entonces, en este caso valdría preguntarse nuevamente: ¿Quién es el dueño de la empresa?

Hay muchos estudiosos que han tratado el tema de forma legal y económica sobre quién sería el dueño de una empresa o corporación, pero esa no es la finalidad de este capítulo[64]. La idea radica en formarse un criterio claro de que una empresa o corporación son entidades de derecho jurídico privado, donde se agrupan personas con criterio formado e independientes que aspiran el bienestar propio y de sus familias de un lado o del otro lado en la mesa de negociaciones. Bajo este criterio de que las empresas son privadas y de que todos aspiran maximizar su bienestar individual, me pregunto, ¿por qué el gobierno se inmiscuye en la fijación de sueldos y salarios entre trabajadores y empresarios?, ¿está el gobierno en capacidad de favorecer a una parte y sin perjudicar a la otra dentro de la mesa de negociaciones?, la repuesta es ¡no!, porque el Estado estaría atado en su decisión a las necesidades políticas del momento por dos razones primordiales: la una, tratar de contentar a una de las partes: la clase trabajadora o empresarial; y la otra, el Estado tiene el limitante de su propio presupuesto donde

---

[64] Hansmann, Henry, "Ownership of the firm".

puede salir perjudicado si autoriza un incremento, más allá de lo que pueda pagar, al tomarse la decisión sobre el nuevo salario mínimo legal que regiría en el próximo periodo presupuestario.

Tómese en cuenta, aunque no necesariamente es la regla, se pudiera argumentar que en la relación trabajador-empresario, los gobiernos de derecha tendrían la iniciativa de favorecer al empresario en las negociaciones salariales frente al trabajador y en los gobiernos de izquierda la tendencia sería de favorecer al trabajador e ignorar las aspiraciones empresariales. Sin embargo, en momentos de crisis, la presión social haría que los ajustes a sueldos y salarios dobleguen las tendencias y se dificulten aún más las negociaciones. Ante la realidad de una crisis económica, no es necesario ser de derecha o de izquierda para establecer un plan de recuperación a la crisis donde el principal protagonista es el ciudadano que está sin empleo, no obstante, y sabiendas de que el empresario pueda haber perdido gran parte de su patrimonio con la quiebra o deducción de su actividad económica, la población entera pasa a ser parte del problema.

Pese a ser enemigo de las correcciones estatales o participación del gobierno en la actividad económica, existen medidas económicas contra cíclicas, que son universales, que no tienen ideologías, que obligan al gobernante a adoptarlas por presión social y que pueden dar un respiro temporal a la economía evitando la explosión social. Estas medidas económicas pueden ser desde el diseño de un plan de refinanciamiento de todas las deudas privadas para que los negocios no cierren y se mantenga el nivel de empleo, hasta la aplicación de subsidios a los servicios básicos y a los combustibles.

Por lo general, las medidas económicas adecuadas son aquellas que funcionan de manera temporal tal como la refinanciación del crédito porque éste tiene fechas de amortización y vencimiento o terminación, caso contrario el estado termina pagando indefinidamente las planillas, como es el caso de los subsidios a los servicios básicos y combustibles.

| SALARIO MÍNIMO VITAL (US$) | | | | |
|---|---|---|---|---|
| AÑO | SMV | SMV(u)[1] | VAR. % | INFLACIÓN |
| 1998 | 135,32 | 158,32 | | |
| 1999 | 61,41 | 71,85 | -55% | -44,20% |
| 2000 | 96,70 | 113,14 | 57% | 56,74% |
| 2001 | 117,70 | 137,71 | 22% | 21,02% |
| 2002 | 128,90 | 150,81 | 10% | 8,13% |
| 2003 | 137,90 | 161,34 | 7% | 6,10% |
| 2004 | 143,60 | 166,13 | 3% | 1,95% |
| 2005 | 150,00 | 174,89 | 5% | 3,14% |
| 2006 | 160,00 | 186,60 | 7% | 2,87% |
| 2007 | 170,00 | 198,26 | 6% | 3,32% |
| 2008 | 200,00 | 233,13 | 18% | 8,83% |
| 2009 | 218,00 | 254,21 | 9% | 4,31% |
| 2010 | 240,00 | 279,85 | 10% | 3,33% |
| 2011 | 264,00 | 307,83 | 10% | 5,41% |
| 2012 | 292,00 | 340,47 | 11% | 4,16% |
| 2013 | 318,00 | 370,82 | 9% | 2,70% |
| 2014 | 340,00 | 396,51 | 7% | 3,67% |
| 2015 | 354,00 | 412,90 | 4% | 3,38% |
| 2016 | 366,00 | 428,22 | 4% | 1,12% |

(1) Se obtiene sumando al Salario Básico Unificado,
el promedio anual de la décimo tercera remuneración
y el promedio anual de la décimo cuarta remuneración.
El SMV(u) es alrededor de 1,17 más que el SMV
**FUENTE:** Ministerio de Trabajo.

### ¿Qué pasa Ecuador?

En el cuadro SALARIO MÍNIMO VITAL nos ayuda a reflejar el sufrimiento del ciudadano frente a la crisis económica de 1999. Tomando cifras del salario mínimo vital desde 1998[65] hasta la fecha, encontramos que tuvieron que pasar cinco años para que el SMV llegue alrededor del mismo precio; esto es, de $135,32 de 1998 a $137,90 de 2003, lo que demuestra lo severo de la crisis económica de aquel entonces.

En 1998, el SMV estaba en sucres convertidos a dólares representa alrededor de $135,32 mensuales. El SMV de 1999, convertidos de sucres a dólares, representaba apenas $61,41 mensuales; esto representa una caída del -55% en el salario nominal de ese año y en el ajuste de los precios, dado que, para medir la variación porcentual al transformarse de sucres a dólares, se registra una caída general de los precios (inflación) del -44.20%.

Como era de suponerse, las autoridades económicas debían actuar en función del bien social para poder recuperar al Ecuador de la crisis económica del '99 de una manera responsable acorde con la inflación; lo que implicaba que los sueldos y salarios tenían que recobrar el nivel de vida del trabajador, lo más pronto posible. Adviértase que, en las cifras del cuadro en mención, se registran niveles de recuperación porcentuales similares entre el SMV y la inflación más un pequeño incremento de ajuste en favor del trabajador con la finalidad de recuperar las remuneraciones pérdidas por los años de la crisis.

Esto demuestra que no se necesita tener gobiernos socialistas para que los gobernantes actúen responsablemente a favor del trabajador. Indiscutiblemente, el hecho de tener el dólar como moneda facilita el ajuste a los sueldos, tomándose en

---

[65] Los SMV de los años 1998 y 1999 fueron establecidos en sucres de la época y éstos fueron convertidos al tipo de cambio de final del año.

cuenta la inflación como indicador referente para recuperar en el menor tiempo posible el poder adquisitivo del ciudadano a través del SMV.

Antes de la dolarización a consecuencia de que el SMV se fija por un año calendario, no había ajuste de sueldo alguno que mantenga el poder adquisitivo de la moneda nacional, porque la economía entraba en una espiral inflacionaria constante que influenciaba en el tipo de cambio hacia arriba, lo que encarecía la producción nacional y los productos importados.

Reitero nuevamente, los sueldos se terminan de negociar a fines de año para que éstos entren en vigencia en el año venidero. Como era de esperarse, el periodo electoral 2005-2006 influyó en el aumento de sueldos del 2006 y 2007, los mismos que incrementaron en 7% y 6%, respectivamente, cuando la inflación al 31 de diciembre había registrado apenas 3,14% en el 2005 y 2,87% en el 2006.

Con el socialismo en su apogeo, el gobierno del economista Rafael Correa Delgado, ajusta los sueldos en incrementos de alrededor del 18% para el periodo 2008 ocasionando una inflación en dólares del 8,83% para ese año, seguidamente ajusta los salarios en 9% para el 2009 y a partir de allí los incrementos de sueldos fueron del 10%, 11%, 9%, 7%, 4% y al 4% en el 2016.

Paralelamente, la burocracia se incrementaba en 113 mil en 7 años. De 467 mil en el 2007 pasaron a 580 mil empleados públicos en el 2013, según registros de la Federación Nacional de Servidores Públicos.[66]

No necesariamente es de conocimiento público que el socialismo dura mientras haya dinero, pero tenemos la experiencia de la Unión Soviética y países europeos donde tuvieron que

---

[66] El Universo, "El miércoles son 7 años de Rafael Correa en el poder en Ecuador".

someterse a medidas económicas de libertad para evitar que la economía siga en deterioro, dado que el estado había acosado tanto los medios de producción que no había incentivos para producir y cumplir los planes establecidos por el Estado, en el caso de la Unión Soviética, y ni que otro impuesto que recaudar sin afectar más la producción, en el caso de Gran Bretaña, Alemania, Francia, Italia, Noruega, Suecia, etc.

El Ecuador, con sus planes socialistas ha incrementado nuevos burócratas a lo largo del periodo del presidente Correa, llegando aproximadamente a los 9 mil millones de dólares del presupuesto en sueldos anuales, siendo un gran peso a las arcas fiscales ahora que se percibe menos ingresos por la caída del precio internacional del barril de petróleo. El resultado está a la vista en las negociaciones de los sueldos y salarios para los años 2015 y 2016, se ajustaron con un incremento en el SMV 4% para el 2015 y 2016 frente a una inflación del 3,67% y 3,38%, respectivamente.

Gracias a la dolarización, queda claro que cuando el dinero se acaba hasta el Estado se ve en problemas al aprobar el incremento anual del SMV, porque el Gobierno Central estaría obligado a ajustar sus sueldos en el mismo porcentaje aprobado para la clase trabajadora.

Pueda que el trabajador tenga el conocimiento básico para sus labores, pero sin capacidad técnica o experiencia, una negociación de aumento de sueldo a su favor fracasa teniendo que conformarse con el sueldo mínimo legal establecido por el gobierno. Contrariamente, el trabajador de excelencia puede obtener un ajuste anual superior a lo establecido por ley.

El trabajador debe especializarse para lograr superación económica para él y su familia. El ejecutivo que tiene preparación y experiencia negocia su sueldo en mejores términos que el trabajador, prueba de ello es que, previo a la dolarización, en el Ecuador un elevado porcentaje de ejecutivos venían negociando sus sueldos en dólares americanos en épocas del sucre como moneda nacional. Lo mismo ocurre con los gerentes o funcionarios de alto nivel que trabajan en las compañías multinacionales que operan en Latinoamérica donde sus sueldos son cancelados en dólares norteamericanos.

## LA TERCERIZACIÓN: ¿ABUSO O REALIDAD?

En tres sectores económicos: agricultura, acuacultura y minería, por experiencia propia, mis socios y yo acudimos a bufets legales o empresas empleadoras alguna para registrar nuestros trabajadores y tener que rotarlos tal como se acusaba a los empresarios que utilizaron la tercerización como alternativa de empleo.

La actividad agrícola es muy dura por el esfuerzo físico, exposición del negocio al clima cambiante con heladas que dañan la producción y con sus plagas que afectan a las cosechas; sin embargo, existe una realidad su horario de trabajo no va más allá que las seis horas de la mañana. Mucho se aprende de la actividad agrícola y de su gente, principalmente en la forma de ver la vida, de su percepción del tiempo y del uso del dinero. Casi sin excepción todos los agricultores prefieren cobrar semanalmente y ser dueño de su propio destino cuando cobra el sábado al medio día.

En épocas del sucre como moneda, ningún agricultor quería ser afiliado al Instituto Ecuatoriano de Seguridad Social (IESS), porque sus fondos de reserva o ahorros se pulverizaban en el tiempo con la pérdida del poder adquisitivo de la moneda. Prácticamente fueron dos décadas donde el valor de la moneda sucre frente al dólar pasó de S/. 25 de 1980 a S/. 25.000 por dólar en el 2000; es decir, el sucre, moneda nacional con la que se pagaba a la clase trabajadora en el Ecuador, perdió su valor en 999 veces frente al dólar en 20 años, esto es equivalente a que un sucre en el 2000 llegó a valer $0,025025 (dos centavos y medio de dólar). Con esa experiencia nadie quería ahorrar, peor que se le descuente su salario con aportaciones al IESS. Afortunadamente para mi socio y yo, existía el contratista de apellido Padilla que cobraba por la cantidad de horas hombre aportados durante la semana. Era todo un ritual, tener que llevar el dinero en efectivo el sábado en la mañana y observar a mi socio hacer cuentas con Padilla mientras los trabajadores esperaban hacer cuentas con Padilla. Ese protocolo se repetía todos los sábados. Padilla era un tercerizador a conveniencia de los trabajadores.

En épocas de cosechas altas contratábamos gente de la sierra, todos familiares, que dejaban sus minifundios para trasladarse a la costa a ganar dinero. Ellos por ser mejores obreros agrícolas y trabajar más horas al día que los locales, negociaban un jornal mayor por su trabajo.

En la acuacultura o en la industria camaronera ocurría algo similar. Pero como no había el "Padilla" o para no perjudicar al empleado que no quería ser afiliado al IESS, optábamos por afiliarlos al sueldo mínimo legal pagándoles la diferencia, ya que ganaban más de lo establecido por ley, a través de viáticos y transportación. Su pago era quincenal. Todos recibían de alguna manera anticipo por sus sueldos debido que, dependiendo del turno que les tocaba, se podía dar el caso de que estuvieron en la camaronera los 15 o los 30 de cada mes. Por eso antes de entrar a su turno en la isla camaronera, preferían tener dinero anticipado para la tranquilidad de su familia.

La minería es una actividad complicada de alto riesgo y mucha seguridad. El minero es uno de los trabajadores mejores pagados en el Ecuador. La minería es de mucha inversión cuando se está mecanizada, caso contrario es mucha mano de obra. Las tareas dependen de las cuadrillas de exploración y de explotación en la mina y de una labor más especializada en la planta metalúrgica. A excepción de los metalurgitas provenientes del Perú, especializados con mucha experiencia, todos los trabajadores ganaban el SMV del sector y su personal estuvieron divididos en tres compañías con los mismos representantes legales demostrando que el hecho no perjudicaba al empleado en caso de una demanda. [67]

En nuestro caso, a los inicios de los 90s, para llegar a Guayzimi alto, cantón Nangaritza, provincia de Zamora Chinchipe, se recorría 10 horas en automóvil hasta llegar al pueblo de Guayzimi y siete horas en mula para llegar al campamento minero en Guayzimi Alto. Por tal razón, los turnos de trabajo de 22/8 (22 días adentro y 8 días libres) funcionaba bien por estar alejadas de las principales ciudades del país.

En estas tres actividades de fines de los 80s y de los 90s jamás tuvimos problemas laborales. Tanto los ejecutivos como los trabajadores estuvimos integrados con criterios en contra del IESS por no favorecer las aspiraciones de los trabajadores

---

[67] No tenemos estadísticas en el Ecuador como para poder determinar si los juicios laborales se incrementaron o no a partir de la dolarización. Actualmente, empresa que no afiliaba al trabajador se arriesga a un juicio laboral porque al estar en dolarización, el sueldo del trabajador no pierde su valor en el tiempo, pudiéndose tardar el reclamo judicial un tiempo, con alta probabilidad de que el trabajador gane el juicio. Además, en épocas del sucre como moneda, las demandas judiciales se diluían en su cuantía por la pérdida de valor de la moneda. El trabajador, con esa lógica del pasado, para qué demandar al patrono para cobrar muy poco y correrse el riesgo de quedar marcado en su hoja de vida.

por la pérdida del poder adquisitivo de la moneda. Sin las atenciones adecuadas, sin préstamos a los afiliados o programas de jubilación que valgan la pena, la afiliación al IESS pasaba a ser un impuesto más en contra del trabajador y del empresario.

La tercerización es un servicio laboral para las empresas que no quieren complicarse con la compleja situación que significa manejar el factor humano en la actividad productiva, comercial o agrícola. La tercerización fue un mecanismo práctico que facilitaba la gestión laboral del ejecutivo desconocedor de las relaciones humanas, razón por la cual las empresas de mayor tamaño tienen departamento dedicado a los menesteres de las relaciones laborales, lujo que no puede asumir la pequeña empresa.

La tercerización pudo haber tenido otro fin que no sea el simple servicio de *outsorcing*[68] tal como el hecho de evitar que el trabajador esté afiliado al IESS o no tener que reconocerle el 15% de participación sobre las utilidades[69] y otras razones adicionales. Esta última razón de tercerización de los servicios laborales fue muy condenada en el país sin análisis previo. La óptica siempre fue en desmedro del empresario sin derecho a escuchar sus posibles argumentos:

Uno, que la empresa no tenga seguridad de poder mantener parte de su fuerza laboral a mediano plazo, acudiéndose a terceros para poder flexibilizar su relación contractual, en caso de que la actividad económica de la empresa contratante se deteriore y se requiera liquidar al personal.

---

[68] Tercerización en inglés, contratación a terceros para que se hagan cargo de alguna actividad de servicio o producción de la empresa.
[69] En el Ecuador, se reconoce por ley repartir el 15% de las utilidades netas de la empresa a los trabajadores y ejecutivos que laboraron durante un periodo de un año o fracción de manera proporcional.

Y dos, el trabajador no está lo suficientemente especializado como para que su empleador le ofrezca estabilidad a largo plazo. Hay que recordar que el despido intempestivo sale costoso para el empleador pasado los tres meses de periodo de prueba exigido por del Código del Trabajo.

Justa o injusta la tercerización considero que salvó empleos en el Ecuador. Abarató costos al empresario y facilitó al trabajador no especializado la obtención de empleo. Con la tercerización laboral se dice que se perjudicó al Instituto Ecuatoriano de Seguridad Social (IESS). Este argumento no es real porque la tercerización laboral era permitida por ley y con menos afiliados que aportaban en sucres se evitaba dar servicios mayormente costosos a las aportaciones de los trabajadores y empresas; además que, la clase trabajadora se perjudicaba con sus aportaciones en sucres al fondo de previsión, fondo que año tras año perdía poder adquisitivo. Para que no les descuenten la parte proporcional a las aportaciones al IESS, la clase laboral prefería no estar afiliada a la seguridad social; a cambio absorbían dicho porcentaje de afiliación, como parte adicional al sueldo en concordancia con su patrono, recibiéndolo en efectivo.

En la relación Patrono-Laboral podemos decir que nadie obliga a nadie al rechazar o aceptar una propuesta de trabajo. Tenga la seguridad el lector que el trabajador especializado, ca-paz y honesto jamás tuvo problema con su situación laboral, ya sea en la empresa donde lo vio desarrollarse como empleado o en donde se proponga emplearse. Todo dependerá del mo-mento que el trabajador se sienta seguro con su empleo versus las oportunidades que se presenten con terceros empleadores.

## FLEXIBILIZACIÓN LABORAL

Habría que preguntarse: ¿Está la clase laboral en peligro?, ¿Es la flexibilización laboral desnaturalizada?, ¿Cuántas son las horas de trabajo adecuadas para el empleado?, etc.

Decir que la clase laboral está en vía de desaparecer frente a los avances tecnológicos es como decir que la raza humana está en peligro de extinción. Nada ni nadie puede reemplazar la creatividad y el ingenio de la raza humana. Son infinitas las historias de personas que han perdido todo que se han vuelto a levantar para formar fortunas. El emprendimiento es un gesto natural oculto del ser humano y el deseo de supervivencia puede llegar a despertar el ingenio subconsciente del hombre, el mismo que debe vencer innumerables obstáculos para la manutención de su familia.

Una maquina tiene su vida útil y puede reemplazar al trabajador no capacitado en múltiples tareas siempre que en la línea de producción no esté involucrado decisiones diferencia-das. Por ejemplo, una maquina puede llegar a separar o distinguir un producto defectuoso, pero puede que no distinga una pequeña fisura u otro tipo de falla para la cual la máquina no estaba programada. Esta lógica nos dice que es indispensable de que el trabajador se prepare cada día más en conocimiento -en cualquier carrera-, pero a conciencia para lograr la excelencia.

A pesar que nadie es indispensable en el trabajo, tenemos que pensar que siempre habrá alguien que pueda reemplazar-nos en nuestro lugar de trabajo. El trabajador preparado y co-nocedor de su oficio atrasa la decisión de su posible cancelación por parte de su empleador, ya que por cada nuevo puesto que se reemplaza, el empleador sabe que necesita invertir recursos y tiempo de adaptación, motivo que encarece la decisión para volver a contratar. Igualmente, si el oficio del trabajador es pro-ductivo podría ser el último en ser cuando la actividad económica de la empresa se deteriora, obligando a la gerencia a tomar decisiones drásticas.

La necesidad hace al hombre y las oportunidades que se presentan son escasas. Para un recién graduado de master de economía con 26 años, pueda que no se presente la oportunidad de inmediato a falta de experiencia laboral, peor cuando la economía está reprimida, tal como fue mi caso en 1987. A fines de los 80s, al parecer los únicos interesados en un economista de corte liberal era el Banco Central del Ecuador; sin embargo, cumplida esa etapa de dos años tuve la capacidad de independizarme como empresario agrícola y acuícola. Esto demuestra que la oportunidad se me dio. Todos tenemos varias oportunidades en la vida que inconscientemente uno mismo las crea, lo difícil es saber interpretarlas para tomar la decisión correcta. Si el lector concuerda con lo aquí expresado: ¿Por qué temer a la flexibilización laboral?

La flexibilización laboral no es otra cosa que la alternativa de emplear por necesidad a un trabajador y despedirlo por necesidad sumado a la experiencia en la contratación aportada por expertos en la materia laboral.

Un empresario necesita de la fuerza laboral o factor humano para emprender un negocio o llenar una plaza de trabajo vacante, porque el trabajador anterior que cubría dicha plaza de trabajo fue promovido, falleció o se cambió de trabajo, de igual manera dicho empresario desearía tomar la decisión de desvincular su relación laboral con el trabajador que no llenó sus expectativas en la tarea encomendada o, porque los resultados económicos de la empresa son desastrosos y necesita recortar costos de producción.

En esto hay una gran verdad, el empresario o ejecutivo tiene que ser frio en sus decisiones. El ejecutivo que toma la decisión de cancelar no analiza la circunstancia del empleado y de su familia que dependen del sueldo mensual que el empleo les proporciona, de allí, el pensamiento a priori de lo inhumano de la flexibilización laboral. En muy corto plazo, una tardía decisión del ejecutivo en la no cancelación de un trabajador genera la pérdida de ambos empleos, porque en el mundo competitivo los malos resultados saltan a la vista y cuando los problemas avanzan, las pérdidas también; total el perjuicio termina involucrando directamente a todas las familias relacionadas al negocio: empleador, trabajador y proveedores; e indirectamente a la sociedad.

Distinto es ser ejecutivo-propietario que solamente ejecutivo contratado. El propietario exige resultados inmediatos que obliga al ejecutivo la toma de decisiones duras al cancelar plazas de trabajo. Ejecutivo-propietario conoce sus trabajadores por la relación laboral directa a través de los años y puede que entre ambas partes se hayan desarrollado vínculos de amistad, realidad que pesa previamente a la toma de decisión, circunstancia que podría estirar su salida en un mayor tiempo. De todas maneras, los resultados finales van a ser los mismos: la posible quiebra de la empresa.

Ejemplo, en la crisis de la mancha blanca, enfermedad que afectó la supervivencia del camarón, erróneamente mi socio y yo pensamos que el problema era pasajero y que podría ser manejable con la siguiente cosecha del camarón. Nos equivocamos por completo, no solo que perdimos el capital de trabajo, sino que también quedamos debiendo a un banco privado. La mancha blanca nos permitió quebrar con dignidad del cual nos sentimos orgullosos. Primero, fue factible negociar la entrega de la camaronera al banco privado acreedor, siendo una decisión bilateral entre el banquero y nosotros; y segundo, no liquidamos a ningún trabajador hasta estar seguros que habían conseguido empleo. Una vez ubicados en otras plazas de trabajo la liquidación fue menor que el despido intempestivo aliviando la quebrada economía de la empresa y de sus socios. Prueba de ello es que nunca tuvimos un juicio laboral.

Lo expuesto demuestra que cuando las cosas están por suceder suceden tarde o temprano, el hecho de dilatar el aprieto no soluciona la problemática coyuntural que deriva en la cancelación de empleos. El desempleo es un problema macroeconómico que la mayoría de las veces lo ocasiona las malas decisiones gubernamentales y la única forma de evitarlo es con el crecimiento sustentable de la economía a largo plazo.

TASA DE DESEMPLEO A DICIEMBRE

| AÑO | DESEMPLEO | ADECUADO | INADECUADO |
|---|---|---|---|
| 2002 | 8,47% | 36,89% | 54,64% |
| 2003 | 9,33% | 34,35% | 56,32% |
| 2004 | 6,65% | 39,56% | 53,78% |
| 2005 | 6,69% | 29,86% | 63,44% |
| 2006 | 6,34% | 29,19% | 64,47% |
| 2007 | 5,00% | 34,20% | 59,80% |
| 2008 | 5,90% | 35,78% | 58,08% |
| 2009 | 6,47% | 39,18% | 52,41% |
| 2010 | 5,02% | 44,68% | 49,47% |
| 2011 | 4,21% | 45,53% | 49,67% |
| 2012 | 4,12% | 46,53% | 47,16% |
| 2013 | 4,15% | 47,87% | 47,77% |
| 2014 | 3,80% | 49,28% | 46,69% |
| 2015 | 4,77% | 46,50% | 48,09% |
| 2016 | 5,20% | 41,20% | 53,60% |

FUENTE: ECUADOR EN CIFRAS - INEC

Toda traba que evita el desempleo de un trabajador legalmente empleado se transforma en una barrera a la entrada en el mercado laboral; me explico, mientras más costosa sea la liquidación por despido intempestivo menos es la oportunidad que se contrate a un nuevo empleado. En otras palabras, las llamadas conquistas laborales solo favorecen al que posee el empleo y no ayudan a la contratación de nuevas plazas de empleo en el sector privado, generador de riquezas. Lógicamente, con las mismas trabas que fueron creadas, con pensamientos socialistas, de empujar las reiteradas conquistas laborales frente a la actividad privada, un gobierno socialista intenta reducir la tasa de desempleo proporcionando trabajo en el sector público. Tal como se observa en el gobierno del presidente Correa Delgado, el hecho de incrementar la burocracia no solucionó el problema de desempleo en el país.

La definición de desempleo es simple: persona, hombre o mujer, en la edad (15 años) de trabajar, que esté constantemente buscando empleo y que no logra conseguirlo. Las personas que se encuentra dentro de la edad de trabajar forman parte de la población económicamente activa (PEA).

Cifras del Instituto Ecuatoriano de Estadísticas y Censos (INEC) calcula que para el 2015 hay alrededor de 8'728.715 de PEA, esto significa que cada punto porcentual de desempleo equivale a 87.287 personas que están sin trabajo. A diciembre del 2015, existían 416.360 personas desempleadas. Dado que el desempleo se incrementó en 2015 frente al 2014 en 0.97%, esto equivale a un incremento de 84.668 de nuevos desempleados.

Para el 2016, el mismo INEC, sorprendentemente registra que el PEA es 7'874.021, casi un millón menos que en el 2015, y 410.441 desempleados, lo que equivale al 5,2% de tasa de desempleo. Con estas nuevas cifras, cada punto porcentual de desempleo equivale a 78.740 habitantes.

Equivocadas o no las cifras, las cifras dan un registro muy frio de la situación de empleo en el país. Se podría decir que en los últimos años se logró estabilizar la tasa de desempleo alrededor del 5% de alrededor del 6.6% que existía en los años 2004 y 2005; ahora bien, deberíamos preguntarnos si dicho registro porcentual es un logro positivo del socialismo del Siglo XXI como política de estado. Habría que analizar si las políticas socialistas dieron resultados con respecto a la creación de empleo y otras variables sociales o en su efecto no dieron resultado alguno.

Para empezar el Instituto Ecuatoriano de Estadísticas y Censos (INEC) hizo cambios que puedan haber alterado la manera de medir las estadísticas sociales:

- En 2007, se hacen cambios en la metodología de medición.
- En 2013, hacen una migración al marco del muestreo 2010.
- En 2014, incremento del tamaño de la muestra.

Para cambiarse la metodología de medición de una secuencia estadística debe existir siempre una razón de fondo, tal como pudiera ser una alteración mayor en el registro secuencial de las estadísticas que se pueda haber derivado por un acontecimiento tan importante como fue el cambio de moneda en el año 2000.

Con adopción de la dolarización, se dio una interrupción de la secuencia estadística. Era imposible medir el verdadero efecto de la inflación que se arrastraba en sucres versus la nueva secuencia y registros que tenían que ser en dólares; por tal motivo, los críticos de la dolarización decían que dicho sistema cambiario no había traídos beneficios en la estabilidad de los precios. En aquel momento, en *Análisis de la Metodología para Determinar la Inflación en El Ecuador*, publicado en agosto de 2003 por el Instituto de Ecuatoriano de Economía Política (IEEP), demostré que había que cambiar el año base para poder medir la transición y así poder comprobar el efecto de la dolarización sobre la inflación.

En el 2007, no había otra cosa que un simple cambio de gobierno con indicadores inferiores a la media latinoamericana. De fondo o no las razones de cambio de la metodología debió afectar o influir en por lo menos dos años. De allí para adelante, la secuencia continúa haciéndose difícil poder manipular las cifras, siendo la influencia en el cambio de metodología momentáneo.

Hacer una migración del marco de la muestra de año base 2004 a 2010 también influye en el resultado, por eso vemos cifras distintas en las propias publicaciones del INEC sobre el empleo inadecuado, las mismas que cambian la percepción del accionar de las políticas públicas.

Incrementar la muestra ayuda a no equivocarnos disminuyendo el margen de error. Bien por el INEC que en el 2014 incrementó el tamaño de la muestra. Mientras más grande es la muestra en recolección de las estadísticas, mejor es el resultado final.

Las migraciones en la metodología, cambio de año base para medir las estadísticas, incrementar el tamaño de la muestra y otros métodos estadísticos son importantes, pero habría que preguntarnos si esos cambios ayudan u ocultan la realidad de lo que ocurre en torno al empleo. En la mayoría de los países del mundo se mide las encuestas de empleo de una manera más simple: está o no está desempleado. Es una simple clasificación que no complica ni oculta la realidad de la macroeconomía. En la toma de decisiones económicas y políticas se necesita saber la realidad social en torno al empleo y dicha estadística es simple a menos que quisiéramos influir, planificar o complicar la vida de los ciudadanos que fueron medidos con las estadísticas. Cabe preguntarse, ¿Cuál es la razón de querer saber si está inadecuadamente empleado? ¿A dónde queremos llegar con esa medición? Veamos la clasificación de la población con respecto al empleo.

### Clasificación de la población

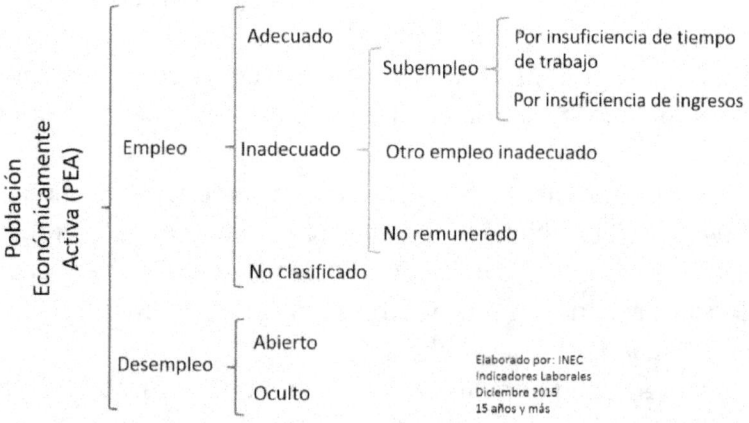

Concentrémonos en la clasificación de empleo inadecuado. Según la definición del INEC: *"Empleo Inadecuado: Personas con empleo que no satisfacen las condiciones mínimas de horas o ingresos y, que, durante la semana de referencia, perciben ingresos laborales menores al salario mínimo y/o trabajan menos de 40 horas a la semana, y pueden o no, desear y estar disponibles para trabajar horas adicionales. Constituyen la sumatoria de las personas en condiciones de subempleo, otro empleo inadecuado y no remunerado."*[70] Dentro de esta definición del INEC se divide el subempleo en tres partes:

- por insuficiencia de horas de trabajo a la semana,

---

[70] INEC. "ENCUESTA NACIONAL DE EMPLEO, DESEMPLEO Y SUBEMPLEO". Indicadores Laborales, diciembre 2015, 15 años y más.

- por insuficiencia de ingresos a la semana inferior al salario mínimo vital y,
- por los que trabajan más de 40 horas a la semana y están dispuestos a seguir trabajando para alcanzar el salario mínimo vital.

Indiscutiblemente que esta manera de clasificar el empleo o no empleo trae confusión, pero mayor desconcierto se crea por el hecho que la estadística está ligada al SMV, demostrando que la rigidez de la política laboral ocasiona definiciones inapropiadas y señales equivocadas de cuál es la verdadera situación del empleo en el país.

Si nos basamos en lo legal, refiriéndonos a que existe un SMV que se debe respetar y cumplir, la tasa de desempleo es mucho mayor a lo que se registra, teniendo que sumarse la tasa de subempleo a la tasa de desempleo. En ese sentido tendríamos un desempleo fuera de lo común en el país porque tuviéramos que sumar el 14,01% de subempleo al 4,77% de desempleo del 2015 y 19,9% de subempleo y 5,2% de desempleo para el 2016, cosa que no es estadísticamente correcto, a menos que forcemos el hecho de que para estar legalmente empleado debe pagarse el SMV.

Que quede claro, el empleo inadecuado o no es una manera de estar empleado y debe ser parte de la estadística de pleno empleo, por tal motivo, no veo la necesidad de dividirlo o clasificarlo como tal. Esto crea confusión y da cabida a que políticos usen las estadísticas en desmedro de la población. Ejemplo, el hecho de seguirle la pista a los subempleados crea suspicacias en contra de la profesión del trabajador que se encuentra con mayor nivel de subempleado dado que se usarían las encuestas para restringir los estudios de profesiones afectadas por el subempleo, cosa que ya ha ocurrido erróneamente.

Si el número mayor de subempleados son los abogados pudieran aplicar el criterio de restringir los estudios de leyes e evitar las becas en ese campo.

COMPOSICIÓN DE LA POBLACIÓN

| | 2009 | 2010 | 2011 | 2012 | 2013 | 2014 | 2015 | 2016 |
|---|---|---|---|---|---|---|---|---|
| POBLACIÓN EN EDAD DE TRABAJAR | 10.032.716 | 10.291.500 | 10.533.003 | 10.864.147 | 11.200.371 | 11.159.255 | 11.399.276 | 11.696.131 |
| POBLACIÓN ECONOMICAMENTE ACTIVA | 6.548.937 | 6.436.257 | 6.581.621 | 6.701.263 | 6.952.986 | 7.194.521 | 7.498.528 | 7.874.021 |
| POBLACIÓN CON EMPLEO | 6.125.135 | 6.113.230 | 6.304.834 | 6.424.840 | 6.664.241 | 6.921.107 | 7.140.636 | 7.463.579 |
| EMPLEO ADECUADO | 2.565.691 | 2.875.533 | 2.996.566 | 3.118.174 | 3.328.048 | 3.545.802 | 3.487.110 | 3.243.293 |
| EMPLEO INADECUADO | 3.432.397 | 3.183.934 | 3.268.817 | 3.159.903 | 3.321.730 | 3.358.884 | 3.605.912 | 4.203.789 |
| SUBEMPLEO | 1.071.615 | 889.255 | 706.458 | 603.890 | 809.269 | 925.774 | 1.050.646 | 1.564.825 |
| OTRO EMPLEO INADECUADO | 1.778.578 | 1.765.688 | 2.056.875 | 2.018.582 | 2.019.279 | 1.924.634 | 1.981.205 | 1.978.071 |
| EMPLEO NO REMUNERADO | 582.204 | 528.991 | 505.484 | 537.431 | 493.182 | 508.476 | 574.061 | 660.893 |
| EMPLEO NO CLASIFICADO | 127.047 | 53.763 | 39.451 | 146.763 | 14.463 | 16.421 | 47.614 | 16.497 |
| DESEMPLEO | 423.802 | 323.027 | 276.787 | 276.174 | 288.745 | 273.414 | 357.892 | 410.441 |
| POBLACIÓN ECONOMICEMENTE INACTIVA | 3.483.779 | 3.855.243 | 3.951.382 | 4.162.884 | 4.247.385 | 3.964.734 | 3.900.748 | 3.822.110 |

FUENTE: ENCUESTA NACIONAL DE EMPLEO, DESEMPLEO Y SUBEMPLEO. INDICADORES LABORALES. INEC

COMPOSICIÓN DE LA POBLACIÓN (%)

| | 2009 | 2010 | 2011 | 2012 | 2013 | 2014 | 2015 | 2016 |
|---|---|---|---|---|---|---|---|---|
| POBLACIÓN ECONOMICAMENTE ACTIVA | 6.548.937 | 6.436.257 | 6.581.621 | 6.701.263 | 6.952.986 | 7.194.521 | 7.498.528 | |
| POBLACIÓN CON EMPLEO | 93,53% | 94,98% | 95,79% | 95,88% | 95,85% | 96,20% | 95,23% | 94,79% |
| EMPLEO ADECUADO | 39,18% | 44,68% | 45,53% | 46,53% | 47,87% | 49,28% | 46,50% | 41,19% |
| EMPLEO INADECUADO | 52,41% | 49,47% | 49,67% | 47,15% | 47,77% | 46,69% | 48,09% | 53,39% |
| SUBEMPLEO | 16,36% | 13,82% | 10,73% | 9,01% | 11,64% | 12,87% | 14,01% | 19,87% |
| OTRO EMPLEO INADECUADO | 27,16% | 27,43% | 31,25% | 30,12% | 29,04% | 26,75% | 26,42% | 25,12% |
| EMPLEO NO REMUNERADO | 8,89% | 8,22% | 7,68% | 8,02% | 7,09% | 7,07% | 7,66% | 8,39% |
| EMPLEO NO CLASIFICADO | 1,94% | 0,84% | 0,60% | 2,19% | 0,21% | 0,23% | 0,63% | 0,21% |
| DESEMPLEO | 6,47% | 5,02% | 4,21% | 4,12% | 4,15% | 3,80% | 4,77% | 5,21% |
| DESEMPLEO CORREGIDO | 8,41% | 5,85% | 4,80% | 6,31% | 4,36% | 4,03% | 5,41% | 5,42% |

FUENTE: INEC          ELABORADO POR: BFN

Veamos el detalle de cómo se clasifica la PEA en el país. Dentro de la tabulación del cuadro COMPOSICIÓN DE LA POBLACIÓN hay una categoría sub clasificada que no pertenece a Empleo Adecuado ni a Empleo Inadecuado, la misma que se denomina Empleo No Clasificado, donde el mismo INEC, por falta de información, lo considera como un residuo que no pueden clasificar. Mi pregunta es: ¿Si no lo puedes clasificar por qué ese registro numérico es parte de la estadística de empleo?

## ¿Qué pasa Ecuador?

Al Analizar la fila de Empleo No Clasificado encontramos inconsistencia en las cifras a lo largo de los años. De 127.047 ciudadanos de 2009 baja a 53.763 de 2010, luego sube a 146.763 en el 2012 para bajar a 14.463 en el 2013, seguidamente registra 47.614 ciudadanos en el 2015 y nuevamente baja a 16,497 de empleo no clasificado para el 2016.

Al no entender esta inconsistencia numérica que no tiene secuencia ni correlación estadística con ningún otro valor de la clasificación, es de asumir que la clasificación de Empleo No Clasificado está ocultando un registro mayor en la tasa de desempleo en el país, donde a la tasa desempleo habría que sumarle la tasa del Empleo No Clasificado.

Corrigiendo la tasa de desempleo, encontramos que en el 2009 registraría una tasa de desempleo de 8.41% frente a lo registrado de 6.47%; es decir, 2.06% más en la tasa de desempleo equivaliendo 127.047 empleados adicionales sin empleo. Lo mismo podemos concluir para los siguientes años hasta llegar al 2015 donde la tasa de Desempleo Corregido llega al 5.41% o 47.614 ciudadanos desempleados adicionales a los 357.892 ya registrados. A los 410.441 desempleados del 2016 se sumarían otros 16.497 de Empleo No clasificado para llegar a un total de 426.938 desempleados que equivale una tasa de Desempleo Corregido del 5,42%. Ver cuadro COMPOSICIÓN DE LA POBLACIÓN (%).

Finalmente, la tasa de Empleo Inadecuado es una confirmación de que la flexibilización laboral es una realidad no reconocida, su porcentaje ha fluctuado cerca del 50% dado que la gente prefiere el empleo, aunque las circunstancias no se adapten a lo ideal o lo legal, ya que en esta clasificación del Empleo Inadecuado no se logra recibir SMV o 40 horas semanales establecidas por ley. No reconocer que hay un problema en el elevado porcentaje de Empleo Inadecuado es como no haber querido reconocer las preferencias al dólar por parte de población previo a la Dolarización.[71]   Con la rigidez de las políticas laborales habría que preguntarse: ¿Por qué ir en contra de las estadísticas si más del 50% de los empleados están inadecuadamente empleados y desempleados? En el 2015 y 2016, Empleo Inadecuado más el Desempleo y el Empleo no Clasificado suman el 53,5% y 58,81%, respectivamente.

La toma de decisión de flexibilizar los contratos laborales en el país abre la puerta a nuevos empleos y sincera las estadísticas. ¿Acaso para los políticos no es importante que exista empleo? Entonces, ¿Qué esperamos para cambiar el rumbo y favorecer principalmente el empleo de los jóvenes?

La gran oposición a la flexibilización laboral son los sindicatos y activistas de izquierda porque defienden su statu quo y dialéctica que data desde la revolución industrial a partir del siglo XIX, cuando las condiciones y relaciones empresario-laboral eran tremendamente malas, las mismas que continuaron en gran parte del siglo XX. La dirigencia laboral no ha cambiado el discurso de antaño por sus experiencias antagónicas del pasado, pues aún tienen la percepción de que se debe seguir logrando más conquistas laborales a través de recortar más horas de trabajo a la semana y maximizar el aumento de sueldo año tras año, sin dar nada a cambio.[72]  Públicamente, no he escuchado en el país ni un solo representante de gremios laborales que ofrezca mayor productividad a canje por todos los beneficios exigidos a la clase patronal.

---

[71] Recordemos que antes de que se aplica la dolarización en el país el 60% de los depósitos bancarios ya estaban en dólares más la gran cantidad de dinero dolarizado que estaba fuera del sistema.
[72] Cabieses. "La Revolución Industrial y el derecho laboral"

## ¿Qué pasa Ecuador?

La rigidez en la política laboral lo único que ocasiona es la migración de la clase trabajadora por conseguir empleo además de la fuga de capitales típica en países con tendencias socialistas.

Las conquistas laborales deben cambiar de giro y relacionar el salario a la productividad caso contrario seremos reemplazados por las maquinas; en otras palabras, la globalización con el movimiento de trabajadores en el mundo es una realidad. La mejor defensa del puesto de trabajo es la preparación constante del trabajador. Un trabajador bien entrenado es difícil de ser reemplazado y peor aun cuando esté bien capacitado en sus funciones, las mismas que deben ser variadas en caso de tener que reemplazar a un compañero, con capacidad multifuncional en el manejo especializado de diferentes máquinas usadas en los procesos de producción.

En esta era tecnológica, la flexibilización laboral también contempla la facilidad en los horarios de oficina para que no sean tan rígidos haciendo muy probable que un trabajador complete una meta laboral en horarios distintos a los establecidos por ley. Pudiera darse el caso de que un trabador desde la computadora de su hogar logre un resultado laboral en altas horas de la noche y esté excusado de presentarse a trabajar al día siguiente. Esta flexibilidad implica además adaptarse a la jornada laboral de la empresa que por diferentes circunstancias deben trabajar de noche en ciertos días de la semana con la finalidad de que el horario no sea motivo de mayores costos para la empresa.

Una política laboral flexible perdura en el tiempo y favorecer la toma de decisiones durante el periodo de crisis. En otras palabras, la empresa que enfrenta una crisis necesita tomar decisiones tales como: despedir trabajadores, aumentar la producción sin necesidad de aumentar la fuerza laboral, contratar trabajadores temporales, mantener producción con menos recursos laborales, adelantar vacaciones, implementar turnos de trabajo, acortar jornadas de trabajo, rebajar los salarios, alargar jornadas de trabajo, trasladar empleados de un puesto a otro, etc.

En épocas de crisis o estabilidad económica veremos mutar las formas de contrato de indefinidos a contratos de plazo fijo, de un jornal o faena a periodos por hora y viceversa. Es decir, es la estabilidad económica la que en realidad presenta oportunidades de empleo y cuando hay empleo existe estabilidad laboral como para hacer contratos de largo plazo, en vista que el propio empleador procurará defender a su trabajador de la competencia que está deseosa de contratar un trabajador calificado.

Por último, adoptar la flexibilización laboral en el país no implica perder los derechos ya adquiridos tales como los décimo tercer y cuarto sueldos, fondos de reserva, seguridad social y participación de trabajadores sobre las utilidades.

Sin importar el año ni la época que se haga una encuesta de opinión sobre el tema laboral, el ser humano siempre estaría agradecido con la oportunidad que se le presente para llevar los alimentos a su hogar a través del esfuerzo y dedicación a su trabajo, mejor aun cuando el empleo escasea. Sin la influencia de terceros, estoy seguro que la flexibilización laboral bien explicada tendría acogida en la mayoría de los jóvenes y ciudadanos que buscan su primer empleo o llevan mucho tiempo desempleados.

El tener empleo y terminar los estudios fueron los hechos personales más relevantes para los ciudadanos consultados en las ciudades de Quito y Guayaquil según encuesta de Datanáli-sis[73] al finalizar el año 2009. Indiscutiblemente, la pregunta estuvo ligada también a la estabilidad laboral, a fin de cuentas, los jefes de familia necesitan generar para sus seres queridos. Mientras el tiempo tenga valor mayor es la necesidad de trabajar frente a la alternativa de ocio o vacaciones.

**Lo mejor** DEL 2009

**¿Qué es lo mejor que le ha pasado a usted en lo personal?**

| | Quito | Guayaquil |
|---|---|---|
| Tener trabajo/ estabilidad laboral | | 21,90% |
| | 14,30% | |
| Terminar los estudios/estudiar | 6% | |
| | | 21,40% |
| Nada | 12,20% | |
| | 10% | |
| Tener buena salud | 12,80% | |
| | 9,20% | |
| Estar junto a la familia | 6,90% | |
| | 7,10% | |

EL UNIVERSO

Las oportunidades de trabajo son muy variadas y las necesidades del consumidor son múltiples. Donde hay dinero siempre habría la oportunidad de que una transacción ocurra o una nueva institución esté dispuesta a crear riqueza contratando y preparando trabajadores; para ello, el estado tendría que cum-

---

[73] El Universo, "Nada, lo mejor del país en el 2009".

plir con ciertas condiciones para no entorpecer la relación empresarial-laboral. Condiciones que tienen que ser superiores a la de nuestros vecinos y países con similares condiciones de vida, caso contrario, nuestros mejores hombres y mujeres, en edad de producir, migran por obtener mejores oportunidades.

En el pasado, la emigración ecuatoriana está exclusivamente atribuible a dos razones: una, la moneda dura que obtenían en sus lugares de destino por el esfuerzo de su trabajo, la misma que les permitía ahorrar y enviar dinero a sus familiares, y dos, por la falta de oportunidades de empleo en el país. La primera razón, ya está resuelta: tenemos el dólar como moneda. Por ello, muchos migrantes están regresando al país porque con el tiempo de permanencia en el exterior han tenido oportunidad de ahorrar como para regresar e instalar un negocio en su tierra que los vio nacer; adicionalmente, a la presente realidad de que la dolarización ha ido cerrando la brecha de la disparidad del oficio practicado en el exterior frente a la alternativa de trabajar en su país, con sus propias costumbres.

La falta de oportunidades de trabajo está relacionado a la falta de inversión, la falta de inversión está relacionado a la ausencia de seguridad jurídica, la seguridad jurídica está relacionado al menoscabo de institucionalidad de los poderes autónomos y al irrespeto de las leyes del mercado. Mientras más enredado este el camino para instalar un nuevo negocio en el país, peor serán las oportunidades para la creación de nuevas fuentes de empleo. La flexibilización laboral se basa en lograr que se tenga el camino para la relación laboral-empresarial sea dinámica y libre, sin interferencia del estado con leyes o códigos laborales que asusten la inversión nacional o extranjera. La prueba de ello es que el Banco Mundial saca una publicación

anual sobre la facilidad de hacer negocios en cada país, publicación que sirve de guía al inversionista extranjero, donde hacen énfasis sobre la flexibilización o rigidez laboral en sus leyes.
Para el análisis de la relación trabajador-empresario, en sus indicadores laborales, el Banco Mundial analiza los siguientes temas:

En la contratación:

- Si la contratación fija limita los objetivos permanentes de la empresa.
- Tiempo máximo de la contratación fija y número de veces de la renovación.
- Sueldo mínimo por hora
- Relación del salario mínimo frente al valor agregado por trabajador.
- Incentivos a la contratación de menores a 25 años.

Horas trabajadas:

- Máximos días de trabajo semanales.
- Sobre tiempo y tarifa nocturna.
- Restricciones a sobre tiempos y trabajos de fin de semana.
- Limitaciones al trabajo nocturno de las mujeres.
- Vacaciones pagadas con un año, cinco y diez años de antigüedad.

Despido:

- Tiempo de prueba del empleado antes de ser permanente.
- Si un empleado despedido tiene derecho a ser notificado.
- Si es necesario la notificación de terceros para despedir un empleado o grupo de empleados.
- Si es necesario la terminación de empleo por parte de terceros.
- Si el empleado es obligado a renunciar antes de ser contratado.
- Si es necesario liquidar monetariamente el empleado despedido.

Calidad del empleo:

- Si la ley laboral obliga igualdad de salarios.
- Si la ley obliga discriminación de género.
- Si la ley contempla maternidad pagada o no.
- Cantidad de días de pago reconocidos por maternidad.
- Si la empleada con permiso de maternidad recibe el 100% de su salario.
- Permisos por enfermedad.
- Preparación del empleado sin costo.
- Si hay seguro de desempleo.
- Aportaciones mínimas en tiempo para que aplique el seguro de desempleo.
- Si los sindicatos están permitidos o no.
- Si el empleado tiene protección judicial en caso que sus derechos sean violados.
- Disponibilidad de un sistema de inspección laboral.

### ¿Qué pasa Ecuador?

Analizar cada uno de los puntos antes anotados es importante para la toma de decisiones a favor de la producción y la relación laboral-empresarial. En la decisión de invertir, se debe considerar las mejores alternativas de negocios con crecimientos sostenibles a largo plazo. Si para atraer capitales, se necesita disminuir el periodo de estabilidad laboral habría que hacerlo debido que una flexibilización laboral facilita la contratación, porque no hay un costo implícito para el día que el empresario tenga que liquidar su negocio o reducir el personal de la empresa en momentos de crisis. Igualmente, la calidad del ambiente laboral es necesario para la productividad de la empresa y el derecho del trabajador para agruparse en asociaciones o sindicatos impulsando sus necesidades por la capacitación y así lograr mejoras en sus puestos de trabajo. Todo esto pensado que en cada negociación laboral con la clase empresarial debe estar envuelta en resultados productivos. Nuevamente nos preguntamos, ¿de qué sirve exigir conquistas laborales sin que el trabajador suministre nada, a cambio de ellas? La clase laboral tiene que prepararse para mejorar su rendimiento e incrementar el valor agregado a la empresa por cada dólar extra de sueldo que recibe.

Del reporte *Doing Business 2016* del Banco Mundial he recogido los datos sobre laborales del Ecuador y sus vecinos: Colombia y Perú. Es cierto que las razones laborales no son las únicas que pesan para la atracción de la inversión extranjera directa, pero pesa mucho en el momento de la toma de decisiones cuando se busca un mercado subregional ampliado tal como es el mercado subregional andino donde Colombia, Perú y Ecuador son miembros de la Comunidad Andina (CAN).

En el cuadro *VENTAJAS Y DESVENTAJAS LABORALES – PARA LA ACTIVIDAD EMPRESARIAL* recojo las referencias laborales de cinco países latinoamericanos más Estados Unidos, como referencia.

**VENTAJAS Y DESVENTAJAS LABORALES**
PARA LA ACTIVIDAD EMPRESARIAL

| | ECUADOR | COLOMBIA | PERÚ | CHILE | VENEZUELA | EE.UU. (NY) |
|---|---|---|---|---|---|---|
| **Posición en donde se hace mejor negocio sobre el total de 189 países:** | 117 | 54 | 50 | 48 | 186 | 7 |
| **En la contratación:** | | | | | | |
| Si la contratación fija limita los objetivos de permanencia | Si | No | Si | No | Si | No |
| Tiempo máximo de la contratación fija y número de veces de la renovación. | S.L. | S.L. | 60 | 12 | 24 | S.L. |
| Sueldo mínimo mensual | 403 | 336 | 269 | 419 | 707 | 1499 |
| Relación del salario mínimo frente al valor agregado por trabajador. | 0,51 | 0,34 | 0,33 | 0,23 | 0,43 | 0,22 |
| Incentivos a la contratación de menores a 25 años. | No | Si | No | Si | Si | Si |
| **Horas trabajadas:** | | | | | | |
| Máximos días de trabajo semanales. | 5 | 6 | 6 | 6 | 5 | 6 |
| Bonificación por tarifa nocturna en porcentaje de hora diaria. | 25 | 35 | 35 | 0 | 30 | 0 |
| Bonificación por trabajar días de descanso o fines de semana (%). | 100 | 75 | 100 | 0 | 50 | 0 |
| Bonificación al sobre tiempo en porcentaje a las horas de trabajo. | 50 | 25 | 25 | 50 | 50 | 50 |
| Limitaciones al trabajo nocturno. | No | No | No | No | Si | No |
| Limitaciones al trabajo nocturno de las mujeres. | Si | Si | Si | Si | Si | Si |
| Restricciones de trabajar en días de fiestas. | No | No | No | No | Si | No |
| Restricciones de trabajar horas de sobretiempo. | Si | No | No | No | No | No |
| Días pagados con permisos máximos en el año. | 12 | 15 | 13 | 15 | 19 | 0 |
| **Despido:** | | | | | | |
| Tiempo de prueba del empleado antes de ser permanente (meses). | 3 | 2 | 3 | n.a. | 1 | n.a. |
| Si un empleado despedido está protegido por ley | Si | Si | Si | Si | No | Si |
| Si es necesario la notificación de terceros para despedir empleados. | Si | No | Si | Si | n.a. | No |
| Si es necesario la terminación de empleo por parte de terceros. | No | No | Si | No | n.a. | No |
| Si es necesario la notificación de terceros para despedir nueve empleados. | Si | No | Si | Si | n.a. | No |
| Si es necesario la aprobación de terceros para despedir nueve empleados. | No | No | Si | No | n.a. | No |
| Reentrenamiento o reasignación de funciones? | No | No | No | No | n.a. | No |
| Reglas y normas para despido? | No | No | No | No | n.a. | No |
| Reglas y normas para contratar? | No | No | Si | No | n.a. | No |
| Notificación de cancelación de empleo en semanas de salarios. | 0 | 0 | 0 | 4,3 | n.a. | 0 |
| Liquidación por cancelación de empleo en samanas de salarios. | 31,8 | 16,7 | 11,4 | 23 | n.a. | 0 |
| **Calidad del empleo:** | | | | | | |
| Si la ley laboral obliga igualdad de salarios. | Si | Si | Si | No | No | No |
| Si la ley obliga discriminación de género. | No | No | No | No | Si | Si |
| Si la ley contempla maternidad pagada o no. | Si | Si | Si | Si | Si | Si |
| Cantidad de días de pago reconocidos por maternidad. | 84 | 98 | 90 | 126 | 182 | 0 |
| Si la empleada con permiso de maternidad recibe el 100% de su salario? | Si | Si | Si | Si | Si | n.a. |
| Cinco días pagados de permisos por enfermedad por año? | No | Si | Si | No | Si | Si |
| Preparación del empleado en el trabajo sin costo. | No | No | No | No | Si | No |
| Si hay seguro de desempleo después de un año de desempleo? | No | Si | No | Si | Si | Si |
| Aportaciones mínimas en meses para que aplique el seguro de desempleo. | n.a. | n.a. | n.a. | 12 | 12 | 6 |
| Si los sindicatos están permitidos o no. | Si | Si | Si | Si | Si | Si |
| Si el empleado tiene protección judicial por violación de sus derechos. | Si | Si | Si | Si | Si | Si |
| Disponibilidad de un sistema de inspección laboral. | Si | Si | Si | Si | Si | Si |

Fuente: Doing Business 2016. Measuring Regulatory Quality and Efficiency. A World Bank Group Flagship Report
Elaborado por: BFN

**¿Qué pasa Ecuador?**

En forma de comparación la inversión extranjera directa en Chile fue de 23.000 millones de dólares para el 2014 frente a $16.327 millones de Colombia y $7.607 millones del Perú. Ecuador apenas registra alrededor $773 millones en el 2014.

Con mayor razón habrá que revisar todos los indicadores en favor de la generación y creación de nuevos negocios e imitar a los países que lo hacen bien o superarlos con políticas laborales que favorezcan a la generación de empleo. En mismo cuadro mencionado anteriormente se registra en primera fila la posición *Doing Business* (Hacer negocios) entre 189 países, Ecuador se ubica en el puesto 117 frente a sus vecinos como Colombia y Perú que están en el puesto 54 y 50, respectivamente. Chile nuevamente superior, se sitúa en el puesto 48 del ranking mundial.

El sueldo mínimo mensual del Perú es de $269 y el de Colombia es $336, inferiores al sueldo promedio del Ecuador de $406 mensuales. A simple vista se pudiera argumentar que el costo laboral ahuyenta la inversión extranjera y por ende los Estados Unidos sería el país menos atractivo de los seis del cuadro; sin embargo, debemos recordar que existen otras razones adicionales a las del costo por trabajador que atemorizan al inversionista tales como son: el tiempo que toma abrir un negocio, en obtener un permiso de construcción, en registrar una propiedad privada, la disponibilidad de electricidad, la obtención de créditos, protección del pequeño inversionista, tiempo de elaboración de un contrato, carga tributaria, comercialización en las fronteras, resoluciones para la insolvencia, falta de institucionalidad del poder judicial, inseguridad política, etc.

Analizando el cuadro *COSTO DE PRODUCTIVIDAD MENSUAL*, Chile tiene un sueldo promedio mensual de $419 superiores a los $406 de Ecuador; esto no significa que Ecuador es más atractivo para invertir que Chile por ser vas barato tal como se presenta la cifra, para un mejor análisis tendríamos que revisar con detenimiento cuál es el verdadero rendimiento del empleado a ese sueldo mínimo mensual registrado. Para ello, debemos sacar la relación sueldo mínimo mensual sobre el valor agregado de aporte a la producción por empleado para obtener la tasa de productividad del empleado con relación a su sueldo. Al comparar tasa de productividad de cada uno de los primeros cuatros países (de izquierda a derecha) del cuadro en la columna *Relación del salario mínimo frente al valor agregado por trabajador* encontramos que el trabajador ecuatoriano (con 0,51) es de menor rendimiento en producción que los trabajadores de Colombia (0,34), Perú (0,30) y Chile con 0,23. Esta relación entre el salario y el valor agregado no es otra cosa que cuantificar en dólares la aportación del trabajador a la generación de riqueza.

La tasa de productividad del empleado con relación a su sueldo nos puede decir una de los dos razonamientos cuando se compara entre los cuatros países: una, que en Ecuador se paga muy bien a la clase trabajadora u otra, que el valor agregado por trabajador con respecto a su sueldo en Colombia, Perú y Chile es superior a lo que registra Ecuador. Es decir, que la clase trabajadora ecuatoriana no rinde en productividad frente a lo que rinde sus países vecinos y Chile, pudiera ser la conclusión de este indicador. Peor aún para el Ecuador si ponderamos el valor del sueldo mínimo con la tasa de productividad del empleado con relación a su sueldo.

Nótese, que se dejó de lado a Venezuela en el análisis porque sus cifras no son confiables por la gran diferencia que existe entre el tipo de cambio oficial de Bs 6,35 por dólar frente a Bs 260 por dólar del mercado paralelo al momento que escribía este párrafo[74]. Venezuela tiene lista oficial de precios, su economía está totalmente controlada, su sueldo mínimo mensual es de $707 en bolívares fuertes, el mismo que es calculado desde el 2013 a Bs 6,35 por dólar. Este hecho ha creado un sin número de distorsiones económicas a tal punto que Venezuela importa alrededor del 80% de sus alimentos demostrando que las industrias básicas están desapareciendo[75]. Lugar donde es complicado conseguir antibióticos y otros medicamentos básicos para la salud.

| COSTO DE PRODUCTIVIDAD POR TRABAJADOR | ECUADOR | COLOMBIA | PERÚ | CHILE | VENEZUELA | EE.UU. (NY) |
|---|---|---|---|---|---|---|
| Sueldo mínimo mensual | 403 | 336 | 269 | 419 | 707 | 1499 |
| Relación del salario mínimo-valor agregado por trabajador | 0,51 | 0,34 | 0,33 | 0,23 | 0,43 | 0,22 |
| Costo de productividad mensual | 206 | 114 | 89 | 96 | 304 | 330 |
| Cantidad versus Perú (país más eficiente en la relación) | 2,32 | 1,29 | 1,00 | 1,09 | 3,42 | 3,71 |

Elaborado por: BFN

Nada tiene que ver la caída del precio internacional del petróleo el mal manejo de la economía venezolana. Las expropiaciones de tierras, de empresas de producción y distribución de alimentos ha sido uno de los detonantes que se suman al control de precios oficiales. En otras palabras, Venezuela se encuentra en una situación sin igual e incomparable con el resto de países mencionados en el análisis; sin embargo, las políticas

---

[74] Meses después, al revisar nuevamente el párrafo resulta que el dólar de la calle equivale a 4.711,73 Bolívares Fuertes. Abril 21 de 2017. (Sitio web; Dólar Today).

[75] Ninguna información económica de Venezuela es confiable en las circunstancias actuales. El porcentaje del 80% de importación de los alimentos es un dato periodístico no oficial. Fuente: Televisa, News.

económicas que dicho país aplica nos sirven de referencia para hacer notar que las cosas no van bien cuando se atenta contra las libertades de los ciudadanos, se irrespeta los poderes constitucionales y se atenta contra las fuerzas naturales del mercado.

En el cuadro *COSTO DE PRODUCTIVIDAD MENSUAL* se establece una relación del sueldo mínimo mensual de los cuatros países en análisis, multiplicándolo con la tasa del sueldo mínimo sobre el valor agregado por trabajador; aunque sea esta relación redundante, nos ayuda a obtener el costo real de productividad mensual por país, el mismo que es de $206 para Ecuador, $114 para Colombia, $89 para Perú y $96 para Chile.

Tal como se presentan los números parecería que Perú es el país más eficiente entre los cuatro, porque su costo real de mano de obra frente a la producción es de $89; o pudiéramos decir que en el Perú es donde menos se paga el sueldo mínimo mensual de $269 y que esta nueva relación de Costo de Productividad Mensual lo que hace reconfirmar el hecho. Empero, Chile tiene un sueldo mínimo mensual de $419, superior a los demás países y su costo de productividad mensual ($96) se ubica en segundo lugar después de Perú.

Elaborada la nueva relación de costo de productividad mensual por país procedemos a dividir cada valor de Ecuador ($206), Colombia ($114) y Chile ($96) sobre el valor de Perú ($89) por ser numéricamente el país más eficiente. De esta manera, descubrimos que el costo laboral del Ecuador es 2,32 veces más caro que Perú, Colombia 1,29 veces más caro que Perú y Chile 1,09 veces más caro que Perú.

Por un lado, muchos podrían argumentar: "el problema lo tiene Perú por tener un sueldo mínimo que no va acorde a la necesidad de la población". Por otro lado, la realidad es que, en Perú, por lo que ganan, según la relación matemática arriba expuesta, su clase trabajadora genera mayor productividad que el resto de países analizados. Esto pudiera significar un atractivo de inversión para las compañías extranjeras siempre y cuando el hecho no perjudique la estabilidad futura del país, sea ésta por reclamos laborales o exigencias por nuevas conquistas laborales. En este caso, es importante conocer el nivel de cobertura de la canasta básica familiar previo a una inversión importante de mediano y largo plazo para así evitar reclamos laborales a futuro. Por ejemplo, Ecuador tiene una cobertura de la Canasta Básica Familiar de alrededor del 76,09%; Colombia del 58,96%; Perú del 49,50% y Chile del 181,87%; lo que nos pudiera indicar que bajos los parámetros expuestos, Chile es el país que mayor estabilidad laboral pudiera reflejar a largo plazo en caso de que se quiera abrir nuevas plazas de empleo a través de nuevas inversiones. [76]

Venezuela con $707 de salario mínimo mensual y Estados Unidos con $.1499 son los países más caro con respecto a la contratación laboral. Entendible lo de Estados Unidos, donde con un estándar de vida elevado, su ingreso per cápita es de $54.629,50.

En el cuadro *VALOR AGREGADO POR TRABAJADOR* el país con menos productividad con relación al valor agregado que

---

[76] Las cifras utilizadas en el ejemplo provienen de la misma fuente para que la comparación sea equitativa, ya que en Ecuador existe la canasta familiar básica y la canasta básica vital, cosa que no ocurre en otros países. El porcentaje de cobertura de la canasta básica familiar es la simple división del sueldo mínimo mensual del trabajador sobre la sumatoria del costo de los productos que conforman la canasta básica familiar, cosa que no es estándar entre los países. La canasta básica en un país pueda que tenga menos productos en el uno que del otro. Salario Mínimo, "¿Cuál es el salario mínimo de los países de América Latina?".

aporta cada trabajador por su sueldo, encontramos que Ecuador es el país menos eficiente seguido por Perú que está casi a la par con $815 de valor agregado por trabajador frente a $791 de Ecuador.

| VALOR AGREGADO POR TRABAJADOR | ECUADOR | COLOMBIA | PERÚ | CHILE | VENEZUELA | EE.UU. (NY) |
|---|---|---|---|---|---|---|
| Sueldo mínimo mensual | 403 | 336 | 269 | 419 | 707 | 1499 |
| Relación del salario mínimo-valor agregado por trabajador | 0,51 | 0,34 | 0,33 | 0,23 | 0,43 | 0,22 |
| Valor Agregado por Trabajador mensual | 791 | 988 | 815 | 1822 | 1644 | 6812 |
| Cantidad versus Ecuador (país menos eficiente en la relación) | 1,00 | 1,25 | 1,03 | 2,30 | 2,08 | 8,62 |

Elaborado por: BFN

En Colombia el trabajador promedio aporta con $988 de valor agregado mientras que Chile con $1.822 de valor agregado. Esto significa que la clase trabajadora chilena aporta más del doble (2,30 veces) por lo que gana de lo que genera la clase trabajadora ecuatoriana y la clase trabajadora estadounidense es 8,62 veces superior en rendimiento que la ecuatoriana.

Tanto en las cifras del cuadro *COSTO DE PRODUCTIVIDAD MENSUAL* y del cuadro *VALOR AGREGADO POR TRABAJADOR*, Ecuador aparece como el menos eficiente en sus indicadores laborales de productividad. Dependerá de los creadores de las políticas públicas a que esquema laboral se quieren aproximar: ¿al de conquistar las mejores condiciones de vida y lograr estabilidad laboral para la clase trabajadora? o ¿qué se incremente la producción a su máximo valor por cada dólar gastado en sueldos y salarios?

La repuesta a la primera pregunta sobre priorizar las conquistas laborales para el mejoramiento del estándar de vida del trabajador y su familia siempre va ser negativa para la producción, porque en ese esquema no se otorga nada a cambio por los nuevos aumentos de sueldos o conquistas laborales adicionales como son las tarjetas de descuento para supermercados, afiliaciones a clubes sociales, vacaciones adicionales, permisos, en fin la lista puede ser interminable, mientras que el incremento de la producción por el esfuerzo generado por la clase trabajadora cautiva nuevas inversiones que repercuten en nuevas contrataciones, incremento en el consumo familiar, se premia la eficiencia con mejoras salariales y participación en las utilidades. Es decir, no cabe la menor duda que la única forma de lograr un equilibrio entre la clase trabajadora y el empresario es a través de la flexibilización laboral donde las partes obtienen la libertad a negociar y ceder algo a cambio de beneficios para ambos lados enriqueciendo las relaciones patrono-laboral.

Existen ciertos parámetros diferenciados que podemos rescatar de la ley laboral de los Estados Unidos con respecto al resto de países analizados. Primero, no hay bonificación por trabajar de noche -se entendería que la noche y el día son horarios con el mismo valor monetario-; segundo, no hay bonificación por trabajar en días de descanso -el que quiere trabajar más lo hace sin que le cueste más a la empresa por ser periodo de descanso del trabajador-; tercero, no se otorgan permisos pagados -se pagan los días que se trabajan. Esto está relacionado al hecho de que en Estados Unidos no hay sueldo mínimo mensual sino salario mínimo por hora; Cuarto, no existe tiempo de prueba para el nuevo trabajador antes de ser contratado como permanente; cinco, libertad para despedir a uno o varios empleados sin tener que comunicar a terceros -terceros puede ser el propio gobierno, asociación de empleados o sindicatos; seis, no hay notificación ni liquidación de empleo de manera monetaria; y séptimo, no hay ley que obligue la igualdad salarial entre trabajadores; no se obliga el pago por días no trabajados por permiso de maternidad.

Políticamente los cambios laborales no son fáciles en ninguna parte del mundo por el antagonismo existente entre las partes. Las fechas patrias como las fechas de conmemoración laboral son importantes. No veo la necesidad de que la clase de la dirigencia trabajadora, en cada primero de mayo, asuma un rol desafiante. Considero que es hora de que la dirigencia gremial, trabajadora y empresarial, tengan el mismo discurso donde converjan el bienestar de la clase trabajadora y del empresariado que busca mayor eficiencia.

El primero de mayo conmemoró un logro histórico que se ha mantenido por 130 años que es haber conseguido las 8 horas laborales al día, 8 horas para el sueño y 8 horas para la casa[77]. Adicionalmente, en nuestro país se trabaja 5 días a la semana en lugar de 6 como es en Colombia, Perú, Chile y Estados Unidos. La pregunta es, a parte de lo logrado a la fecha, ¿cabe más conquistas laborales?

En un mundo globalizado donde la competencia exige eficiencia, calidad y precios bajos, la dirigencia laboral debe procurar la preparación de los trabajadores para que con capacidad defiendan sus puestos de trabajo. El trabajador debe evolucionar con las nuevas tecnologías y adaptarse a los cambios que propongan sus empleadores por el bien del crecimiento económico de ambos. Un trabajador bien preparado es multifacético en sus labores y se hace indispensable para la empresa. La empresa debe defender a su trabajador porque le costó años de preparación y el estado debe facilitar excepciones tributarias para incentivar el empleo para trabajadores menores a 25

---

[77] Primero de Mayo "Día Internacional de los Trabajadores". Wikipedia.

años como los hay en Colombia, Chile, Venezuela y los Estados Unidos.

## LOS SUELDOS ADICIONALES, BONOS Y PARTICIPACIÓN SOBRE LAS UTILIDADES

Políticamente debe ser desgastante pretender quitarle privilegios adquiridos por ley a la clase trabajadora a menos que, la reforma provenga de la misma clase trabajadora representada por asociaciones o sindicatos a nivel nacional. Sería mucho más sencillo y menos agotador convivir con la realidad de que existen sobre sueldos y participación sobre las utilidades dentro de la actividad empresarial ecuatoriana. Estos requerimientos de ley no deberían ahuyentar el empleo o la contratación de trabajadores dado que promediados representan el verdadero sueldo mensual que perciben los trabajadores.

La participación sobre utilidades pasa a ser un tema de mucha controversia en el país y es un tema difícil de digerir para una empresa recién iniciada. Es casi común, que una empresa naciente tenga pérdidas los primeros años, hecho que disminuye el patrimonio del inversionista que arriesgó con su capital y se sometió a endeudamientos bancarios o de proveedores para que en el primer año de utilidad que se presente tenga que compartir sus utilidades, en lugar de rebajar el peso de la deuda pre-cancelando parte de ella. Me explico, puede darse el caso de que una empresa en los tres primeros años tuvo que acudir a mayor endeudamiento hasta lograr el cuarto año de utilidad; utilidad neta que sería compartida con los trabajadores tal como obliga la ley, en lugar de que el empresario con su primera utilidad rebaje el riesgo de haber incrementado su endeudamiento durante los tres primeros años por malos resultados.

Por donde se lo mire, la participación de los empleados sobre las utilidades es un impuesto adicional a la actividad empresarial; por lo tanto, debe incentivarse el pago de la participación sobre las utilidades con la deducción porcentual al impuesto a la renta. Para ello habría que cambiar el cálculo contable de la participación de los empleados y el impuesto a la renta invirtiendo su orden. Propuesta desarrollada en el capítulo SOBRE IMPUESTOS bajo el subtítulo: PROPUESTAS TRIBUTARIAS.

EL EFECTO DEL LEGADO CORREA – NUEVA BUROCRACIA

El estado ecuatoriano es intervencionista y se acentúa más el poder de la discrecionalidad de la burocracia afectando las decisiones privadas. Con este accionar se encasillan las leyes de mercado, haciendo más costosa la actividad económica, afectando los precios e instaurando la corrupción, la misma que se genera por el centralismo vía participación estatal. Al inicio del periodo presidencial Correa-Moreno había 467.174 empleados públicos. Durante el gobierno de Correa se incrementó de 14 ministerios a 33, más 6 ministerios coordinadores, en total son 39 ministerios[78] que recogen alrededor 120.000 nuevos burócratas.

Al parecer el concepto de generación de empleo del presidente Correa es incrementar la participación burocrática y no a

---

[78] Según el Estatuto de la Función Ejecutiva, en Ecuador existen 39 funcionarios con rango de ministros, distribuidos de la siguiente forma:
- o 11 Secretarios de Estado
- o 6 Ministros coordinadores
- o 22 Ministros

Información sacada de Foros Ecuador.

través del incremento de la producción por intermedio del sector privado, en un ambiente de oportunidades y de liberación económica. Esos 120.000 nuevos burócratas le cuestan al país alrededor de $1.680 millones[79] al año, considerando un sueldo promedio de $1.000 mensuales.

COSTO DEL INCREMENTO BUROCRÁTICO

| | | | |
|---|---|---|---|
| Nuevos Burócratas | 120.000 | | |
| Sueldo mensual | $ 1.000 | 14 | meses |
| Total Sueldos | $ 1.680.000.000 | anuales | |
| Tiempo de empleo promedio | 8 | años | |
| Costo de Nueva Burocracia | $ 13.440.000.000 | adicionales | |
| Costo de liquidación | $ 1.875 | por año | |
| Total costo de liquidación | $ 1.800.000.000 | | |
| Total costo de nueva burocracia | $ 15.240.000.000 | | |
| Costo por servidor público | $ 127.000 | | |

Elaborado por: BFN

Antes de la era Correa, $1.680 millones significaba la totalidad del presupuesto de educación ($1.065 millones) y más de tres veces el presupuesto de salud ($517 millones) del 2006. Eso es bastante dinero en un Ecuador con otras cifras presupuestarias del pasado. Está claro que los presidentes anteriores no habían tenido las riquezas que ahora posee la actual administración gubernamental, fruto de los altos precios del petróleo que se vienen reflejando en los últimos tres años.[80]

---

[79] El cálculo está hecho con 14 meses de sueldo de $1.000
[80] Banco Central del Ecuador, "Informe al Congreso Nacional sobre Pro del Gobierno Central y Límite de Endeudamiento Público Año 2006", página 86, cuadro 57.

El daño está dado; ahora bien, ¿Cuál es el costo de eliminar ese incremento burocrático? Para contestar esta pregunta, vamos a suponer que hay un cambio en la tendencia política-económica del país y la nueva administración decide achicar el tamaño del Estado. Esto implicaría que recién después de revisar los puestos de trabajo de cada dependencia estatal, con un supuesto nuevo gobierno, se pudiera suprimir las partidas presupuestarias que incrementaron: los 120.000 nuevos empleos. Asumiendo que fueron ochos años en promedio que la nueva burocracia estuvo en servicio, su costo de liquidación por empleado sería el equivalente a mil dólares por año; es decir, que el total del pasivo laboral por la nueva burocracia creada por el presidente Correa le costaría al país otros $1.800 millones. Esto sumado a ochos años de sueldos ($13.440 millones) serían $15.240 millones. En otras palabras, la creación de 120.000 nuevos puestos de empleo en los seis años de Correa tiene un costo de $127.000 por persona, cifra altamente atractiva para nuestra golpeada clase jubilada. Difícilmente se podría calcular el beneficio neto de la contratación de la nueva burocracia; sin embargo, antes de la toma de decisiones para su liquidación total, habría que analizar la suspensión de la partida presupuestaria con el cuidado que se merezca, porque se deben proveer procedimientos claros y coordinados entre los ministerios de trabajo y finanzas, para que en el futuro no vaya a repercutir en indemnizaciones millonarias a favor de los despedidos por demandas al Estado de dichos servidores públicos.

# SEGURIDAD JURÍDICA EN EL ECUADOR

*"Ganamos justicia más rápidamente si hacemos justicia a la parte contraria."*

Mahatma Gandhi (1869 – 1948)
Político y pensador indio

Alguna vez se dijo que el Ecuador no es lo que refleja hacia el exterior, que el Ecuador es más de lo que aparenta, en paisajes, cultura y educación, que debemos estar agradecidos de vivir en un país donde prima la paz y la armonía ciudadana, donde se respetan los derechos ciudadanos, donde la justicia tarda, pero llega.

Me pregunto ¿a qué Ecuador se referían?, ¿tal vez a un Ecuador del pasado?, posiblemente a ese mismo. Recuerdo que la cortesía era una virtud del guayaquileño como lo era del quiteño, ambateño, riobambeño, milagreño, esmeraldeño, cuencano, manabita, etc. Nuestros mayores dicen que antes en nuestra gente sobre todo existía ética, moral y hasta buenas costumbres, inclusive en los ciudadanos con poca educación, primaba la humildad sobre la prepotencia, el bien sobre el mal, el deseo de servir y ayudar sobre la desidia y arrogancia del servidor.

¿Por qué hemos cambiado? Acaso crecimos muy rápido de un país pobre y agricultor a un país menos pobre y petrolero. La repuesta es más extensa de lo que se pueda comentar en un capítulo y generaría un estudio sociológico más profundo. En todo caso si podemos identificar lo que está mal con tan sólo mencionar lo que se oye en el diario convivir para descifrar el pensamiento, generalmente aceptado por los que propician la inseguridad jurídica: nuestros propios líderes políticos.

Nuestros famosos lideres pactan, comparten y hasta se reparten el poder, ¿es esto normal para hacer política en el Ecuador? Todos nuestros políticos quieren emular a Maquiavelo[81], o simplemente ese es el precio de la democracia. Si esa es nuestra realidad, prefiero ser un romántico revolucionario que cree en la transformación política y cultural del país, donde los nuevos líderes políticos, pregonen sin mezquindad, sus mejores ideas en pro de la comunidad, donde los pactos entre bandos contrarios no tengan fines de lucro y que más bien éstos sean por construir un mejor país. Por captar votos, nuestros políticos en el Ecuador abandonan la selección de los más idóneos para el servicio público. Prueba de ello es que, con muy pocas excepciones, se designan ciudadanos, no necesariamente profesionales, en los cargos ministeriales o puestos públicos de importancia sin que éstos pertenezcan a una u otra cuota de poder económico. Es muy conocido que los políticos electos quedan tan comprometidos, por el apoyo monetario millonario que requiere una campaña electoral, que probablemente cada financista exija su cuota de poder en el nuevo gobierno. Lo lamentable es que lo aceptamos y callamos. Si reaccionamos es demasiado tarde cuando el ejecutor del delito está a buen recaudo y con parte del tesoro nacional.

La corrupción en el Ecuador está tan institucionalizada que es normal escuchar el comentario de que Pepe, Juan o Pedro, están "hechos", "ya se cuadraron" por haber obtenido un cargo público y si éstos durante su desempeño salieron con las manos limpias es porque son unos "cojudos". ¡Qué pasa con nuestra

---

[81] Nicolás Maquiavelo (Niccoló di Bernardo del Machiavelli) considerado padre de la ciencia política moderna, autor de *El Principe* (1513), obra considerada de lectura obligatoria para los políticos de hoy. Wikipedia, "Nicolás Maquiavelo".

sociedad! Mientras nuestros políticos no pongan el ejemplo moral, el Ecuador no cambia y su gente con poca cultura se desarrollará con una percepción moral equivocada. Con esos conceptos culturales básicos es difícil proporcionar la seguridad jurídica que buscan los inversionistas.

Lo que para algunos resulta estratégico para el control geopolítico de la región por ser Ecuador un país productor de recursos petroleros, ya no es un asunto de interés estadounidense; prueba de ello es la situación actual de que el petróleo ecuatoriano está enteramente comprometido con la China por sus anticipos monetarios a la producción del crudo del país.

Todo este bagaje de "teorías de conspiración", típicas de los detractores del primer mundo nos lleva a cometer varios errores: primero fue el tema de falta de definición sobre qué hacer con la Oxy[82]; segundo los cambios en contratos de telefonía celular por recaudar más impuestos o extorsionar a las compañías multinacionales que proporcionan el servicio -pues jamás lo sabremos-, las reformas a la ley de hidrocarburos donde se cambian todos los contratos petroleros por razones de inequidad o mala negociación en el pasado, la aplicación de salvaguardias adicionales sobre productos importados grabados con aranceles y por último la promoción de leyes que crean incertidumbre tales como las de plusvalía y a la herencia son graves ejemplos de inseguridad jurídica en el país.

La nueva ley de hidrocarburo aprobada es muy estática y general, porque no todos los contratos de asociación entre

---

[82] Occidental Petroleum Corporation (Oxy) compañía a cargo de la explotación del Bloque 15 en la amazonia ecuatoriana. Su concesión fue cancelada por el Gobierno ecuatoriano por supuesto traspaso del paquete accionarios a terceros, cosa que estaba impedido por contrato; sin embargo, en las cortes internacionales (CIADI) la Oxy ganó el juicio contra Ecuador por la cantidad aproximada de mil millones de dólares.

compañías petroleras y el estado ecuatoriano son iguales o tienen como parámetro la tasa interna de retorno a la inversión (TIR). Esto es nada menos que el cálculo del dinero invertido frente al flujo de ingresos durante un periodo determinado de tiempo. Se dice que en la mayoría de los contratos de este tipo se contempló una tasa de retorno del 15%, la misma que pasa a ser interesante frente a lo que hoy se logra en mercados internacionales por tener dinero sin invertir.[83] ¿Frente a esto dónde debió estar la preocupación del Estado? En que, por lo invertido, nuestros socios petroleros, se están beneficiando de una TIR del doble a lo negociado, según nuestras autoridades. Recordemos que los altos precios del petróleo también traen inflación al sector petrolero y sus insumos cuestan más. En todo caso asumamos que es verdad el incremento al doble de la TIR, ¿no creen que hubiera sido mejor pedirles a nuestros socios norteamericanos que incrementen la inversión en el sector petrolero para igualar al 15% de TIR pactado en los contratos? De esa manera guiamos la inversión donde debería estar: en el mismo sector petrolero.

Forzar una negociación es agredir a nuestros socios y entre socios debe haber respeto. Si en lo básico fallamos, esto es, el respeto de los contratos negociados en el pasado, sería difícil la tarea de los gobiernos futuros y cámaras de producción en promocionar el país ante posibles inversionistas.

Geopolíticamente, Ecuador nunca definió su posición frente a las FARC de Colombia, lo que daría razones a Colombia de violentar nuestras fronteras reiteradamente por el Norte.

---

[83] A menos que se hagan públicos los contratos petroleros, jamás sabremos la verdad sobre cada contrato firmado entre el gobierno ecuatoriano y compañías extranjeras.

## ¿Qué pasa Ecuador?

Perú no reconoce las paralelas como límite marítimo con el Ecuador, donde vulneraría constantemente nuestras fronteras por el Sur. Estados Unidos no se entiende con nosotros ni para el tratado de libre comercio; con estos antecedentes y si lector cree en la teoría de la conspiración[84], sería de presumir, al buen estilo comunista, de que viene la desaparición del Ecuador como nación y que de esta manera se afianza ahora el control geopolítico de los Estados Unidos sobre la zona. Con esa lógica, las multinacionales dirán para qué invertimos en el Ecuador si tenemos a Colombia y Perú que son más seguros en sus proyecciones como países. Lo digo en forma irónica y tremendista.

Lo diré una y otra vez, el querer establecer un precio fijo en la economía va en contra de los criterios básicos del mercado: la ley de la oferta y de la demanda. Todo acto que vaya en contra de las leyes de mercado es un suceso de inseguridad jurídica poniendo nervioso a posibles inversionistas. La competencia es el camino de la seguridad jurídica porque desregula el mercado en beneficio de los actores económicos, así de simple.

Muchos ecuatorianos estamos de acuerdo de que el terrorismo no se debe tolerar, peor cuando se atenta contra la vida. Las Fuerzas Armadas Revolucionarias de Colombia (FARC) por años atenta contra la vida y libertades de los colombianos; hace más de 50 años que el terrorismo pululo en Colombia, empero

---

[84] Teoría de conspiración sale de una hipótesis de que todo evento o futuro que pueda ocurrir está manejado por una fuerza oculta para fines de intereses de naciones o grupos de poder. Para más detalle consultar Wikipedia, "Teoría Conspirativa".

nuestro presidente a estas fuerzas irregulares los llamó: "gue-rrilleros[85]", demostrando su simpatía por este grupo ilegal de Colombia.

En el Ecuador, por razones que no se deben tolerar que es la toma ilegal de un pozo petrolero en Dayuma, oriente ecua-toriano, el mandatario mandó el ejército para encarcelar a los involucrados en una manifestación, donde no hubo muertos, de toma de las instalaciones de Petroecuador, acusándolos de terroristas. Seguimos sin tener pruebas del acto terrorista ale-gado por el Gobierno.[86]

## CORRUPCIÓN: ¿QUIÉN LA GENERA?

En el Ecuador como en el mundo hay corrupción. Es difícil de comprobarlo y la mayoría de los escándalos de corrupción del país son por razones políticas terminando en nada su compro-bación, pero la imagen del país, por las noticias que recogie-ron la prensa, nos deja muy mal parados en el contexto inter-nacional. Políticamente, qué conviene más para el país: trans-parentar los procesos para que existan licitaciones bien ejecu-tadas que justifiquen el gasto público o seguir declarando los sectores en emergencia y contratando al apuro. Indudable-mente que el primero de transparencia. En el capítulo: "LA

---

[85] Un guerrillero es aquel que busca la justicia social a través de las guerri-llas contra gobiernos autoritarios o dictatoriales. El concepto cambia de definición a "terrorista" cuando es aplicado en países democráticos cau-sando daño a personas inocentes. Colombia es uno de los países democrá-ticos más estables de Latinoamérica.

[86] Panamá América. "Grupos de Derechos Humanos rechazan represión mi-litar provincia petrolera y piden diálogo".

POLÍTICA ES NECESARIA PARA EL SERVICIO CIUDADANO, HAGÁ-
MOSLA HONORABLE" se profundiza sobre la problemática de la corrupción.

## MARCO CONSTITUCIONAL NEUTRO

Con la constitución de 2008, se perdió la oportunidad de
redactar una constitución apolítica y sencilla, de pocos artículos, que recoja las aspiraciones de igualdad, libertad y respeto
a la propiedad privada y sin direccionamientos económicos de
ninguna índole, que dejara satisfecho a la gran mayoría de los
ecuatorianos. Caso contrario un cambio de dirección en la política ecuatoriana se puede repetir y con ella nuevos rumbos
constitucionales en la forma de gobernar. Una nueva constitución rígida sería otra que se pierde porque nacería sentenciada
a muerte prematura. Y así será, no pasará mucho tiempo de
que los 444 artículos actuales de la constitución terminen en
una nueva constitución de consenso donde sean las leyes las
que marquen las tendencias de los gobernantes y asambleas de
turno.

En las mejores democracias, las constituciones son eternas
porque están escritas para que se adapten a las voluntades de
los pueblos. Si los pueblos votan por candidatos de derecha o
de izquierda, el elegido, puede cumplir con sus propuestas electorales a través de creación de nuevas leyes. Allanando el camino hacia el futuro de los pueblos, no debería existir la mínima
posibilidad de que la constitución deba cambiar con cada nuevo
mandatario para forzar caprichos dogmáticos porque la política
es como el péndulo que se mece en cámara lenta. Con el
tiempo cambia la dirección del péndulo, con una constitución

dogmática[87], que no da espacio a la nueva dirección que tomo el péndulo, habría que ser modificada y así sucesivamente cada vez que cambie la tendencia; esto hace que no maduremos como nación, nadie invierta a largo plazo y que el dinero ahorrado esté siempre en el exterior.

Con la creación de la Ley Orgánica de Regulación y Control del Mercado pretende regular, controlar y sancionar toda actividad económica, quedó la puerta abierta, creándose la Superintendencia de Control del Poder del Mercado. ¿Se imaginan lo que esto significa para un inversionista? En otras palabras, en el Ecuador no hay cabida para los Steve Jobs ni los Bill Gates porque su ingeniosidad los llevó a que sus soluciones y aplicaciones en el campo de la tecnología hicieron que Apple y Microsoft se hagan gigantes corporaciones con poderes monopólicos por decisión del propio público consumidor; hecho que no se podrá vencer si el ingenio de otros no despierta a la iniciativa que ellos tuvieron; es decir, si el consumidor decidió que los productos de Apple y Microsoft son preferencia mayoritaria, nada tienen que hacer las autoridades en regularlas. ¿Por qué castigar el ingenio cuando todos nos beneficiamos de las buenas ideas? Mi tesis de maestría fue sobre monopolios naturales[88] en tiempos que la globalización no tenía las matices que hoy posee y cuando las escalas de producción óptimas eran

---

[87] Un dogma es un principio de ideas o creencias rígidas como si fuera la última verdad de quien las propaga. Wikipedia, "Dogma".

[88] Monopolio natural es aquel que los costos de producción son menores al de su posibles competidores en caso de que provean el mismo bien o servicio al entrar al mercado. Por este hecho de los costos, nadie entra a competir con la empresa establecida porque al hacerlo tendría que ofrecer el servicio a un precio mayor al existente. En la actualidad, el único servicio que pudiera considerarse como monopolio natural es el servicio de agua potable.

muy grandes para un país de mercado pequeño como el ecuatoriano. Esto hace más de 30 años. Si la misma globalización, por el hecho de estar conectados a bajo costo y el abaratamiento de los medios de transporte de carga amplió los mercados del mundo, no habría razón para restringir el comercio local ni internacional. La competencia se encargaría en bajar los precios; lo único que el estado debe proporcionar es la seguridad jurídica para los actores económicos: productores y consumidores, seguridad ciudadana, facilidad para formar empresas y eliminar barreras que impidan la competencia.

Las leyes antimonopolio ya no aplican en estas épocas de la modernidad. La ley antimonopolio lo que hace es proteger a la empresa monopólica porque al controlarla está fijando el precio del servicio que la empresa presta; y eso sería un impedimento para las empresas entrantes al mercado. Me explico, para una empresa solitaria que provee un bien o servicio en el mercado donde tiene que tratar con la autoridad de control por el hecho de ser un monopolio, es sumamente sencillo para su gerente general entrar en colusión con el estado controlador al sugerir un precio que impida la entrada de la competencia al mercado.

Imaginen el poder de una Superintendencia de Control del Mercado que tiene la facultad de pedir información, determinar la composición del mercado y sancionar lo que no le parece. Este es un poder discrecional para la burocracia demasiado grande como para incentivar la gestión empresarial. Todo hecho, por más buenas intenciones que se tenga en la aplicación de normas, reglamentos o leyes, que ocasione el análisis respectivo, crea dudas y nerviosismo, no es digno de que se tome a consideración, porque estamos antecediendo el uso del abogado antes que la propia iniciativa empresarial.

Mejor ejemplo está en el campo de las telecomunicaciones donde el estado sigue batallando con la aceptación del público hacia su marca oficial: CNT (Corporación Nacional de Telecomunicaciones). El Estado con todas las fuerzas necesarias de protección y de favoritismo no permitió el cambio de tecnología de 3G a 4G[89] a las operadoras de telefonías celulares, Claro y Movistar, hasta permitir que CNT promocione su nuevo servicio 4G con dos años de anticipación. No sólo que el Ecuador fue el último de tener el nuevo ancho de MHz en Latinoamérica, sino que las telefonías privadas fueron literalmente extorsionadas por pagos adicionales a los derechos adquiridos por el uso del espectro radioeléctrico realizados con renovaciones de las concesiones en el 2008. Es decir, CNT (empresa estatal) no paga por el uso de la nueva tecnología 4G al Estado, peor pagaría por la concesión del espectro radioeléctrico. Por supuesto que estás discriminaciones empresariales a favor de la empresa del estado en contra de operadores de telefonía celular privadas crean un ambiente de desconfianza para seguir invirtiendo.

A lo expuesto habría que sumar los cobros desmedidos del Servicio de Rentas Internas por glosas planteadas a las operadoras, las mismas que se vuelven inapelables en circunstancias donde existe órdenes expresas, no divulgadas, de que el Estado no debe perder ni un solo juicio. Por tal razón, en el Ecuador no está garantizado el debido proceso y seguridad jurídica en defensa de las empresas que apelan a glosas y multas impuestas por órganos de control, siendo éstas, en ciertas ocasiones, criterios subjetivos del burócrata de turno sin sustento técnico

---

[89] La diferencia entre 3G y 4G es la velocidad para adquirir datos en la navegación del internet con contenidos de alta definición, ideal para la trasmisión en directo de programas de TV y videos juegos. 4G es 10 veces más rápido que 3G. Ya se habla de 5G, 50 veces más rápido que 4G.

y en otras por malas interpretaciones de la ley que los rige. Por ejemplo, a la empresa CONECEL operadora de telefonía celular Claro está obligada a pagar el 5% adicional de ingresos obtenidos durante año por tener una participación de mercado superior al 55%, circunstancia que viola el contrato de concesión pactado con la modificación unilateral del precio establecido en el documento. Aparentemente, en este hecho se trata de regular la competencia en perjuicio de uno para beneficiar a otros. En su contrato de concesión con el estado, Movistar paga menos que CONECEL y esta última adicionalmente es castigada con pago por mercado.

Este tipo de discriminación entre empresas operadoras de telefonía celular no está basado de ninguna manera en la libre competencia, desde que el Estado interviene de forma discrecional se está perjudicando al beneficiario final del servicio, me refiero al consumidor. El Estado, que no siempre tiene el dinero, no está en capacidad de cerrar la brecha de desigualdad y preferencia que tiene el público a favor del servicio de las telefonías privadas: Claro (64,75%) y Movistar (28,91%). No importa cuánto se invierta en CNT, difícilmente se avizora una participación mayor de mercado a la actualmente lograda, esto es 6,35%.

La seguridad jurídica en el campo de las telecomunicaciones es mala para los negocios privados, desde el propio articulado de la Constitución de la República donde se establece que el aprovechamiento sustentable de recursos naturales o de bienes públicos, estará a cargo de las empresas públicas y que de forma excepcional puede delegar a la iniciativa privada el ejercicio de estas actividades. Esto significa que CNT tiene prerrogativas en la prestación de servicios de telecomunicaciones. Como es de suponerse, CNT está exenta del pago de regalías, tributos o de cualquier otra contraprestación por el uso u ocupación del espacio público o la vía pública y del espacio aérea estatal, regional, provincial o municipal, para la colocación de estructuras, postes y tendido de redes.

Para desgracia de las compañías privadas que compiten contra CNT Empresa Pública, el ministro de Telecomunicaciones es presidente del directorio de CNT EP, convirtiéndose en juez y parte. Por lo anterior descrito, se explica la desaceleración en la inversión de Claro y Movistar en los últimos años.

Esto es cuestión de comparar las épocas y contestarse: ¿es hoy más sencillo o más difícil hacer empresa o iniciar un negocio en el Ecuador? En la actualidad, ¿hay crédito para empezar un nuevo negocio de desarrollo como fue la industria camaronera en los años 80? En los últimos diez años, ¿qué nuevo negocio industrial privado se ha desarrollado en el Ecuador?

# EDUCACIÓN

*"Donde hay educación no hay distinción de clases."*

Confucio (551 AC – 478 AC)

La educación fortalece la democracia con el aprendizaje del ciudadano. Las educaciones: básica e intermedia deben estar al alcance de la juventud. La educación superior está basada en las libertades del individuo para elegir su nueva etapa de conocimiento después de que se gradúa del colegio o educación intermedia. El conocimiento amplio proporciona cultura y desarrolla la capacidad intelectual del ciudadano; ayuda a interrelacionarse con sus semejantes pudiéndose abrazar objetivos comunes. No es necesario pensar igual para avanzar civilizadamente en la sociedad.

La educación permite al ciudadano reclamar sus derechos y contribuye a la sociedad a integrarse bajo principios y valores éticos de respeto y tolerancia al prójimo. La educación no sólo proviene desde la escuela, sino también de las normas que las autoridades imponen a la sociedad. Ejemplo, con una buena educación vial, con campañas de radio y televisión, se educa desde muy pequeño al ciudadano a seguir las reglas y a reconocer señales que ayudan al respeto y ponen límite a los derechos de unos frente a los derechos de otros, los mismos que pudieran ser transgredidos por el exceso de atribuciones de los que no están acostumbrados a respetar las leyes.

Igualmente, la enseñanza al respeto a la propiedad privada desde temprana edad, ayuda a crear valores y a establecer la diferencia entre el bien y el mal. La educación primaria es primordial para el desarrollo básico del ciudadano; por lo tanto, es parte de los derechos de los niños[90] y para que ésta sea integral, el derecho de los niños a participar en deportes debe estar incluidos. Las creaciones de instituciones educativas deben tener instalaciones deportivas recreacionales ubicadas en ambientes sanos además de otros derechos que asiste a la niñez tales como: estar rodeados de profesores competentes, de tener acceso a los materiales didácticos, a ser tratados con respeto, a tener igualdad de oportunidades por edades y con capacidades físicas similares; además de tener derecho a ser escuchados.

Como parte de la formación, desde muy niño debe inculcarse el respeto al prójimo. La realidad demuestra que los países más civilizados son los países llamados del primer mundo donde parecería que hay una relación muy estrecha entre el dinero con el nivel cultural, pero no necesariamente es así. En los grandes países desarrollados existe niveles de educación muy variados; sin embargo, éstos no son superiores a los presentados en los países en vías de desarrollo. Sin embargo, las cifras demuestran que los países donde los niños tienen menor participación en la educación durante las edades escolares son los países con mayor pobreza. Este es el caso de la mayoría de los países africanos.[91]

La gran mayoría de los gobernantes del mundo están de acuerdo que se debe educar a la población. La educación pasa a ser un conflicto cuando se quiere decidir qué se debe enseñar o instruir a la juventud con fines dogmáticos para influenciar su criterio en las futuras elecciones; en ese instante, estuviéramos creando ciudadanos obedientes y no pensantes, con muy pocas

---

[90] La educación y gratuidad en sus primeras etapas es parte de los derechos humanos de los niños y niñas aprobados por la totalidad de los países miembros de las Naciones Unidas en diferentes convenciones. UNICEF, "CONVENCIÓN SOBRE LOS DERECHOS DEL NIÑO".

[91] Center of Global Development, "Education and The Developing World".

alternativas de libre elección; en ese caso, la educación limita el espectro de alternativas a elegir del educando sometiéndolo a la planificación estatal y no a la libertad de pensamiento que deben desarrollar cada uno de los estudiantes. Sin libertad de pensamiento nos hacemos dependientes del estado, perdiendo la iniciativa para generar empleo por nuestra propia cuenta.

Muchos aplaudimos el socialismo en la gratuidad de la educación y dejamos pasar el adoctrinamiento de las ideas y las mañas que se utilizan para controlar y ser controlados a través del poder del Estado. Sin promesas abundantes, pero con la esperanza de que algún día te toca e ilusiones de obtener todo gratis, el socialismo no se elige por razonamiento ciudadano, porque el socialismo no se lo promociona tal como es: ceder las libertades ciudadanas a manos del estado, supuesto patrocinador de nuestro bienestar.

Un político socialista habla de todo lo que te mereces en desmedro de un sector de la población. Por lo general, necesitan del enfrentamiento de clases para lograr sus objetivos electorales, cosa que divide a la población entre los que tienen y los que no tienen, vendiendo la idea de un cambio inmediato a favor de los desposeídos; ilusión que se desvanece cuando ya no hay dinero de donde sacar o a quién arrebatar.

Con la gratuidad de la educación superior, el estado decide lo siguiente:

- Si estás o no capacitado para ir a la universidad.
- A que universidad debes acudir.
- Y proporciona limitadas opciones de carreras profesionales.

En caso de que el estado quiera entrar en un plan de oportunidades por igual a todos los graduados de colegios que quieran acudir a la universidad, una buena alternativa sería cursos preuniversitarios para que cada aspirante a educación superior pública tome un examen de admisión.[92] Estudiante que pase el examen o sea admitido directamente tendría derecho a programas de financiamiento a largo plazo, -con periodos para amortizar la deuda de por lo menos 10 años después de graduados sería lo ideal-, y a merecimiento de becas.[93] Para ello, la decisión del estudiante debe ser libre con respecto a la elección de sus estudios y las universidades deben tener convenios de aceptación con el estado para que no exista una descalificación repentina de las universidades elegidas. De esta manera todos se protegen y se benefician a la vez: los estudiantes que sabe que su universidad está entre las seleccionadas por el estado como acta para funcionar, el estado sabría que el dinero no sería desaprovechado y la universidad, a través del convenio, asegura el financiamiento del estudiante.

Con un sistema de financiamiento a largo plazo se garantiza el retorno de la inversión en la educación superior con el esfuerzo del estudiante, caso contrario una beca no reembolsable dura mientras dure el dinero del estado y como no le

---

[92] El Examen Nacional para la Educación Superior (ENES) es un instrumento para evaluar las aptitudes de los estudiantes en el Ecuador. Según el Ministerio de Educación del Ecuador, el 34% de los estudiantes que van a las universidades públicas han tomado un curso de nivelación para dar el examen ENE. El Universo. "Exámenes ENES solo para entrar a universidades públicas o cofinanciadas".

[93] El SENESCYT es la institución que otorga las becas y financiamientos a los estudiantes de niveles superiores. Sus políticas han experimentado cambios acordes a la disponibilidad de dinero del gobierno socialista de Rafael Correa.

costó al estudiante, no se garantiza su máximo aprovechamiento. El Estado sin dinero pudiera matar las aspiraciones de toda una generación de candidatos a la educación universitaria, además de complicar las finanzas de las universidades estatales; historia que se repite de tiempo en tiempo en las universidades ecuatorianas, donde, en el pasado, no había recursos ni para pagar a los profesores con puntualidad. La dependencia de las universidades públicas del Estado ha llegado al extremo de que no se permita la auto gestión para recaudar recursos y suplir las debilidades del sistema de la gratuidad en la educación superior.

Sin necesidad de que la educación primaria básica sea necesariamente estatal y gratuita, la educación privada garantiza un mejor nivel de enseñanza por su estabilidad en los ingresos; sin embargo, la educación, como todo negocio, puede llegar a sufrir crisis económicas. Por tal motivo, la subvención y exoneración de impuestos en la educación abarata la educación privada e incentiva el crecimiento de nuevos establecimientos educacionales para planes futuros de crecimiento. Esto reemplaza el hecho de tener que crear nuevas instalaciones educativas estatales, ya que puede que una planificación gubernamental o municipal para la construcción de nuevas instalaciones estén desfasadas en su cronograma frente a la demanda de la ciudadanía por educación; cosa que el sector privado lo puede resolver.

Una combinación de gratuidad sin obligación monetaria no garantiza que el estudiante se mantenga en la escuela; algo de responsabilidad económica deben asumir los padres de familia con respecto a la educación primaria y secundaria. Esto implicaría que los colegios estatales deberían tener facultades para aplicar la autogestión cobrando parte de la matrícula, uniformes, materiales o una combinación de las tres para evitar que los recursos se desperdicien, de esa manera mantienes a los padres de familia integrados a la educación de sus hijos.[94] Recordemos que al educar la juventud logramos un efecto multiplicador porque parte de la enseñanza adquirida se riega en el hogar.

En todo programa educacional existen zonas de alto nivel de vulnerabilidad donde las condiciones de vida de las familias están bajo el umbral de la pobreza[95]; en lugares económicamente pobres la subvención debe ser total con el objetivo de que la niñez se mantenga en la escuela primaria, con la finalidad de que las nuevas generaciones saquen de la miseria a sus familias. En estas zonas siempre las autoridades de educación estarán compitiendo con padres de familia que prefieren que sus hijos se ocupen de labores de producción como aporte al sustento familiar.

En los Derechos del Buen Vivir de la Constitución de la república, el artículo 28, describe la educación de la siguiente manera:

*"La educación responderá al interés público y no estará al servicio de intereses individuales y corporativos. Se garantizará el acceso universal, permanencia, movili-*

---

[94] Integración de los padres de familia no significa hacer mingas para limpieza de los establecimientos, ni recolectar una platita mensual para garantizar que el profesor no falte al establecimiento público. Los descritos son hechos reales sucedidos en una que otras instituciones públicas en el Ecuador. Me reservo la fuente para no perjudicar a los padres de familia que me confiaron lo ocurrido.

[95] Para el Banco Mundial, estar bajo el umbral de la pobreza es aquel ciudadano del mundo que gana menos de $2 por día. The World Bank, "Understanding Poverty".

*dad y egreso sin discriminación alguna y la obligatorie-*
*dad en el nivel inicial, básico y bachillerato o su equiva-*
*lente.*
*Es derecho de toda persona y comunidad interactuar*
*entre culturas y participar en una sociedad que*
*aprende. El Estado promoverá el diálogo intercultural*
*en sus múltiples dimensiones.*
*El aprendizaje se desarrollará de forma escolarizada y*
*no escolarizada.*
*La educación pública será universal y laica en todos sus*
*niveles, y gratuita hasta el tercer nivel de educación su-*
*perior inclusive. "*[96]

El artículo 28 de la constitución puede ser interpretado
como que no se aceptará la educación privada al mencionarse
que: *"...no estará al servicio de intereses individuales y corpora-*
*tivos."* Veamos cuál es la realidad en el país.

Existen 28.590 instituciones educativas en el Ecuador con
210.850 docentes y 4'418.913 estudiantes; esto quiere decir
que existe 21 estudiantes por cada docente y un promedio de
155 estudiantes por establecimiento educativo.

| TIPO DE EDUCACIÓN | TIPO DE SOSTENIMIENTO | | | |
|---|---|---|---|---|
| | PÚBLICA | FISCOMISIONAL | PARTICULAR | TOTAL |
| ESCOLARIDAD ORDINARIA | 18.840 | 595 | 5.400 | 24.835 |
| ESCOLARIDAD EXTRAORDINARIA | 2.499 | 668 | 588 | 3.755 |
| TOTAL | 21.339 | 1.263 | 5.988 | 28.590 |

Fuente: AMEI - Ministerio de Educación

La escolaridad ordinaria es la educación regular del ciudadano a partir de los tres y cinco años, de ésta existen 24.835

---

[96] Para mayor información sobre la educación en la constitución del 2008,
ver: Educación de Calidad, "Constitución de la República del Ecuador".

establecimientos educativos; y la escolaridad extraordinaria son estudiantes de 15 años para arriba que no han completado su ciclo de educación, con un total de 3.755 instituciones de educación. La educación fiscomisional es aquella que el estudiante tenga parte de sus estudios financiados por el estado; podíamos decir que el estudiante posee media beca en una institución educativa privada. La sumatoria de los establecimientos fiscocomisionales y particulares es de 7.251; lo que representa que alrededor del 25% de la educación en el país es privada.

| AÑO | INSTITUCIONES | DOCENTES | ESTUDIANTES |
|-----|---------------|----------|-------------|
| 2012 | 28.590 | 210.850 | 4.418.913 |

Fuente:   AMEI - Ministerio de Educación

El empeño que apliquemos para el mejoramiento de la educación se revierte en producción. El trabajo altamente calificado es parte de los factores de la producción necesarios como parte del desarrollo social y económico de los pueblos. No solamente es necesario la acumulación de capital físico, sino también la preparación educativa y técnica de los ciudadanos para el crecimiento sostenible. Si deseamos tener tecnología de punta en la producción de bienes y servicios, no podemos olvidarnos de la preparación del operario de la nueva tecnología. Más sencillo es migrar a un trabajador de un puesto rutinario de operación, dándole la oportunidad de manejar nuevas tecnologías de producción, con educación calificada, que promover a un obrero sin conocimiento.

Una buena educación básica provee al ciudadano común de una mejor calidad de mano de obra, capacidad con criterio para seguir estudiando, conocimiento para el cuidado de su salud, inclusión en la sociedad, capacidad de aprendizaje de personas con mayor experiencia y por ende mayor productividad en sus puestos de trabajo.

Cierto es que la educación es para toda la vida y toma años la preparación del ciudadano acorde a los métodos tradicionales; sin embargo, cada día se hace más necesario la tecnología y métodos prácticos de supervivencia que acortan el periodo de aprendizaje. Conocimientos de programas computarizados y de uso de la tecnología de internet son cada día más necesarios, mientras tengan su debida supervisión en la juventud. El internet es una gran herramienta tecnológica con su adecuado uso, pero es una tecnología que puede ser una perdición para la juventud por todas sus distracciones: pornografía, farándula, videos sin contenido formativo y juegos. Además del hecho de que la juventud se aísla del juego al aire libre. Con el internet, el copiado de tareas entre alumnos se hace parte de la rutina o la investigación una bendición por el fácil alcance a la información.

La experiencia práctica con las materias que se enseñan ayudan a fortalecer el carácter y crea habilidades para la vida.[97] El deporte recreativo o de alto rendimiento practicado dentro de los establecimientos educativos ayuda a completar la educación de manera integral, porque provee de valores tales como respeto al rival, coraje, disciplina, reconocimiento, superación, inclusión social, amistad, dedicación, humildad, honestidad, confianza, voluntad, juego limpio, etc., además de

---

[97] El reverendo anglicano Thomas Arnold (1795-1842), logró enseñar materias como historia, matemáticas y lenguas con la práctica deportiva del Rugby, siendo estos métodos de inspiración para la educación integral actual que comprende la combinación del conocimiento con la práctica deportiva. Wikipedia, "Thomas Arnold".

que el estudiante con su dedicación al deporte puede beneficiarse de becas u obtener una segunda profesión para cuando esté en edad de trabajar. Muchos son los casos de amigos deportistas que combinaron el deporte y su profesión para incrementar sus ingresos mensuales.

¿Sería mucho pedir que todas las escuelas y colegios del país ofrezcan la práctica de uno o varios deportes?

# VOLUNTARIADO Y DEPORTE

*"Nuestro principal propósito en esta vida es ayudar a otros, y si no les puedes ayudar, al menos no les hagas daño".*[98]

Dalai Lama
(Monje, budista tibetano)

El voluntariado proviene del deseo libre de un grupo de personas de servir una o varias causas sin fines de lucro.

El voluntariado no se democratiza, para todo los demás se cumple la voluntad de la mayoría. Se preguntarán: ¿de dónde proviene esta afirmación que me atrevo a escribir? La respuesta es sencilla si la reflexionamos. El voluntario no cobra por el tiempo que le dedica a su labor altruista. Así mismo, a pesar de ser un trabajo no remunerado, existe un alto grado de responsabilidad especialmente cuando se trata de ayudas humanitarias.

Un directorio de voluntarios en una institución puede llegar a durar hasta la muerte de sus miembros y éstos pueden llegar a ser muy celosos con sus reemplazantes en las labores encomendadas. Por eso no hay un proceso de elección democrática en una institución o fundación sin fines de lucro, a menos que los miembros decidan lo contrario. Cualquier proceso eleccionario en una institución de voluntarios tiene su rigidez, reglas y normas que restringen la participación de personas extrañas a la institución por más calificada que sea. El criterio para dicha restricción es muy simple y tiene mucha lógica conceptual. La institución del voluntariado es como que fuera nuestra propia casa donde cada cual invita a su hogar a sus amigos y no a personas extrañas. Igualmente, si realizamos una reunión social los invitados serían amigos de la familia más

---

[98] Lifeder. "Las 83 mejores frases de voluntariado".

acompañantes de los amigos; de ninguna manera democratizamos una recepción a casa abierta por los peligros que ello conlleva: no conocemos a los nuevos asistentes, no conocemos sus motivaciones y costumbres. Un extraño sin previa calificación puede destruir una institución voluntaria o lograr que sus miembros se alejen de la labor encomendada.

Con el criterio arriba expuesto, no se puede permitir que el gobierno intervenga en la actividad del voluntariado. El voluntariado es de libre haberío y no puede involucrarse con la política peor con fondos estatales. Distinto es que el Estado pida ayuda a la institución voluntaria y otra de que se firmen convenios donde se condiciona la labor voluntaria. Allí es cuando suscitan los problemas.

El voluntariado nace del tiempo libre que pueda tener un grupo de amigos con fines comunes; desde la necesidad de cubrir un vacío donde el Estado no llega con ayudas sociales hasta por aspiraciones de entretenimiento entre los convocados; este último es el caso del deporte.

Cada federación deportiva internacionales, algunas con más de 100 años[99], nacieron de reuniones de amigos que querían divertirse compitiendo y promoviendo la competencia de atletas de diferentes nacionalidades. Al inicio cada miembro dedicó todo su tiempo y su dinero al impulso de su actividad favorita. Eran épocas donde la realeza y ricos podían darse lujo de no trabajar para lograr sus objetivos sin fines de lucro con la única motivación que era formar reglas, normas, establecer

---

[99] En total son 73 federaciones deportivas internacional reconocidas por el Comité Olímpico Internacional, de las cuales 29 de ellas participan en los Juegos Olímpicos de verano y 7 en los juegos olímpicos de invierno. Wikipedia. "International Olympic Committee".

momento y lugar de las competencias. El más ilustre de estos grandes voluntarios del deporte fue el barón Pierre de Coubertin[100], educador humanista, que logra convencer a un grupo de amigos la propuesta de recrear los juegos olímpicos de la antigüedad con la creación del Comité Olímpico Internacional (COI) en 1894 con el objetivo de que se realicen los primeros juegos olímpicos de la era moderna en Atenas, Grecia en 1896. A partir de allí su legado es uno de los más grande de la historia. Por muchos pensadores, el olimpismo es considerado como uno de los movimientos sociales más grandes de la humanidad porque a través del deporte no se discrimina credo, religión o raza; estando todos sus participantes bajo el mismo paragua de los estatutos, normas y reglas que componen las federaciones deportivas internacionales y el Comité Olímpico Internacional (COI). Las mismas estructuras deportivas internacionales son impulsadas a cada una de los comités olímpicos nacionales en distintos países (206 países son miembros del COI[101]) más que la cantidad de miembros de las Naciones Unidas donde existen tan solo 193 países[102].

El voluntariado en el mundo no es otra cosa que agrupaciones o clubes de amigos con fines nobles y deseos de trabajar de naturaleza netamente privada donde el lucro y la política no tienen cabida; por eso, no existe en el mundo el voluntariado estatal o gubernamental.

---

[100] El Doctor Conrado Durántez Corral, presidente de la Academia Olímpica Española, define al Barón Pierre de Coubertin como: "El más ilustre desconocido de la humanidad" porque muy pocos escuchan su nombre, pero su legado del olimpismo no ha tenido barreras a través de la difusión del deporte en la sociedad.

[101] International Olympic Committee. "National Olympic Committees (NOCS)".

[102] Wikipedia. "Member states of the United Nations".

En la actualidad muchos de esos clubes de voluntarios como COI y FIFA tienen mucho poder económico ocasionando que la corrupción haya calado en este último. Previo al escándalo de la FIFA, cuyos miembros, utilizaron sus influencias en la decisión de los votos para elegir las sedes de los futuros eventos mundiales, ya se debatía en el mundo el criterio de que si debería remunerarse o no al voluntariado, razonamiento que no es compartido por la gran mayoría de las instituciones mundiales. Lo único remunerado en una institución sin fines de lucro es el personal administrativo y de labores cotidianas, el mismo que está obligado al seguimiento de las decisiones establecidas por los preceptos del directorio.

El deporte es de hecho privado y autónomo siendo su estructura muy simple:

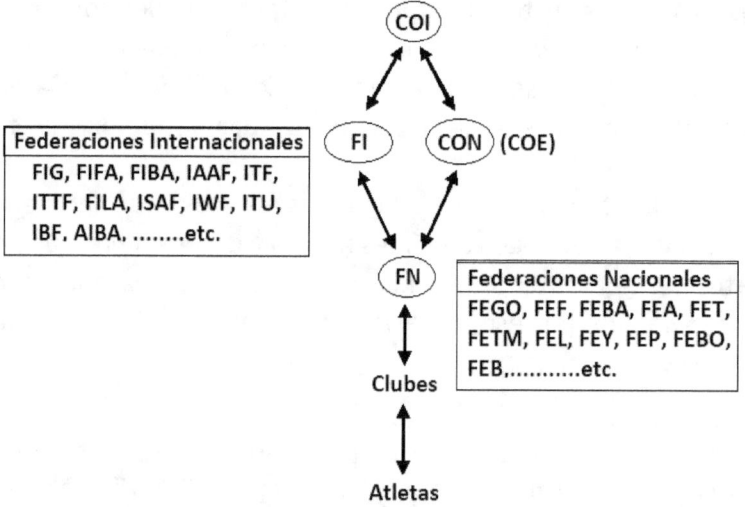

Para el movimiento olímpico la estructura del deporte tiene como prioridad el atleta que pertenece a los clubes que a su vez son miembros de las federaciones nacionales por deporte (FN). Las federaciones nacionales son miembros tanto del Comité Olímpico Ecuatoriano (COE) como de la federación internacional. El Comité Olímpico nacional está vinculado, a través de la carta olímpica, normas y estatutos al COI. Las federaciones Internacionales por deporte tienen su relación con el COI que se basa en la carta olímpica y en el respeto, el interés, la cooperación mutua y el deseo de organizar competencias con excelencia en los juegos.

Los torneos del ciclo olímpico son: Bolivarianos que comprenden competencias entre los países de la subregión andina Bolivia, Colombia, Ecuador, Perú y Venezuela; Sudamericanos que comprenden todos los países de Sudamérica; Panamericanos que comprende la participación de todos los países del continente americano incluyendo sus islas y finalmente los Juegos Olímpicos que comprende la participación de los 206 Comités Olímpicos Nacionales representando a sus respectivos países.

Como se podrá notar las estructuras del deporte a nivel mundial es muy sencilla donde hay cero intervenciones de los gobiernos. Cabe preguntarse: ¿Por qué en el Ecuador complicamos las cosas? La respuesta está relacionada con la antigüedad de las federaciones provinciales que datan de más años que las propias federaciones deportivas nacionales y del propio Comité Olímpico Ecuatoriano. Por ejemplo, la Federación Deportiva del Guayas (FEDEGUAYAS) fue fundada en 1922, la Concentración Deportiva de Pichincha y la Federación Deportiva del Azuay (FEDEAZUAY) fueron fundadas en 1924; mientras que el Comité Olímpico Ecuatoriano, a pesar de su creación en 1948, recién es reconocido por el Comité Olímpico Internacional en

1959[103]; por tal motivo, cada presidente de las federaciones deportivas provinciales del pasado ha tenido celo dirigencial al COE, institución deportiva que es la única representante de los eventos del ciclo olímpico arriba mencionados.

Los enfrentamientos en el deporte son por el control del deporte y de sus asignaciones monetarias que entrega el gobierno a través del ministerio del deporte. Allí es cuando el deporte pierde su autonomía.

La estructura más simple del deporte nacional es la misma que se recomienda internacionalmente cuando se trata de la competencia deportiva de alto rendimiento.

### ESTRUCTURA DEL DEPORTE NACIONAL

Elaborado por: COE. Año 2004

El deporte de alto rendimiento entra en conflicto cuando las asociaciones provinciales albergan clubes formativos y de

---

[103] Comité Olímpico Ecuatoriano. "Historia del COE – Reconocimiento del COE en 1959".

alto rendimiento y se las utilizan políticamente para captar las federaciones deportivas nacionales (FN) y de esta manera elegir el directorio del COE.

La carta olímpica es la constitución del deporte a nivel mundial rechaza la intervención gubernamental en el deporte, razón por la cual la federación de Box fue sancionada en un corto periodo, impidiendo que los boxeadores ecuatorianos representen a su país en las competencias internacionales. En la mayoría de otras federaciones deportivas nacionales, sus presidentes dejaron de luchar contra el poder del estado y cedieron su voluntariado a intereses gubernamentales de captar el directorio y presidencia del COE.

En el Ecuador, la presión por cautivar el Comité Olímpico Ecuatoriano llevo al gobierno a impulsar cadenas de información por radio y televisión desprestigiando al economista Danilo Carrera Drouet, presidente del COE, lo que motivó su renuncia inmediata terminando con su voluntariado de más de 15 años. Como banquero de éxito, el economista Carrera Drouet aportó con publicidad, tiempo y dinero personal al voluntariado durante su presidencia del COE.

En el momento de que los principales miembros del directorio del COE cobren sueldo con anuencia y dinero del gobierno, estaríamos finalizando con el voluntariado deportivo en el campo puro del olimpismo. Esto sería muy lamentable porque se pierde la esencia del amor al deporte dándose paso a personas con otros intereses ajenos al estrictamente deportivo en su administración.

La solución para los problemas del deporte es de respetar las autonomías de cada federación deportiva y provincial. El deporte de alto rendimiento se rige bajos sus propias normas y estatutos que se dictan internacionalmente, los mismos que deben ser respetados con la finalidad que el gran beneficiado sea el atleta de competencia. Si bien es cierto que para formar un deportista de élite se necesita apoyo económico, pudiendo ser que la autogestión de su federación deportiva para su preparación no sea suficiente, bienvenida está el apoyo estatal siempre y cuando se rindan cuentas claras por el dinero recibido por parte de la FN y no se influya políticamente sobre las decisiones de dicha federación deportiva.

Con la entrega de dinero, saltarse la parte que corresponde a la dirigencia de las FN con contribuciones directas a los deportistas se pierde el control sobre las actividades del deportista afectando su rendimiento ya que es de entenderse que ningún deportista se hace sólo. Por más pobre que sea una federación deportiva dónde se destacó un deportista, el deportista se da a conocer a través de la competencia que organizó dicha federación deportiva o por el aval que concedió para que el deportista se destaque internacionalmente.

Ecuador necesita héroes deportivos que haga soñar a la juventud y llene de orgullo a sus ciudadanos; para ello, debe apoyarse el deporte de alto rendimiento a través de la estructura olímpica, la misma que, a través de su dirigencia, debe recuperar el estatus de ser una institución voluntaria sin condiciones por los dineros que recibe; siempre y cuando, sea invertido en los planes y metas netamente deportivas de la dirigencia a cargo del deporte. Recordemos que el deportista de elite ayuda a formar un ciudadano de excelencia que con el ejemplo pregona los valores que heredó de la práctica deportiva de alto rendimiento.

La inversión en el deporte formativo y recreativo que le compete a las federaciones provinciales es muy importante para la salud, las relaciones sociales y la salud mental de la ciudadanía; además de que mantiene a la juventud alejados de la droga, alcohol y violencia porque el deporte refuerza los valores que concede la religión, el hogar y la institución educativa. Es decir, el deporte es una cuarta fuente de proveer valores a la sociedad y sirve de escape para la juventud cuando la familia y otras fuentes de valores fallan en su formación.

## SALUD Y DEPORTE

Estudios estadounidenses indican que la actividad física o deportiva ayudan a reducir costos en salud e incrementa la productividad del empleado. La actividad deportiva diaria ayuda a reducir las enfermedades de 6% a 32%, comprime los costos en salud de 20% hasta 55%, y puede llegar a incrementar la productividad de la persona de 2% a 52%.[104]

Una buena política deportiva autónoma con rendimiento de cuentas y transparencia mejora la salud y descongestiona los centros de salud. Sería más sencillo para el estado colaborar e invertir en la actividad física que gastar grandes cantidades en problemas cardiovasculares, colesterol, diabetes, etc. de los ciudadanos con el agravante que los centros de salud se pasen constantemente congestionados. Los grandes gastos en infraestructuras de hospitales y centros de salud parecerían que nunca son suficientes para la demanda de los ciudadanos.

Es hora de dar un giro de 180° e invertir directamente en el ciudadano a través de la actividad física. Además de que es más sencillo enseñar hábitos de actividad física que tratar de educar las múltiples costumbres que se necesitan seguir para prevenir enfermedades de toda índole. A través de las enseñanzas deportivas se puede inculcar normas de higiene que no son ajenas a la actividad a mucho menor costos que campañas contra la

---

[104] SPORT AND HEALTH. "Preventing Disease and Promoting Health".

insalubridad. Por lo general, los ciudadanos acuden a las campañas deportivas que se les presentan en sus barrios, contrariamente muy pocos ciudadanos acuden a una convocatoria estatal para la enseñanza de normas de salud haciéndose costoso e indispensable la campaña puerta a puerta para tal difusión.

Finalmente, los héroes deportivos son ejemplos a seguir y pueden colaborar con campañas de información positivas para llegar a la niñez y juventud con mensajes de precaución frente a enfermedades contagiosas o de usos de métodos de prevención contra el Sida, hepatitis, Zika, etc.

Existen otras maneras que el estado puede ayudar a la actividad deportiva:

- Permitir que instituciones públicas y privadas apoyen el deporte.
- Apoyar programas de actividad deportiva.
- La recolección de impuestos[105] existentes sobre productos dañinos para la salud tales como tabaco, alcohol, etc., destinarlos a la actividad deportiva.

Resumen de algunos estudios de beneficios del deporte sobre la salud:

| Bowles (2011) | Costos estimados de ahorro de ciclistas en Iowa, Estados Unidos: los ahorros estimados de ciclistas comunitarios en el estado de Iowa son $13'266.020 en costos de salud. El total de ahorros ciclistas recreacionales en el estado de Iowa son $73'942.511 en costos de salud. |
| --- | --- |

---

[105] Existió en el Ecuador el impuesto a las llamadas telefónicas cuyos fondos fueron destinados a la actividad deportiva. Habría que estudiar la conveniencia o no de retornar el impuesto o en su efecto promover deducciones tributarias a la empresa privada que auspicie la actividad deportiva.

# ¿Qué pasa Ecuador?

| | |
|---|---|
| Cadilhac et al. (2011H) | La reducción del 10% en inactividad física registra 6.000 menos incidencias de enfermedades, 2.000 menos muertes, 25.000 deshabilitados para trabajar recuperándose 114.000 días de trabajo y donde se mejora la productividad de los hogares en 180.000; todo esto reduce los gasto de salud de Australia en AUD$ 96 millones. |
| California Center for Public Health Advocacy (2009H) | Este estudio sobre el Estado de California hace un estimado del costo del sobrepeso, obesidad y inactividad física en 2006 en $41,2 mil millones. Del total delos costos, $21 mil millones son atribuibles al sobrepeso y obesidad; y $20,2 mil millones son imputables a la inactividad física. Mitad de esos costos fueron gastados en cuidados de la salud y la otra mitad fueron calculados como pérdidas en productividad. |
| Chenoweth and Leutzinger (2006H) | El daño financiero que ocasiona los gastos directos en cuidados médicos, compensación de trabajadores, y productividad en siete estados de los Estados Unidos es de $93,32 mil millones por inactividad física y $94,33 mil millones por sobrepeso. El estimado de estos costos a nivel nacional es aproximadamente de $507 mil millones; proyectado a pasar lo $708 mil millones para el 2008. |
| Colditz (1999H) | Los costos directos de la falta de actividad física son aproximadamente $ 24 mil millones de dólares o el 2,4% de los gastos de atención de salud de Estados Unidos. Los costos directos de la obesidad definen como el índice de masa corporal superior a 30, en dólares de 1995, el total de 70 mil millones de dólares. En general, los costos sanitarios directos de la obesidad fueron de aproximadamente 70 mil millones de dólares. Finalmente, los costos directos de la inactividad y la obesidad en cuenta para algunos el 9,4% de los gastos nacionales de salud en los EE.UU. |
| Colman (2002H) | Los estudios epidemiológicos estiman que la enfermedad cardíaca 36 %; 27 % osteoporosis, 20 % accidente cerebrovascular, la hipertensión, la diabetes 2 y cáncer de colon ; y el 11% del cáncer de mama son atribuibles a la inactividad física. Se estima que la inactividad física le cuesta al sistema de salud de Nueva Escocia el 66,5 $ millones al año en los hospitales, los médicos y los medicamentos por sí solos los costos, lo que equivale al 4 % del gasto total del gobierno sobre estos servicios. Cuando se suman todos los costos directos de atención de la salud, incluyendo los gastos privados, cuesta un estilo de vida sedentario de Nueva Escocia $ 107 millones al año en gastos de atención médica directa. La inactividad física cuesta a la economía de Nueva Escocia un adicional de $ 247 millones cada año en pérdidas de productividad indirectos debido a la muerte prematura y la discapacidad. La adición de los costos directos e indirectos, la carga económica anual total de la inactividad física en Nueva Escocia se estima en $ 354 millones. |
| Cox (2012H) | El informe incluye estimaciones detalladas de los costos de la salud por enfermedad, y los costos y beneficios de la actividad/inactividad física, por ejemplo: La enfermedad cardiovascular cuesta a la economía del Reino Unido más de £ 30 mil millones por año y la diabetes cuesta £ 9 mil millo- |

| | |
|---|---|
| | nes. Se identifican los costos de otra enfermedad física para el NHS. Problemas de salud mental le cuestan al sistema de atención de 21 mil millones £ y cuesta a las empresas del Reino Unido £ 30 mil millones en costos de ausencia licencia de desempleo y enfermos. El deporte podría prevenir potencialmente más de 23.000 fracturas de cadera cada año, el ahorro de más de £600 millones. |
| Health and Human Services (2007J) | Informe de una serie de costos sanitarios asociados con la inactividad física de varias fuentes, incluyendo: Los costos de salud asociados con la inactividad física alcanzó los US $ 76 mil millones en 2000. La inactividad física representa aproximadamente el 2,4 % del costo de la asistencia de salud en EEUU. |
| (Colditz) | En EEUU, el aumento de la actividad física regular y moderada entre los más de 88 millones de personas inactivas mayores de 15 años podría reducir los costos médicos directos anuales por tanto en $ 76.6 mil millones ( Pratt et al.). La inactividad física representa el 22 % de la enfermedad coronaria, el 22% de cáncer de colon, el 18 % de las fracturas relacionadas con la osteoporosis, el 12% de la diabetes y la hipertensión, y el 5 % de los cánceres de mama (Centros para el Control y Prevención de Enfermedades (CDC)) |
| Katzmarzyk et al. (2000H) | Cerca de $ 2.1 mil millones o 2,5 % del total de los costos de salud directos en Canadá eran atribuibles a la inactividad física en 1999. Alrededor de 21.000 personas perdieron la vida prematuramente en 1995 debido a la inactividad. Una reducción del 10 % en la prevalencia de inactividad física tiene el potencial de reducir los gastos sanitarios directos por $ 150 millones al año. |
| Kahn and Norman (2012J) | Las estimaciones de los costos del NHS como consecuencia de la inactividad 1 mil millones mil millones de £ -1.8 ; los costos de la pérdida de productividad a la economía más amplia £5.5 mil millones de la enfermedad y la ausencia ; £ 1 mil millones de una muerte prematura. En total, la inactividad cuesta aproximadamente £ 8,3 mil millones por año (Departamento de Salud, 2009) |
| Leime and O'Shea (2010I) | Resumiendo, algunas de las principales conclusiones de la investigación, que surgen de los beneficios de la actividad física a las personas mayores. En ella se informa sobre varios estudios que indican que el potencial de ahorro de los costos del cuidado de la salud, incluyendo: Un estudio australiano que calcula si hay más personas aumentaron su nivel de actividad física por 30 minutos por día, podría salvar 1,5 millones de dólares australianos (bruto) en los costos relacionados a la enfermedad cardíaca, accidente cerebrovascular, diabetes tipo 2, la depresión y caídas (Medibank , 2007). En los EE.UU., una inversión de US $1 de tiempo y el equipo en la promoción de la actividad física conduce a US $ 3.2 en el ahorro de costos médicos (WHO, 2003). |
| Marsh et al. (2010)H | Este informe estima que el ahorro de costos de atención médica de por vida típica generada por la práctica deportiva varía entre £1.750 (bádminton) y 6.900 £ (salud y estado físico) por persona. El valor total de por vida |

# ¿Qué pasa Ecuador?

| | |
|---|---|
| | económica generada por la práctica deportiva varía entre £11.400 (bádminton) y 45.800 (salud y estado físico) por persona. La variación en el valor depende de la duración y frecuencia. |
| Mulholland (2008I) | Los costos directos e indirectos de la inactividad física en Canadá se estiman en $1.6 mil millones y $3.7 mil millones al año. El aumento de los niveles de actividad física en sólo un 10 por ciento ahorraría canadienses más de $ 150 millones anuales en costos de salud directos por sí solos. |
| Popkin et al. (2006H) | Un caso de estudio en China, se encontró que los efectos indirectos de la obesidad y los patrones de alimentación y actividad física relacionados con la obesidad oscilan entre 3,58 % y 8,73 % del PIB en 2000 y 2005, respectivamente. En él se enumeran los costos de la dieta/actividad por enfermedad para China (en dólares de EEUU) en 2000 y 2005. |
| Pratt et al. (2000F) | Para los mayores de 15 años y sin limitaciones físicas, los costos médicos directos anuales promedio fueron de $ 1,019 para los que estaban con actividad física regular y $ 1.349 para aquellos que reportaron estar inactivos. Los costos fueron más bajos para las personas activas entre los fumadores ($ 1,079 vs $ 1.448) y no fumadores ($ 953 vs $ 1.234) y fueron consistentes entre los grupos de edad y sexo. El beneficio neto anual media de actividad física fue de $ 330 por persona en dólares de 1987. Los resultados sugieren que el aumento de la participación en la actividad física regular y moderada entre los más de 88 millones de personas inactivas mayores de 15 podría reducir los costos médicos nacionales anuales por alrededor de $ 29,2 mil millones en dólares de 1987 - $ 76,6 mil millones en 2000 dólares. |
| Spence et al. (2001I) | En Canadá, un total $ 2.1 millones de dólares de gastos de asistencia sanitaria fue directamente atribuible a la inactividad física en 1999. Esta cantidad representó el 2,5 % de los costos totales anuales de atención de la salud. Los mayores costes imputables a la actividad física inadecuada se asociaron con: enfermedad arterial coronaria ($ 891 millones), la osteoporosis ($ 352 millones), accidente cerebrovascular ($ 345 millones), y hipertensión ($ 314 millones). Sobre la base de este análisis, una reducción del 10 % en la prevalencia de inactividad física reduciría los gastos sanitarios directos por $ 150 millones por año. |
| Fuente: | A Review of the Social Impacts of Culture and Sport. March 2015. Pag. 28 |

**Bruno Faidutti Navarrete**

# EL PELIGRO DE LAS EXPECTATIVAS EN LA ECONOMÍA

"Me interesa el futuro porque es el sitio donde voy a pasar el resto de mi vida."

Woody Allen (1935 -    )
Actor, director y escritor estadounidense

Las ciencias económicas con sus teorías y modelos son cada día más exactas. Doctores en economía obtienen su título gracias a sus tesis que aportan mejoras a los modelos económicos existentes, sin desmedro de que aparezcan nuevos modelos que interpreten el comportamiento de variables que afecten el comportamiento económico en una sociedad.

La economía se la puede predecir siempre y cuando tengamos la información a la mano y la sepamos interpretar con el conocimiento adquirido con los estudios, experiencias propias y de otros. Sin embargo, alineados o no los astros a favor, las predicciones económicas pueden fallar al no considerarse las reacciones de los actores económicos de un país tales como la de los empresarios y de sus ciudadanos.

Los empresarios conocen su sector económico e interpretan el bienestar o fracaso como experiencia propia, formándose sus propias expectativas a futuro en el momento de invertir o no invertir en su empresa. El ciudadano consumidor planifica, e igual que los empresarios, se forma expectativas a futuro dependiendo de sus ingresos, toma vacaciones o invierte en bienestar: nuevo televisor, las "doras"[106], muebles, una buena cena, una botella de vino, distracciones, etc. Todo esto dentro

---

[106] En el vocabulario popular se entiende como "doras" los siguientes electrodomésticos: lavadora, secadora, licuadora, batidora, refrigeradora, etc.

de una racionalidad que se basa en la experiencia e información que tanto empresarios como consumidores poseemos.

Por tal motivo, encuentro divertido escuchar empresarios de diferentes sectores debatir socialmente diferentes criterios sobre la economía. Entre los que han ganado dinero se podría escuchar argumentos favorables a las directrices económicas del gobierno y entre los que no le favorecen los resultados, podrían decir que las políticas económicas del gobierno no funcionaron. En su agrupación, las expectativas racionales[107] buenas son doblegadas por las expectativas racionales negativas; en ese momento es cuando los resultados económicos resultan impredecibles en el tiempo y es cuando las políticas públicas no funcionan al ritmo de las pretensiones de las autoridades económicas. Por estas razones, en cada modelo económico o aplicación de una medida pública, se deben considera las expectativas o reacciones de los actores económicos, caso contrario los resultados son negativos en el simple anuncio de las medidas económicas. Ejemplo, en 2015, Janet Yellen anunció que el Banco Federal de los Estados Unidos subiría las tasas de interés en el 2016 ocasionando que los mercados actúen de manera negativa.

Podemos dar ejemplos al respecto de lo vivido, pero tengo la seguridad que a lo largo de la vida republicana del Ecuador debe haber habido muchos ejemplos como los siguientes:

Ejemplo 1. Previo al colapso de los bancos en 1999, las autoridades económicas y políticos aliados al gobierno de Jamil Mahuad promocionaron con fuerza el Impuesto a la Circulación

---

[107] La teoría económica de expectativas racionales fue propuesta por primera vez por John Fraser Muth e influenciada por Robert Lucas Jr., merecedor al premio Nobel de economía en 1995. Wikipedia, "Rational expectations".

de Capitales (ICC) en reemplazo al impuesto a la renta. El ICC grababa el 1% a las transacciones bancarias, el mismo que funcionaba al momento de acreditar o depositar el dinero en cuentas bancarias, al momento del giro de cheques, transferencias o pagos realizados al contado con o sin la intervención de los bancos, los mismos que pasaron a ser agentes de retención obligados de tal impuesto. El simple anuncio de la posible ley estaba creando estragos de retiros de dinero en el sistema financiero nacional, principalmente, cuando públicamente en la promoción de la ley a ser aprobada se decía que: "por fin vamos a saber quién es quién en el país porque se va a grabar hasta las transacciones en bancos offshore".[108]

En noviembre 30 de 1998, se aprobó la ley del ICC ocasionando que el representante legal del Filanbanco, banco de mayores captaciones de depósitos en offshore, se vea obligado a acudir al Banco Central para renegociar un préstamo de emergencia para cubrir los retiros masivos de los clientes y negociar la entrega del banco, hecho que sucedió el 2 de diciembre de 1998.

Dicha ley fue el detonante de la escalada de retiros en el sistema financiero nacional ya que se violaba el sigilo bancario además de que nadie quería ser grabado con el 1% a sus transacciones bancarias. La prueba de aquello es que al entrar en vigencia el ICC el 2 de enero de 1999, cayeron seis bancos en ese mismo mes hasta que las autoridades decidieron congelar los depósitos del sistema financiero para frenar los retiros en el mes de marzo del mismo año.

---

[108] Conocido como "ley del 1%" fue promocionada desde el Congreso Nacional por el jefe del bloque Social Cristiano, abogado Jaime Nebot Saadi.

**¿Qué pasa Ecuador?**

Ejemplo 2. Relacionado con la misma crisis económica de fines de los 90s. Las constantes devaluaciones del sucre crearon expectativas negativas en la economía lográndose que el tipo de cambio sea un referente negativo a la actividad económica. Tan negativo fue el mal manejo de las políticas monetarias y cambiarias del Banco Central en los años 90s, que los bancos comenzaron a ofrecer a los clientes como parte de sus servicios, la apertura de cuentas en dólares. Es decir, con la información que poseía la ciudadanía al observar la escalada del tipo de cambio, se veía obligada a transformar sus ahorros de sucres, moneda que perdía poder adquisitivo constantemente con el pasar de los años, a dólares norteamericanos que mantenían su valor en el tiempo. Prueba de ello es que las cuentas bancarias estaban en dólares en un 60% previo a la implementación de la dolarización.

Ejemplo reciente. Las expectativas negativas actuales provienes de las siguientes informaciones que van recogiendo los empresarios:

Primero, el hecho de ubicar el precio del barril de petróleo a $79,7 como referente a los ingresos petroleros del presupuesto general del estado del 2015, a pesar de que desde octubre del 2014 se avizoraba un periodo de precios bajos para el barril de petróleo. Las autoridades económicas minimizaron el tema e interpretaron como que los precios bajos del momento iban a ser pasajeros.

Segundo, la decisión del presidente de rebajar los sueldos del sector público, aparte del efecto económico positivo que pudo haber ocasionado, envió un mensaje negativo a los actores económicos de que la plata se le estaba acabando al Estado.

Tercero, la aplicación de medidas de salvaguardias a productos importados tuvo dos lecturas negativas: la una, la oficial, que la medida era para salvar la dolarización; y la otra, que el gobierno necesitaba recaudar más impuestos afectando al comercio y por ende al consumidor de los bienes estipulados dentro de las salvaguardias.

Y cuarto, las tan publicitadas leyes de la plusvalía y a la herencia. No es cuestión de ponerse de acuerdo en el cálculo impositivo de las dos leyes tal como sugiere el poder ejecutivo, ni que le demuestren a quien afecta o no la aplicación de las mismas, porque en la actualidad y por algún tiempo, todos los actores económicos de la sociedad ya formaron sus propias expectativas sobre el tema siendo el mensaje negativo para la actividad económica actual y futura. Recordemos que la inversión en bienes y raíces es una alternativa menos riesgosa para unos, dada nuestra experiencia de fines de los 90s, de invertir en propiedades en lugar de ahorrar en un banco. La mínima intensión impositiva sobre los ahorros de la familia afecta a ricos y a pobres.

A ricos porque pagarían los gravámenes directamente y a los pobres porque les afectaría la falta de empleos en el sector de la construcción. Lo más negativo, sobre la aplicación de leyes impositivos contra la herencia y la plusvalía, es que a todos nos mata la esperanza de ser ricos.

Tomemos como ejemplo a iniciativa empresarial en un nuevo proyecto inmobiliario financiado el 50% por familias que necesitan viviendas y el otro 50% por inversionistas que quieren especular con el tiempo para ganar a futuro. Dadas las posibilidades de la aprobación de las leyes de plusvalía y herencia, dicho inversionista desistiría de colocar su dinero en el nuevo proyecto inmobiliario, -por más que se diga que se afecta en la segunda venta del inmueble-, porque éste no quisiera que su inversión, se perturbe a futuro con la aprobación de nuevos impuestos, los mismos que serían calculados con tasas sobre parámetros de variables creadas por burócratas que no tienen idea sobre las intenciones de protección del capital que tiene el inversionista con proyectos inmobiliarios frente a la alternativa de ahorrar en un banco, evitando que se repita experiencias vividas con la crisis económica de 1999. Acertadamente, se dice que impuestos sobre la herencia y plusvalía golpean el patrimonio familiar.

Finalmente, si lanzamos la pregunta a cualquier ciudadano del Ecuador, ¿Quieres ser millonario?, encontraremos una respuesta mayoritariamente positiva; entonces, ¿por qué matarles la esperanza al pueblo con leyes que limitan esa posibilidad de ser millonario? Me pregunto, ¿Acaso el eslogan que repite con frecuencia el presidente Correa es: "que nos quiten todo menos la esperanza"? Si con la aplicación de los impuestos nos están quitando parte de nuestro patrimonio familiar, ¿a qué esperanza se refieren los gobernantes que impulsan más impuestos a la generación de riqueza? ¿A la de más gasto público? Es decir, ceder la facultad única de manejar todos los recursos públicos y privados a las manos del estado ecuatoriano para que éste se encargue de distribuir equitativamente la riqueza. Parecería ser esta la intención del gobierno del Socialismo del Siglo XXI, con su modelo de persecución a los generadores de riqueza.

La falta de inversión extranjera en el país es una realidad que afecta el desarrollo económico, no es un invento de la oposición al gobierno de turno. No hay forma de cambiar las expectativas negativas de los ciudadanos con talleres de "socialización"[109]; por lo tanto, el gobierno requiere del sector bancario nacional e internacional para salir de la crisis presupuestaria, de un ajuste a sus planes de inversión, de no movilidad de

---

[109] "Socialización" palabra inventada por los burócratas del Socialismo del Siglo XXI para convocar a unos cuantos adeptos al régimen y hacer aparentar de que sus proyectos de leyes fueron consensuados con la sociedad.

sus funcionarios por comisión de servicios, eliminar las salva-guardias arancelarias, derogar las leyes de la plusvalía (aprobada el 27 de diciembre de 2016) y de herencia (aprobada el 16 de junio de 2016) y descartar cambios constitucionales con mayoría simple en la Asamblea Nacional. Todo esto con la finalidad de que cambien las expectativas negativas de los ecuatorianos sobre el futuro económico del país, caso contrario qué culpa tienen los inversionistas no evitar invertir en el país.

## EL FIN DE LA DOLARIZACIÓN EN EL ECUADOR

No cabe duda que el gobierno del presidente Correa quiso acabar con la dolarización, desde sus inicios hemos escuchado las críticas reiteradas del economista Rafael Correa contra al sistema monetario reinante en el Ecuador. Desde antes que el señor presidente Correa sea ministro de economía opinó en contra del sistema monetario de dolarización. Inclusive, en un programa televisado para Ecuavisa Internacional, el periodista Rolando Panchana como moderador, debatimos por los cuatro años de la dolarización. En dicho programa estuvimos a favor de la dolarización, los economistas Luis Fernando Hidalgo, Luis Loria, ingeniero Luiggi Iturralde Mancero y yo desde Guayaquil. Y desde Quito el economista Rafael Correa atacó fehacientemente el sistema de la dolarización, conjuntamente con sus compañeros de set: los señores economistas Alberto Acosta Espinosa y Eduardo Valencia Vásquez. Entre los argumentos expresados, recordaban la necesidad de que la moneda deba ser competitiva para así poder exportar al mundo, cosa que lo repite el presidente Correa cada vez que se acuerda, habla de la fortaleza del dólar frente a otras monedas del mundo; es decir que, bajo los criterios de los señores detractores de la dolarización es importante para el desarrollo del país, devaluar la moneda para incrementar las exportaciones. Si ese argumento fuera muy válido, los países del mundo estuvieran en una franca competencia de devaluaciones monetarias por ganar los mercados internacionales.

Como todos conocemos, no solo el precio determina la demanda por un producto, sino que hay otros factores como el gusto, la necesidad por el producto ofertado, el nivel de ingresos de los consumidores, el costo del transporte, etc., que pudieran poner freno a las estrategias de venta de bajos precios de empresas instaladas en países productores que devalúan su moneda. Por múltiples factores, el devaluar para pretender ser competitivo con los productos exportables puede que funcione en el corto plazo, pero dicha política cambiaria no es sostenible en el tiempo porque, paralelamente a la devaluación, se crea una espiral inflacionaria que termina encareciendo la producción de los productos exportables. En consecuencia, el ciudadano recibe menos dinero por sus productos exportables, reduciendo sus estándares de vida debido a que la inflación los dejó con una moneda local con menor poder adquisitivo después de la devaluación. Insisto, lo ideal es producir bajo el régimen de una moneda dura, cuyo valor perdure o haya perdurado en el tiempo tal como es el caso del dólar norteamericano.

Actualmente, los ecuatorianos nos encontramos con el problema de que el dólar no quedó establecido como moneda oficial dentro de la constitución última del 2008, dejando la puerta abierta para la posibilidad de cambio de la moneda o de introducción de una nueva moneda. Cosa que no nos debería alarmar si la iniciativa y la oferta de su uso de esa nueva moneda proviene del sector privado. Ejemplo, que haya una iniciativa privada para pago de bienes y servicios vía celulares inteligentes dependerá de la aceptación y confianza que tenga el usuario sobre el sistema en oferta. Supongamos que PayPal, la compañía más grande de pagos por internet, quiera operar en el Ecuador, sería una alternativa más de pago que no debería tener impedimentos si el usuario y los establecimientos comerciales quieran tener una cuenta con ellos. Pueda que el futuro sea la moneda electrónica llame como se llame, la que predomine en el mercado como medio de pago. Este es el caso del dinero electrónico bajo la iniciativa privada y no por imposición del Banco Central del Ecuador.

Sin temor a equivocarme, existe la posibilidad de que en el Ecuador se instale un modelo monetario tradicional mixto. Esta posibilidad acabaría con la dolarización en el país. Recordemos que siempre hay la eventualidad de que los presidentes latinoamericanos busquen la unificación de la política monetaria en la región con miras a la conformación de la moneda latinoamericana. Para lograrlo, los presidentes latinoamericanos tendrán que estar de acuerdo en temas de políticas económicas, sociales, en búsqueda de la integración comercial y de servicios de las naciones latinoamericanas, si quieren imitar el modelo de integración de la Unión Europea, que consiste en unificar la política monetaria, cambiaria, comercial y migratoria entre las naciones para así elevar el estándar de vida de los ciudadanos de las naciones socias. En otras palabras, se tendría que crear una nueva moneda latinoamericana para que sirva como moneda de transacciones comerciales en la región lo que significa que el dólar norteamericano dejaría de ser la moneda oficial del Ecuador. Muy improbable por falta de decisión política y diferenciación en pensamientos ideológicos entre los líderes de las naciones, pues llevamos más de 50 años con el mismo tema en agenda y nunca hubo una aproximación en la política monetaria.

## ¿Qué pasa Ecuador?

La pregunta está planteada: ¿cómo se impone una moneda en contra de la voluntad de un pueblo? Si bien es cierto que reiteradamente se nos ha dicho que no se va a cambiar la dolarización en el país, el presidente Correa nunca perdió la oportunidad para atacar ese sistema monetario reiteradamente; cada vez que Correa ventila un discurso en el exterior cuestiona la dolarización o en su efecto, su sucesor, Lenin Moreno, en campaña poco antes de ser electo dijo que aspiraba que el Ecuador tenga moneda propia.[110]

A mi manera de ver, existen tres formas de acabar con la dolarización: la primera, incautando los fondos de las cuentas de ahorro y corrientes de los ciudadanos del sistema financiero nacional para ser reemplazado por una nueva moneda que sería emitida por el Banco Central del Ecuador. La segunda, el Banco Central del Ecuador emite una nueva moneda para uso exclusivo de la burocracia o gobierno central para el pago de las planillas del estado ecuatoriano. Y la tercera, las autoridades permiten el ingreso de una nueva moneda nacional o común regional /latinoamericana para el uso del gobierno central y con la finalidad de que poco a poco se vaya secando la circulación de los dólares en el mercado.

En la primera alternativa, está claro que la constitución actual no permitiría el congelamiento de los depósitos[111], requisito indispensable para el cambio oficial de moneda, principalmente cuando el hecho se produciría en contra de la voluntad de los ecuatorianos, ya que sería casi imposible que los depositantes del sistema financiero nacional no retiren el dinero ante

---

[110] La República, "Lenin Moreno menciona la posibilidad de tener moneda propia".
[111] Al final del art. 308 de la Constitución del Ecuador dice: "... Se prohíbe el congelamiento o la retención arbitraria o generalizada de los fondos o depósitos en las instituciones financieras públicas o privadas".

la anunciada creación de una nueva moneda, creándose el caos por los retiros anticipados de los clientes de los bancos. Como es de imaginarse esta alternativa, inconstitucional, atraería una nueva crisis financiera en el país.

La segunda alternativa, no tan descabellada, pudiera ser que el Banco Central del Ecuador, ahora mandado por el poder ejecutivo bajo la nueva constitución, emita una nueva moneda que serviría inicialmente para los pagos del gobierno central y así introducir en el país el uso oficial de dos monedas; esto es, una moneda para las transacciones privadas que es el dólar y otra para las transacciones públicas que sería la nueva moneda emitida por el Banco Central del Ecuador (BCE)[112]. Podrán imaginarse lo que esto significa, en un país donde existen problemas económicos y de seguridad jurídica para generar nuevos negocios a través del sector privado, la falta de ingresos petroleros por caída internacional del precio del barril, haría que el gobierno central por intermedio del BCE comience a imprimir dinero sin respaldo para sus gastos y proyectos públicos. Con el tiempo la circulación de la nueva moneda nacional iría secando la circulación del dólar norteamericano y casi inmediatamente se crearía un tipo de cambio paralelo que superaría el tipo de cambio oficial determinado por las autoridades monetarias.

Sería muy difícil pensar que el presidente Correa, crítico de la dolarización y creador de una tesis sobre la importancia de la moneda común en América Latina o Lenin Moreno, presidente del Ecuador (2017-2021), de la misma línea socialista, hayan desistido de la idea de acabar con el uso del dólar norteamericano en la economía ecuatoriana; por tal motivo, es importante

---

[112] Esta política monetaria estaría respaldada por el art. 303 de la Constitución aprobada en el 2008.

## ¿Qué pasa Ecuador?

observar los pasos que dan los mandatarios en América Latina con respecto a la creación de una moneda latinoamericana (alternativa tres), al parecer, por una unificación de criterios en la región. La idea de la moneda común latinoamericana o subregional hubiera sido una realidad en muy corto plazo con la creación del banco del sur que no se llegó a concretar. Los procesos de esta iniciativa fracasaron con la vacante de liderazgo, vacío que deja disponible el coronel Hugo Chávez Frías[113] y por falta de dinero, ahora que Venezuela y Ecuador entraron en crisis. Recordemos que Venezuela tiene una nueva moneda: el bolívar fuerte, moneda local, que muy bien pudiera ser adoptada por países tales como Ecuador y Bolivia, después de todo somos países bolivarianos y que mejor que el nombre de la moneda andina sea el del libertador Simón Bolívar, estarían pensando los detractores del dólar. A cambio por el uso del bolívar fuerte, el banco central de Venezuela pudiera reconocer señoreaje, la utilidad por la emisión de la moneda, a los bancos centrales de Bolivia y Ecuador.

Una vez introducida la nueva moneda, el sector privado va siempre a procurar el uso del dólar norteamericano, pero con el tiempo escasearía esta moneda porque la tendencia para el que recibe dólares sería la de atesorarlo frente a la nueva moneda que también circula, generando un tipo de cambio disparejo. Como conclusión, encontraríamos que la nueva moneda; moneda que por falta de trayectoria sería considerada como la moneda mala, iría secando la circulación del dólar en el mercado porque los propietarios de las cuentas bancarias, que ya

---

[113] Wikipedia, "Hugo Chávez".

no confían en la economía, sacarían los dólares del sistema financiero nacional[114]. Necesariamente, esto no significa que pudiera provocar una nueva crisis bancaria ya que la emisión de la nueva moneda sería de tal cantidad que cubriría la falta de dólares en el mercado.

Un ejemplo práctico de que la moneda mala reemplaza la moneda dura, en este caso el dólar norteamericano, se dio al inicio de la dolarización; era de observar nuestro comportamiento cada vez que teníamos que pagar algo con monedas o sencillo que cargamos en los bolsillos. Obsérvese que, para el pago con monedas metálicas, si tenemos que elegir entre una moneda local y una norteamericana tengan la seguridad que elegíamos pagar con la moneda local y guardábamos lo que más podamos las fracciones del dólar. No sé cuál sea su comportamiento, pero habrá algunas personas que inconscientemente todavía lo hacemos.

La conclusión final de lo narrado es más gasto público, emisión inorgánica, fuga de capitales y estancamiento económico. Todo esto genera una inflación que empobrece aún más a los ecuatorianos y como consecuencia el no pago de la deuda externa pudiera ser una alternativa del gobierno central para poder cumplir con el inmenso gasto corriente que las autoridades han generado con promesas demagógicas como la creación de nuevos bonos y subsidios para grupos "empobrecidos " o privilegiados en desmedro del resto de los habitantes.

Por supuesto, al crearse una nueva moneda para la circulación se crea el tipo de cambio comparativo con el dólar. Dicho

---

[114] Lo expuesto está basado en una teoría económica creada por el financista inglés Thomas Gresham donde explica que, dentro de un mismo mercado, la moneda de menor valor reemplaza en las transacciones a la moneda de mayor valor porque el público empieza a atesorarla para una eventualidad futura. Wikipedia, "Gresham's law".

tipo de cambio pasa a ser un referente del comportamiento del ciudadano. Al depreciarse la nueva moneda frente al dólar, por el rechazo que genera al temor de perder los dólares, viene paralelamente los retiros masivos de los depósitos del sistema financiero nacional, creando una nueva crisis financiera generalizada, con la salvedad de que el fondo de liquidez de los bancos manejado por el BCE[115], no sabríamos si cubre los requerimientos del público por sus dólares, por lo que el BCE terminaría despachando a los bancos la nueva moneda introducida por el gobierno.

Ante lo ocurrido, el único con poder enfrentar los retiros masivos de los bancos sería el Estado, el mismo que tuviera que cubrir la totalidad de los dineros demandados con emisión de la nueva moneda. Y como el problema es sistémico que mejor para un gobierno de izquierda como el actual para declarar la nacionalización de la banca y el fin de la dolarización.

Por supuesto no olvidemos que una vez más los culpables serían los "banqueros, pelucones y aniñados" que se llevaron los dólares, justificándose el accionar del gobierno.

## LA NACIONALIZACIÓN DE LA BANCA EN EL ECUADOR

En los últimos años la banca ha sido motivo de todo tipo críticas con respecto donde deberían tener la reserva de los depositantes. Muchas veces fueron acusados de tener grandes cantidades de dinero en la banca norteamericana o panameña. A consecuencia de lo mencionado el gobierno ha estado siem-

---

[115] Ecuador Inmediato. "Banco Central administrará Fondo de Liquidez para convertirlo en prestamista de última instancia".

pre dispuesto a tomar medidas para precautelar que los ahorros se queden en el Ecuador y sirvan para los fines de desarrollo que ellos proponen.

Del pesimismo que teníamos los ecuatorianos sobre el desenvolvimiento de la economía en nuestro país, estamos pasando a una posible materialización de nuestros temores; esto
es, que retiros del sistema financiero son reales, motivos por el
cuál la banca se reunió con el presidente Correa, previo al feriado de fin de 2015, a manera de convencer en criterios con
respecto a la caída del precio internacional del barril de petróleo.

A pesar de que fue una reunión a puertas cerradas se ve un
enfrentamiento claro, no de ahora, del presidente Correa contra la banca a través de sus críticas por las altas tasas de interés,
por haberse beneficiado de la deuda externa en el pasado, por
tener depositado los dineros en el exterior en desmedro del
desarrollo del país, etc. Es decir, sin entendimiento completo
de cómo debería funcionar el sistema financiero nacional en
una economía dolarizada, el presidente Correa ataca a la banca
para coquetear más con la izquierda e incrementar su popularidad. La banca siempre ha tenido la de perder en un enfrentamiento con el Estado, no por la maquinaria publicitaria que os-
tenta el gobierno, sino por los propios pecados de los banqueros que han permitido que los políticos los agredan por toda
una década. Han sido incapaces de defenderse o proteger a los
de su clase. Agravado por el hecho de que han fracasado en la
democratización del crédito en esferas populares, ya que el ar-
tesano sigue viviendo, en su gran mayoría, del crédito al
"chulco": altas tasas de interés. No toda la culpa es del banquero, los bancos no generan crisis económicas y tratar de demostrar que los banqueros ecuatorianos no fueron los culpables de la crisis económica del 99 es sencillo, pero tratar de

cambiar la imagen de ellos después de tantos años de silencio, al no defenderse como gremio, es demasiado tarde.

El presidente Correa lo tiene bien calculado. El primer paso para la nacionalización de la banca ya se dio. El artículo 308 de la constitución del Estado es muy claro: *"Las actividades financieras son un servicio de orden público, y podrán ejercerse, previa autorización del Estado, de acuerdo con la ley; tendrán la finalidad fundamental de preservar los depósitos y atender los requerimientos de financiamiento para la consecución de los objetivos de desarrollo del país."*[116]

Tal y cual está descrito en la constitución ecuatoriana ya hay motivos para que el Estado intervenga en el sistema financiero nacional debido a la restricción del crédito, por circunstancias económicas de la actualidad interna y externa; sin embargo, el gobierno lo toma como un boicot a su labor económica de desarrollo, recordemos que el presidente prefiere reunirse con los pescadores artesanales que algunos banqueros que le caen mal; así lo mencionó en su charla del día sábado 21 de febrero de 2009.

El enfrentamiento entre el Estado y la banca ha sido una constante, similar a lo vivido en México durante el gobierno de José López Portillo, donde dicho gobierno culpó de los retiros monetarios, depreciación de la moneda y hasta de la inflación, a los banqueros.

A pesar de que el presidente López Portillo tenía como asesor de economía a José Andrés de Oteyza[117], economista graduado en Cambridge, fue parte de la decisión de la nacionalización de la banca en México[118], el primero de septiembre de

---

[116] Asamblea Constituyente. "Constitución del Ecuador".
[117] Wikipedia. "José Andrés de Oteyza".
[118] Wikipedia. "Nacionalización de la banca en México".

1982, pocos meses antes de dejar el poder el presidente López Portillo. Dos años después de la medida, entablé amistad con el embajador Oteyza, el mismo que había sido "castigado" políticamente por el gobierno del presidente De La Madrid, al ser enviado de embajador a Canadá, durante el tiempo de mis estudios de maestría en la ciudad de Ottawa. En aquel momento hablamos mucho sobre la medida de la nacionalización de la banca que tomaron y las razones económicas que los motivaron; sin embargo, la reflexión final de José Andrés fue: "...o eran ellos o éramos nosotros", refiriéndose a los banqueros. Caprichos de la vanidad política que afectan a los pueblos, diría yo, porque es difícil pensar que un economista con conocimiento liberal en las ciencias económicas haya apoyado la nacionalización de la banca mexicana.

Cabe preguntarse, ¿Estarán pensando lo mismo los de la revolución ciudadana como pensaba el entorno del presidente López Portillo? Es la revolución ciudadana o son los banqueros que no nos ayudan en nuestros planes de desarrollo, diría más de un revolucionario.

A mi parecer el tema va más allá. La posible nacionalización de la banca tendrá que ver más con la actitud dogmática de los socialistas del Siglo XXI en imponer su teoría en contra de la dolarización frente a si la banca boicotea o no al gobierno.

Me explico, para los socialistas la dolarización frena el gasto público, claro está después que se feriaron todo el dinero de las reservas petroleras. Para los socialistas de Siglo XXI es indispensable introducir otra moneda en Ecuador, con las consecuencias que esto conlleva, buscando terminar con la dolarización en el país. Motivando otra crisis bancaria que se resuelve con la nacionalización, ya que en el mismo artículo 308 de la Constitución del Ecuador dice:

**¿Qué pasa Ecuador?**

*"...Se prohíbe el congelamiento o la retención arbitraria o generalizada de los fondos o depósitos en las instituciones financieras públicas o privadas."*
Dejando abierta las puertas para aportaciones monetarias (una moneda que no es el dólar) del Estado, por retiros masivos de los depositantes, a cambio de las acciones de los banqueros. Por supuesto, los accionistas de los bancos, una vez más perderían su patrimonio por una crisis que ellos no provocaron.

## EL FIN DE LA DOLARIZACIÓN Y LA NACIONALIZACIÓN DE LA BANCA EN CARICATURAS

La caricaturización de un posible fin de la dolarización y su efecto es para que el lector pueda orientar con este posible escenario a sus allegados, con el afán de procurar de que esta posibilidad sea descartada de plano por nuestros futuros gobernantes.

www.foroeconomico.com

El presidente anuncia la introducción de una nueva moneda en la economía nacional. El presidente no toca el dólar tal como prometió, pero la nueva moneda tiene un nombre. Esta nueva moneda, para efecto de concluir la historia, se llama SUCRE y tiene un valor de 1:1. Es decir, un dólar igual a un sucre.

Los funcionarios públicos, fuerzas armadas, contratistas y proveedores del estado por sus servicios empiezan a recibir la nueva moneda sucre por sus pagos.[119]

El nuevo sucre comienza a circular porque el gobierno paga sus planillas y sueldos con la nueva moneda. Siguiendo la conversación hipotética de doña Pepita, ciudadana común, con don Segundo, dueño de la tienda, nótese que el tendero no quiere aceptar vender sus productos en sucres a menos que le paguen más que el precio original en dólares. Este hecho de desconfianza a la nueva moneda es real por más que el gobierno diga que su valor es equivalente de 1 a 1. El tendero está en su derecho en exigir el dólar como moneda a cambio de sus productos para la venta; sin embargo, se abre la posibilidad de que el mismo tendero recapacite aceptando el sucre como medio de pago, pero a un valor mayor ya que sus impuestos y los servicios públicos pudieran ser pagados en sucres.

La actitud del tendero es generalizada por todos los comerciantes del país. Igualmente, supongamos que en la costa se

---

[119] En la actualidad, ese proceso de pago a los funcionarios públicos pudiera comenzar con el uso obligado del dinero electrónico. Para ello, el BCE tuviera que obligar a los bancos a aceptarlo.

**¿Qué pasa Ecuador?**

viene la temporada de calor y un ciudadano requiere de un ventilador para recibir aire fresco dentro de su casa. El mencionado ciudadano se acerca a un establecimiento comercial a comprar el ventilador que tiene una etiqueta de $100, el dependiente del almacén tiene la instrucción de vender los productos en dólares, pero el comprador solo posee nuevos sucres para su transacción. Por supuesto, el ciudadano reclama al empleado porque no se lo vende en nuevos sucres y pide hablar con el dueño. El dueño reafirma las instrucciones del empleado de que el precio es en dólares. Allí es cuando actúan las fuerzas del mercado; por un lado, el ciudadano que quiere comprar el ventilador como dé lugar, ya recorrió varios establecimientos y esta es su última oportunidad que tiene antes de regresar a casa con el ventilador ya que se está haciendo tarde y, por otro lado, el vendedor que importa su mercadería y paga en dólares al exterior. Entre el deseo del ciudadano de comprar el ventilador para combatir el calor y el dueño del almacén que quiere realizar la venta llegan a un acuerdo de que se pague el artefacto en 120 nuevos sucres en lugar del precio establecido de 100 dólares. En ese momento, el nuevo sucre se depreció en 20% porque la relación no oficial es de $1 a S/.1,20; lo que significa que involuntariamente el mercado se reguló solo con un tipo de cambio no oficial.

A estas alturas de la historia, Jacinto esposo de doña Pepita se preocupa porque su sueldo en sucres se deprecia frente al dólar y acude al banco a retirar sus pocos ahorros. Lo mismo hacen el resto ciudadanos. El BCE utilizó el fondo de liquidez con préstamos de emergencia para que los bancos puedan asistir los retiros; lamentablemente, el BCE no puede atender a los bancos con suficientes dólares ante semejantes cantidad de retiros; sin embargo, pudiera dar los nuevos sucres para tranquilar a los propietarios de las cuentas bancarias cumpliendo con la demanda de retiros de dinero a cambio de las acciones de los bancos en prenda. Es decir, el banquero entrega sus acciones en garantía al gobierno por los sucres que entrega en ventanilla; con este hecho se crea un shock de confianza en la economía que no atina a recuperarse y por ende se acentúa una crisis generalizada donde los banqueros no recuperan sus préstamos a tiempo para devolver los nuevos sucres facilitados por el gobierno; en conclusión, los bancos terminan en manos estatales. Con lo narrado, se daría doble efecto, el fin de la dolarización y la nacionalización de la banca en el Ecuador.

# LA POLÍTICA ES NECESARIA PARA EL SERVICIO CIUDADANO, HAGÁMOSLA HONORABLE

*"Una injusticia hecha al individuo es una amenaza hecha a toda la sociedad".*

Montesquieu (1689 – 1755)

Cuando se escribe o habla de corrupción, los que pretendemos llegar con el mensaje educativo e informativo sobre posibles actos de corrupción, debemos ser muy cuidadosos antes de acusar por dos razones: una, la prensa no siempre recoge o comprueba lo denunciado y dos, un titular sobre posible acto de corrupción daña la imagen del país en el exterior. Esto sin mencionar que la gran mayoría de medios de comunicación no se toman la molestia de corregir cuando se equivocan o no aclaran cuando el denunciado resultó inocente.

En un país con fallas institucionales abismales como es el caso de Ecuador, donde muy poco se confía en la justicia, las fuerzas del orden, o el propio consejo electoral[120], es entendible la participación de la población en el quehacer político y es muy loable que existan ciudadanos que quieran participar en la política. Si los medios de comunicación no son cuidadosos con las denuncias de corrupción, estarían acabando con la sociedad con cada acusación sin pruebas que cometamos; esto desalienta al ciudadano para no participar en política, terminando, como es de esperarse, con las peores opciones a la hora de seleccionar a los candidatos. Equivocadamente terminamos eli-

---

[120] En el día de las elecciones, Ecuador debe ser uno de los pocos países del mundo, donde los partidos políticos deben separar grandes cantidades de dinero para control electoral por desconfianza a sus autoridades.

giendo a presidentes populistas, carismáticos apoyados por seguidores de la clase baja, que llegan con promesas demagógicas, gobiernan con base de la emotividad del pueblo -percibido con encuestas-, forma de gobernar no muy inteligente porque la gente, por su desconocimiento, puede cambiar de opinión en muy corto plazo, aunque el cinismo del populista se adapta a las circunstancias cuando las encuestas lo desfavorecen. Un populista con dinero y con poder de las instituciones del Estado dura mucho tiempo en el poder, tenemos los ejemplos latinoamericanos del presidente Hugo Chávez Frías de Venezuela (14 años), Evo Morales Ayma de Bolivia (lleva 11 años en el poder), Daniel Ortega Saavedra de Nicaragua (11 años en la primera etapa de 1979-1990 y 10 años desde el 2007 al 2017) y Rafael Correa Delgado de Ecuador con 10 años en el poder. Los cuatro presidentes mencionados se declararon socialistas del Siglo XXI. Los cuatro presidentes realizaron cambios constitucionales para acumular los poderes ejecutivo, legislativo y judicial a conveniencia para perpetuarse en el poder, condicionando toda actividad social y económica a controles del gobierno.

En el caso del Ecuador, los cambios constitucionales llevaron a la asamblea a la creación de nuevas leyes de control que atentaron a la libertad económica, tal como la Ley Orgánica de Regulación y Control de Poder de Mercado[121], donde se atenta contra la ley natural de oferta y demanda. El fracaso del gobernante populista deja a los ciudadanos desmoralizados y necesitados por los constantes desaciertos económicos y reiterados

---

[121] Los considerandos de esta ley son tan amplios que cualquier funcionario público al mando de la Superintendencia del Control del Mercado puede sancionar o corregir discrecionalmente la actividad económica por garantizar el "buen vivir" de los ciudadanos.

cambios de posición al no enfrentar temas económicos urgentes que conllevan grandes subsidiados que el estado ya no pudiera afrontar en momentos crisis.

El populismo sólo sirve para llegar no para gobernar. Desde el hogar hasta en la función pública, la responsabilidad viene con el ejemplo. El populista es electo con la adrenalina del pueblo, no con su razonamiento. El populista con el poder se marea y no escucha criterios bien intencionados de fuera de su círculo. Sus asesores no se atreven a cuestionarlo, por eso el populista elige como sus colaboradores a jóvenes profesionales obedientes y sin criterios formados a falta de experiencia. Un colaborador que cuestione mucho las decisiones presidenciales es colaborador que no dura en el cargo.

Un populista enfrenta las clases sociales. El de derecha señala a los pensadores de izquierdas como vagos de cafetería donde traman mil y una revoluciones. El de izquierda enfrenta clases populares dividiéndolas en dos: ricos y pobres. A los ricos los define como millonarios, los mismos que representan alrededor del 1% de la población[122], como los culpables de todos los fracasos del gobierno. Los pobres y clase media somos el resto de la población resentidos por los "golpes" que nos dan los ricos, a criterio del gobernante populista. Con esa actitud se logra unificar las masas: clase media y pobre con fines electorales en contra de la clase burguesa no identificada pero constantemente mencionada. Cuando las encuestas no le favorecen, se rebusca nuevos motivos contra los "ricos de siempre" para atacarlos y de esa manera reavivar la llama del odio. Ejemplo, existía un falso criterio en el país de que el progreso urbanístico de Guayaquil había sido con el dinero de todos los

---

[122] BBC, Mundo, "El 1% más rico del planeta "ya tiene tanto como el otro 99%", asegura Oxfam".

ecuatorianos y no por eficiencia de las administraciones municipales desde el periodo del alcalde, Ing. León Febres-Cordero Ribadeneyra hasta el actual alcalde, Abg. Jaime Nebot Saadi, hecho que ocasionaba una envidia solapada en ciudadanos de otras regiones. De esto se aprovechó el presidente Correa para tildar a los guayaquileños con el apelativo de "pelucones"[123] por ser Guayaquil la ciudad que menos le favorece en las encuestas. Correa con cada ataque a Guayaquil (pelucones) mejoraba en las encuestas por ese criterio inconsciente que se tenía en el resto del país de que el éxito de Guayaquil fue en desmedro de sus intereses.

Un populista tapa los errores de su gobernabilidad con "teorías de conspiración" armadas, según su criterio, por fuerzas externas. Oportunidad para unificar al país en contra del enemigo común que atentó la "soberanía" del país. Ejemplo, fue notorio que el ataque armado colombiano a Angostura (marzo 2008), territorio ecuatoriano fronterizo con Colombia, tuvo un solo objetivo que era acabar el terrorismo y el narcotráfico; jamás el vecino país tuvo la intención de ofender al Ecuador con la violación de su territorio. La violencia en sus gestos, firmeza en las palabras y miradas matadoras del presidente Correa hacia el presidente Álvaro Uribe, tenía una finalidad muy marcada que era evitar que el mundo se entere del financiamiento de las Fuerzas Armadas Revolucionarias de Colombia (FARC) a la campaña electoral de Rafael Correa Delgado, tal como se lo menciona en la grabación de un video de Victor

---

[123] El término pelucón es despectivo. Quien use el término trata de demostrar que sólo la aristocracia tiene el poder económico para adquirir una peluca por ende tienen privilegios económicos.

## ¿Qué pasa Ecuador?

Julio Suárez Rojas, alias Jorge Briceño o "Mono Jojoy", comandante del bloque oriental de las FARC. El gobierno colombiano pidió a la fiscalía de dicho país, el inicio de los procesos judiciales relacionados a los archivos y videos rescatados de las computadoras de Raúl Reyes, comandante de la FARC, en operación Fenix en Angostura, Ecuador.[124] En el Ecuador no pasó nada. En ese momento, para nuestro presidente el gran enemigo externo fue Colombia, no el peor peligro que tiene la humanidad: terrorismo y narcotráfico.

Un populista se llena de vanidad personal contrario al comportamiento de un estadista que sabe que su labor es pasajera y que su misión es el bien común. La humildad no es virtud de un populista. El poder es peligroso en las manos inadecuadas. Alguna vez un amigo me dijo: "el poder es afrodisiaco", dando a entender que hasta al feo lo ven guapo y al inteligente: ¡inteligentísimo!

El doctor José María Velasco Ibarra fue electo presidente en cinco ocasiones haciéndolo una figura populista honesto de la política ecuatoriana. El velasquismo como partido político murió con él. Doña Corina Parral de Velasco Ibarra fallece al resbalarse tratando de embarcarse en un autobús en la ciudad de Buenos Aires, Argentina. Esta tragedia ocasionó que el doctor Velasco Ibarra tome la decisión de venir al Ecuador a meditar y a morir. Antes de ese hecho muy pocos sabían que la pareja Velasco-Parrales vivían en un apartamentito alquilado en la calle Bulnes 2009 segundo piso ascensor. Ascensor antiguo de tijeras, el mismo que si no cierras adecuadamente sus puertas, se queda estancado en el último piso donde fue usado por última vez y que no siempre funcionaba a cabalidad. Las pocas

---

[124] Wikipedia, "Computadoras de Raúl Reyes".

veces que la pareja salía de su apartamento era para transportarse en bus o subterráneo[125]. Vivieron sus últimos años engañados, de buena fe, por los amigos que le hacían creer que la pensión como ex mandatario había incrementado, cuando la realidad era que la renta no alcanzaba ni para mantener la modesta vivienda. Que la juventud sepa, Velasco Ibarra no vivió en Buenos Aires por elección, sino por destierro de la dictadura que lo sucedió en el poder hasta que la muerte de su mujer lo trajo de regreso. El doctor Velasco Ibarra no dejó bien material alguno, pero un vasto pensamiento político que lo catapultó cinco veces a la presidencia y sus obras realizadas como gobernante son: la red vial del Ecuador, hospitales, puentes, canales de riego, infraestructura escolar, campos de aviación, etc. De doña Corina Parral heredamos el gusto de haber conocido a una extraordinaria mujer que supo captar lo mejor de cada persona que conoció, dejando una colección de poemas sobre sus allegados que fueron publicados después de su muerte.

Al día de hoy, la pensión de un expresidente de la república bordea los $5.000; esto representa el 75% del sueldo del presidente en función, lo que significa que un mandatario no tendría dificultad económica alguna al dejar su puesto, a parte que presumimos que los anteriores mandatarios no se enriquecieron. Queda pendiente como investigación a los exmandatarios, desde la fundación de la republica hasta la fecha, el destino económico que tuvieron sus familias. En todo caso, que Velasco Ibarra sirva de ejemplo para todos los políticos de futuras generaciones. El doctor José María Velasco Ibarra con sus virtudes y defectos fue una excepción de gobernante populista.

---

[125] Subterráneo o Sute se le dice al transporte de tren bajo tierra de la ciudad de Buenos Aires.

### ¿Qué pasa Ecuador?

¿Por qué tiene que ser tan importante un servidor público? Porque la corrupción viene con el excesivo poder. En su momento, jamás entendí por qué ciertos conocidos me felicitaban por el hecho de que el doctor Juan Carlos Faidutti Estrada, mi padre, había sido nombrado contralor como si este suceso beneficiaba a la familia. De los sietes hermanos, por parte de padre, sin temor a equivocarme, cuatro de ellos no conocieron el despacho del contralor hasta el día que lo acompañamos a una audiencia judicial. Los otros tres apenas visitamos a nuestro padre en su despacho durante nuestro paso fugaz por Quito por los concebidos trámites burocráticos de la capital.

Nuestra amarga experiencia, fue haber estado en una audiencia judicial donde el contralor tenía que declarar en el caso que se seguía en contra del ex vicepresidente Alberto Dahik Garzozi, por un supuesto mal manejo de fondos reservados. En el momento de la audiencia, un individuo se sentó atrás de los hermanos Faidutti Navarrete con la intención de provocar un altercado para justificar alguna revuelta que manche la imagen del contralor y la de sus acompañantes. En el receso de la audiencia tomé la iniciativa de reclamar en voz baja al provocador, hecho que aprovechó para vociferar en forma regionalista: "monos h... de p..."; reaccione inapropiadamente con un golpe que motivo su caída al piso y la movilización de la policía a detenernos. Gracias a Dios no paso a mayores. Jorge Herdoiza Cattani, asesor del contralor y gran amigo de la familia, que conocía al provocador, indagó y preguntó por su actitud; el individuo se justificó diciendo que su accionar fue porque pensó que éramos guardaespaldas traídos por el contralor desde Guayaquil. Fin del altercado.

A pesar de los sin sabores que pueda representar el hecho de que nuestro padre haya sido contralor de la nación y embajador por varias ocasiones, nuestra familia camina con la frente en alto. Pienso que el servicio público es una profesión noble siempre y cuando cumpla con la asignación limitada por la división de poderes descrita en la constitución. Un funcionario público, sin importar el rango, no tiene por qué disfrutar de más derechos que un ciudadano cualquiera. Esto implica que el poder debe estar siempre en el ciudadano a través del voto. El voto es meditado a la hora de sufragar; decidido con anterioridad al escrutinio, si el ciudadano posee la información sobre la actuación y el rendimiento de cuentas de los servidores públicos salientes que pretenden reelegirse.

En esta era de la tecnología y del internet, las cuentas públicas deben estar al alcance del ciudadano todos los días, con información diáfana al alcance del que la requiera. Por un lado, de la función pública, el político con transparencia en sus actos y con información de su gestión a disponibilidad de los electores haría una labor eficiente en el uso del poder. El ciudadano elegido por votación cuidaría su gestión, so pena de no ser reelegido o demandado por sus actos. Por otro lado, el funcionario público asignado por el poder ejecutivo que es observado transparentemente su gestión tendría la presión de los medios de comunicación con la opinión ciudadana en cada uno de sus pasos. En la eventualidad que tenga una mala gestión el funcionario público, el pueblo a través de los medios demandaría su relevo inmediato y con la posibilidad de ser enjuiciado.

## LOBBYING O TRÁFICO DE INFLUENCIAS

El tema es confuso. Se llama lobbying cuando está regulado. Cuando no está regulado lo llaman tráfico de influencias. El lobbying regulado da privilegios a los lobistas siendo el acto una consagración de la clase política privilegiada.[126] Pregunto, ¿por qué es éticamente correcto que una empresa de abogados de la capital tenga acceso a un ministro e ilegal la llegada directa del amigo del ministro? Ese acto lo llamo: ¡hipocresía! El primero, la firma de abogados, ganaría por su gestión al contactar al ministro para beneficiar a su cliente y el segundo, el amigo, no necesariamente se beneficia económicamente con el contacto a la autoridad, a menos que se lo hayan propuesto.

Toda influencia tiene su explicación económica o social para el interesado y su beneficio monetario para los intermediarios. Su propósito: en unas ocasiones, lograr que leyes y actos gubernamentales beneficien intereses de grupos de poder en desmedro del bien común; en otras ocasiones, el simple hecho de poder llegar con criterio lógico y con un punto de vista distinto a las autoridades para poder modificar el borrador de una ley en trámite. Lo descrito pasa muy frecuentemente en un país donde se quiere regular todo a través de nuevas leyes. Ese todo puede destruir una actividad económica si no se informa a tiempo de los posibles daños, a las autoridades involucradas en cada cambio de leyes o regulaciones.

Ejemplo, supongamos que a un grupo de legisladores se les ocurrió pasar una ley que regule la exportación de camarón, porque consideran que el camarón escasea en el mercado local a precios muy altos. En esta suposición tan absurda, como todo lo que se les ocurre a los legisladores del tercer mundo, los legisladores proponentes aspiran que la nueva ley favorezca al consumidor nacional logrando abundancia de oferta de camarón a precios más bajos; para ello, los legisladores proponen

---

[126] Lobbying, termino anglo sajón utilizado en otros idiomas, es el acto de influenciar sobre las autoridades gubernamentales, municipales, provinciales, congresales, etc. para beneficio social o económico de los interesados.

cuotas limitando el monto de exportación del camarón y una tasa para desalentar las exportaciones. Con tamaña ilógica propuesta que arranca en un borrador, se movilizan de inmediato para combatir la idea: el presidente de la Cámara Nacional de Acuacultura, compañías exportadoras de camarón, Federación Ecuatoriana de Exportadores, cámaras de comercio e industrias, empresarios camaroneros, etc., con la finalidad de explicar que una ley de esa magnitud perjudicaría a la industria de la exportación al encarecerse el producto en sus costos frente a otros competidores externos no regulados, que ofertan a precios más bajos; además de la realidad de que se pierde parte de la participación del mercado internacional, porque no se atiende la demanda requerida en el momento solicitado por los compradores internacionales.

Otro ejemplo, el ciudadano de condiciones económicas escasas, necesita el servicio eléctrico, el mismo que puede ser sostenible por sus ingresos, más no la tarifa de recolección de basura, impuestos, tasas de bomberos, etc. Este hecho de cargar un cobro o varios cobros adicionales por otros servicios a las planillas eléctricas son decisiones municipales no convenientes para los intereses de las empresas distribuidoras de energía ya que el hecho incrementa el valor de la planilla e incentiva el robo de energía a través de la informalidad. Informalidad por parte del ciudadano que la aplica para evadir uno o todos los servicios facturados en la misma planilla. En este caso, los lobistas de las empresas de distribución de energía gestionan evitar que las autoridades municipales recarguen rubros de cobro ajenos a la naturaleza del negocio. Adicionalmente, la ciudad debe hacerse responsable del robo de energía o pérdidas negras[127] porque la generadora de energía cobra hasta el último kilovatio despachado a las empresas distribuidoras de energía. La labor del lobista es lograr un cruce de cuentas de las empresas eléctricas de distribución con el estado por cada exoneración de consumo energía promovida por leyes que favorezcan alguna actividad que requiera este servicio básico.

De igual manera, puede darse el caso de que los lobistas promuevan leyes de incentivos que beneficien una actividad comunitaria, como pudiera ser una nueva ley de deportes o exoneraciones de impuestos, para las fundaciones o voluntariado. Todo esto ocurre cuando el funcionario público se hace inalcanzable por sus ocupaciones y/o desconocen el medio para el cual están sirviendo.

En la actualidad, un lobista puede ser el amigo del íntimo amigo del ministro o funcionario público y viceversa. Hecho que no satanizo. Si el funcionario es capaz y se rige con la aplicación de normas de respeto al ciudadano bajo leyes liberales que promuevan la competencia, se acaba de inmediato el clientelismo con el estado. En ese momento el tráfico de influencias pasa a ser irrelevante.

### LA CORRUPCIÓN PARTE DESDE LA BUROCRACIA

La vigilancia a los procesos y la transparencia de la función pública garantiza su buen funcionamiento. Nadie daña su buen nombre y apellido si sabe que está siendo supervisado por la

---

[127] No necesariamente el municipio es el responsable de las pérdidas negras, el Estado en su conjunto debe garantizar la seguridad de los ciudadanos y de sus negocios. Si el robo de energía es penado, la autoridad debe combatirlo y el distribuidor de la misma debe denunciar al infractor.

ciudadanía que tiene la información a su alcance. "En arca abierta, el justo peca" es un refrán que aplica perfectamente en la función pública.

En las empresas públicas existe la sensación de que todo es de todos y nada es de nadie; es decir, los recursos no están prolijamente cuidados porque no hay presión por resultados inmediatos como habría en el sector privado. La función pública se rige por el presupuesto y no por los resultados económicos que cuidadosamente vigila el empresario, so pena de desaparecer.

Los ministerios proveen decretos que regulan la ley. Si la ley está diseñada para controlar la actividad del sector privado, mayor es el presupuesto burocrático necesario para hacer cumplir la ley. Con esa lógica, al crecer el sector privado, mayor cantidad de burocracia es utilizada para controlar lo que la ley exige, al no ser flexible la contratación pública. El decrecimiento del sector privado no necesariamente reduce en la misma proporción la contratación pública. Con el tiempo, se crea un exceso de burocracia inoperante que recibe el sueldo mensualmente sin hacer nada y no se lo gana como lo hacen los trabajadores en la empresa privada.

Desde que se crearon los controles públicos a la actividad económica privada existe la posibilidad de que haya corrupción. La corrupción es tan antigua como la civilización egipcia donde un funcionario del Faraón Ramsés IX se había aliado con una banda de profanadores de tumbas, siendo de conocimiento público las grandes riquezas con las que se enterraban a los faraones, de igual manera, se encontraron rastros de corrupción en la civilizaciones griegas y romanas. En el siglo XIX la corrupción no estaba totalmente definida ya que el servicio público se mezclaba con la actividad privada del servidor, existiendo nepotismo por el hecho de que el servicio público era atribuido a una familia, parecido a la actividad de los publicanos mencionados en la Biblia[128].

Con la definición de nuevas leyes se va dando la separación del servicio público del sector privado. Hágase cuenta de que antes del siglo XIX, el servicio público estaba concesionado a una familia que lucraba por la prestación de dicho servicio. En la era actual, la concesión de un servicio público se puede otorgar de igual manera al sector privado que equivaldría a lo que en esa época se consideraba como la familia dueña de proveer el servicio público asignado por la monarquía o dictador de turno, con la gran diferencia que una concesión en la actualidad conlleva un concurso de merecimientos, rendimiento de cuentas y pago al estado. Si estos tres requisitos no se cumplen hemos retrocedido a épocas de la colonia donde la monarquía al conceder a dedo un servicio público a los *defensores feudales* (nobleza) forman una clase dirigente de privilegiados.[129]

Cualquier alianza pública privada que no registra concurso de merecimiento es parte de un hecho de corrupción. Me explico, la concesión de un servicio público como carreteros, centrales de generación, puestos marítimos, aeropuertos, centros de salud, etc. sin concurso de ofertas, deja dudas sobre la trasparencia y veracidad sobre el justo precio de lo entregado. Igualmente, la propuesta de inversión sobre un servicio público debe ser otorgado bajo concurso abierto en una licitación internacional.

La corrupción dificulta la atracción de capitales a los países. En el Ecuador se dan fallas institucionales y conflicto de intereses, donde el gobierno arremete contra la empresa privada con

---

[128] Los publicanos no eran muy queridos porque hacían la labor de recaudar los impuestos para los romanos, ese acto burocrático le daba privilegios y dinero a sus familias.

[129] Wikipedia, "Instituciones españolas del Antiguo Régimen".

intervenciones impositivas o interfiere en actividades que tradicionalmente han estado manejadas por la empresa privada o en su efecto pueden ser operadas por el sector privado.

Cualquiera que haya sido el motivo de la intervención del estado sobre incautaciones de empresas privadas dedicadas a la comunicación, distribución de energía[130], colegios, clínicas, etc., crea un mal precedente si estas empresas intervenidas, en el corto plazo, no retornan al sector privado. Una intromisión del Estado en la actividad empresarial es un mal mensaje para los inversionistas nacionales y extranjeros.

## CORRUPCIÓN VERSUS INVERSIÓN EXTRANJERA DIRECTA

Muy importante es combatir la corrupción para que nuestro país no sea objeto de discriminación por parte de los inversionistas extranjeros que acuden a las estadísticas y reportes de diferentes lugares antes de movilizar un solo centavo a tierras foráneas. La organización no gubernamental Transparencia Internacional realiza un índice de percepción de la corrupción a todos los países, con la finalidad de que la información llegue a los ciudadanos del mundo y exista una reacción en contra de los gobiernos corruptos. Transparencia Internacional labora un Índice Percepción de Corrupción (CPI). Para Transparencia Internacional los países menos corruptos del mundo son Dinamarca, Nueva Zelandia y Finlandia los tres con un CPI de 90.[131]

---

[130] El servicio eléctrico y su distribución se inició en el Ecuador por iniciativa privada, actualmente difícilmente encontraremos una empresa privada operando en el sector.

[131] Para conocer el nivel de corrupción de 176 países, visitar el sitio web de Transparencia Internacional.

**¿Qué pasa Ecuador?**

En el cuadro CORRUPCIÓN VS INVERSIÓN EXTRANJERA DIRECTA demuestra la importancia de combatir la corrupción. En un acumulativo de Inversión Extranjera Directa (IED) correspondiente a los años del 2012 al 2014, se registra que los países con mayor IED con relación a su PIB (nominal) del 2014 son los que menor CPI[132] cuantifica.

Panamá se ubica en primer lugar en recibir IED con relación al PIB y en segundo lugar entre los países enlistados en el cuadro en referencia. Chile es el país menos corrupto con el índice CPI de 70 y el de mejor calificación soberana de AA- en el ranking de la calificadora de deuda soberana, Standard & Poors (Está reflejado en las dos últimas columnas del cuadro en estudio). Es muy probable que el stock de la inversión de los años 2012 al 2014 provengan a los montos de inversión[133] requeridos para la construcción de un nuevo canal de paso entre los océanos Atlántico y el Pacífico, hecho que ubica primero a Panamá antes que Chile en la inversión extranjera directa con relación al PIB; esto no interfiere la analogía entre la IED y la corrupción donde queda demostrado que a menor percepción de corrupción (CPI) mayor es la inversión extranjera directa porcentual (IED/PIB).

En efecto, los países con mayor nivel de inversión y mejor calificación de riesgo, son los países con mejor CPI, siendo me-

---

132 El CPI tiene una escala de 0 a 100 donde 100 es cero corrupciones y mientras el índice más se aproxima a 0 mayor es el grado de corrupción.

133 La inversión en las nuevas esclusas del canal de Panamá fue adjudicada por $3.118 millones, a la fecha de la pre inauguración, junio 26 de 2016, el total de lo invertido es de aproximadamente $5.450 millones. Sacyr, la empresa constructora, reclama 3.500 millones de dólares de diferencia al terminarse la obra. El conflicto se dirime en los tribunales internacionales de arbitraje.

nos corruptos los países que más se acercan a 100. No obstante, es de mencionar que los dos países con mayor IED acumulada son los menos corruptos: Chile (70 de CPI) y Panamá (39 de CPI).

CORRUPCIÓN VS INVERSIÓN EXTRANJERA DIRECTA
(En Millones de Dólares - Corrientes)

| | PAÍS | INERSIÓN EXTRANJERA DIRECTA | | | | PIB | IED/PIB | (-) CORRUPTOS | | DEUDA |
|---|---|---|---|---|---|---|---|---|---|---|
| | | 2012 | 2013 | 2014 | 2012-2014 | 2014 | | CPI | PUESTO | |
| 1 | PANAMÁ | 3.297 | 5.053 | 5.214 | 13.564 | 46.213 | 29,4% | 39 | 2 | BBB |
| 2 | CHILE | 28.457 | 19.264 | 22.002 | 69.723 | 258.062 | 27,0% | 70 | 1 | AA- |
| 3 | PERÚ | 11.918 | 9.298 | 7.885 | 29.101 | 202.596 | 14,4% | 36 | 5 | BBB+ |
| 4 | COLOMBIA | 15.039 | 16.209 | 16.151 | 47.399 | 377.740 | 12,5% | 37 | 4 | BBB |
| 5 | BRASIL | 76.111 | 80.843 | 96.895 | 253.849 | 2.416.635 | 10,5% | 38 | 3 | BB |
| 6 | BOLIVIA | 1.060 | 1.750 | 73 | 2.883 | 32.996 | 8,7% | 34 | 6 | CCC |
| 7 | ARGENTINA | 15.324 | 8.917 | 6.055 | 30.296 | 537.660 | 5,6% | 32 | 7 | B- |
| 8 | VENEZUELA* | 2.199 | 6.927 | | 9.126 | 381.286 | 2,4% | 17 | 9 | B- |
| 9 | ECUADOR | 567 | 732 | 773 | 2.072 | 100.917 | 2,1% | 32 | 8 | B |
| | | | | | | | | (+) CORRUPTOS | | |

FUENTE: Corruption Perceptions Index 2015. Transparency International          Elaborado por: BFN
WORLD BANK. Ratings S&P de deuda soberana en www.datosmacro.com
NOTA: *El PIB de Venezuela es del 2012 y no hay datos de inversión en 2014

A excepción de Chile, que tiene una calificación de riesgo AA-; Brasil, Colombia, panamá y Perú poseen una calificación de riesgo que va desde BB a BBB+, ubicándose entre los cinco primeros países de los nueve analizados. De igual forma, la relación de los cuatro países con menor IED frente al PIB son aquellos que registran mayor grado de corrupción. Por ejemplo, los más corruptos de la lista son: Venezuela que está en el 9no puesto (penúltima columna hacia la derecha del cuadro) con CPI de 17, seguido de Ecuador (8vo con CPI de 32), Argentina (7mo con CPI de 32) y Bolivia (6to con CPI de 34).

### ¿Qué pasa Ecuador?

Combatir la corrupción se ha hecho un pilar casi inalcanzable en el mundo entero. Debe haber muchos estudios que relacionan el tema con la economía con regresiones y analogías que ayuden a entender la importancia que tiene para la democracia y la libertad del hombre: la transparencia de la función pública. El problema no es sencillo. La corrupción se torna difícil de solucionar y combatir cuando la ética y moral del pueblo está por los suelos. El sueño de todo ecuatoriano de tener casa propia y bienestar se desvanece, cuando se acaban las oportunidades que te concede el esfuerzo en el trabajo y la determinación en cumplir las metas planteadas, a consecuencia de que los recursos del estado fueron dilapidados, dineros que nos los quitaron vía recaudaciones de impuestos. Montos recaudados que sirvieron para amasar fortuna a favor del burócrata de turno. En ese caso, el pueblo percibe la comodidad de ser funcionario público, con horario de ocho horas, de lunes a viernes, sin necesidad de sobre tiempo porque el sueldo cubre las necesidades y la corrupción apremia, porque los escándalos de corrupción se desvanecen con el tiempo y nadie cae preso.

Antes se decía que el funcionario público ganaba poco por eso, los mejores profesionales, no aceptaban cargo alguno. Después vino la alternativa de que los empresarios presten a sus mejores ejecutivos para que sirvan a su patria. Ahora, resulta que tienen mejores sueldos de lo que determina el mercado laboral y al parecer no fue suficiente para algunos que incrementaron su estándar de vida vertiginosamente. La política se convirtió en un negocio y no como debió ser siempre: la oportunidad para aplicar tus conocimientos y servir al país.

Nuestra meta debe ser: condenar la corrupción, exigir rendimiento de cuentas, enseñar el respeto al prójimo y acudir cuando los mejores hombres sean llamados a servir a su patria.

Condenar la corrupción. - Siempre digo: "no soy quien para juzgar". Muchas denuncias de corrupción tienen su origen político. Es difícil llegar a determinar qué tan corrupta es la persona acusada si la justicia no sentencia a nadie o la Contraloría General del Estado no hace sus observaciones para la iniciativa fiscal. La presunción de culpabilidad es un arma muy utilizada políticamente, por eso, las acusaciones de corrupción deben ser claramente comprobadas por la justicia de manera ejemplar, sin dudas, para evitar el atropello político y de allí que la sociedad condene a los culpables. El rechazo de la sociedad es el peor castigo que puede recibir el burócrata que abusó de los fondos públicos, con la seguridad de que el dinero mal habido dura poco, pero la deshonra toda la vida.

Exigir rendimiento de cuentas. - Toda función pública debe estar sujeta al rendimiento de cuentas ante la ciudadanía. Bastaría con la transparencia de los procesos y la información al día vía internet. Las empresas públicas deben regirse con balances auditados y publicados semestralmente; esta sería la única manera de encasillar las ineficientes para la toma de decisiones al momento de forzar la concesión o venta de ese bien, caso contrario en los presupuestos anuales de cada institución pública se seguirá ocultando las pérdidas por los privilegios de la burocracia.

Enseñar el respeto al prójimo. - Importante legado para la sociedad es una campaña de respeto a las normas elementales de comportamiento. Desde muy temprana edad, la educación vial nos enseña a respetar las señales y ordenes de transito como base para el respeto ciudadano. Más la enseñanza de valores a la convivencia comunitaria, los mismos que pudieran inculcarse a través de las campañas de alfabetización. El ciudadano debe saber que lo que encuentra y no lo compró es porque no le pertenece.

## ¿Qué pasa Ecuador?

Acudir cuando los mejores hombres sean llamados a servir por su patria. – Voy a omitir el nombre para contar la siguiente anécdota: Un domingo cualquiera recibo la llamada del expresidente Doctor Alfredo Palacio González a preguntarme por un amigo en común para que lo consiga y lo comprometa como gerente general de Petroecuador[134], la institución pública más importante del país. Me comprometí con el presidente en ubicar al amigo en común y llevarlo al Hotel Hilton Colón de Guayaquil donde el solía hacer oficina los fines de semana. Nuestro amigo recién había sido dado de baja en las fuerzas armadas con altos rangos y honores, su reputación siempre fue buena durante su carrera y se consideraba que podría servir con su experiencia al país desde tan importante cargo. A pesar de mi insistencia para presentarnos ante el presidente lo antes posible, el candidato para la gerencia de Petroecuador se presentó a la una de la tarde de aquel día. Alrededor de las trece horas de ese domingo, los citados estuvimos frente al presidente Palacio, el mismo que hacia su exposición de la importancia de nombrar a un reemplazo inmediato del gerente general saliente, dado que se había declarado la terminación unilateral de la explotación del pozo 15 con la compañía Occidental (Oxy)[135]; por lo tanto, era de suma importación sacar a licitación la venta

---

134 A la fecha de los hechos Petroecuador era la única empresa petrolera del país, aun no se había dividido la parte de producción que en la actualidad es otra compañía estatal: Petroamazonas.

135 El gobierno ecuatoriano retiró la concesión de explotación del Bloque 15 a la compañía norteamericana Occidental, por haber transferido los derechos de su contrato a terceros sin autorización de las autoridades. En el 2016, el Ecuador se vio obligado a pagar alrededor $980 millones a la Occidental por fallo de un tribunal de arbitraje internacional. La cifra parece ser equivalente al valor de los activos incautados a la Oxy. Leer noticia de Reuters sobre el tema en El Universo, "Ecuador pagará en junio la deuda con petrolera Occidental".

diaria de aproximadamente 100.000 barriles de producción de petróleo lo antes posible. En el dialogo con el presidente salió a relucir la urgencia de la designación y que quería una definición inmediata por parte del exmilitar. Por la naturaleza de la hora, el presidente sugirió que el pretendido y yo bajemos a almorzar aspirando que tendría la respuesta de inmediato después del almuerzo. No tengo conocimiento con quien mi amigo se comunicaba vía celular, pero su decisión se tardaba demasiado hasta que nos dio las cinco de la tarde. Antes de las 17h00 de ese día mi celular había sonado aproximadamente 15 veces por llamadas de terceras personas y de mi padre desde Chile, donde ejercía la función de Embajador del Ecuador, reclamando el por qué no había una respuesta al pedido del presidente Palacio. Exigí al propuesto que se definiera porque así lo requería el presidente, lo que acepto mi reclamación diciendo: "pregúntale al presidente si puede esperar una semana el nombramiento".

Absurdamente hice la llamada: "¡presidente! nuestro amigo, ¿quiere saber si lo puede esperar una semana?" Aquí la repuesta:

"¡Mira Bruno! Cuando yo me encontraba cómodamente con mi profesión, tu señor padre, el doctor Juan Carlos Faidutti Estrada, vino a proponer, por encargo de Sixto[136], para que sea ministro de Salud, cosa que rechacé por las razones monetarias expuestas. Tu papá me dijo que yo estaba completamente equivocado por las siguientes razones:

*"Una, no puedes decirle no al presidente de la república.*

---

[136] Arquitecto Sixto Durán Ballén Cordovez, presidente constitucional del Ecuador, durante el periodo 1992 – 1996.

**¿Qué pasa Ecuador?**

*Dos, deberías estar agradecido de que el presidente pensó en ti; y.*
*Tres, es tu oportunidad para servir a tu país."*

¡Ahora bien! Si este señor no es capaz de hacer la conscripción por su país es porque ¡Jamás fue soldado! ¡Buenas tardes!" y me colgó el teléfono.

Al ser requerido por mi amigo sobre lo que dijo el presidente Palacio vía telefónica, conteste que se había hecho tarde y que era hora de ir a misa.

### ¿PILLERÍA O NEGLIGENCIA?

Alguna vez utilice el título de esta sección para denunciar un hecho de corrupción en un diario del país. "Pillería o negligencia" sigue siendo un título vigente para denunciar presunciones de corrupción dado que la justicia no garantiza que los denunciantes estén protegidos, así como una acusación no garantiza que los corruptos vayan a la cárcel. La connotación de la pregunta: ¿Pillería o negligencia? está dirigida a las autoridades como oportunidad para explicarse aceptando una de las dos alternativas: corrupto o negligente; y a la vez permite al ciudadano juzgar sobre la pregunta. Por un lado, en la alternativa de que la autoridad pública no haya cometido un hecho de corrupción, estaríamos ante una tamaña negligencia que afectaría su reputación para futuros cargos o pretensiones electorales. Por otro lado, el lector puede analizar el cuestionamiento dentro de lo puntualizado para llegar a sus propias consideraciones. En esta oportunidad la propia opinión pública pudiera condenar el delito presionando a la justicia para que actúe en contra del infractor o negándole el voto al partido oficialista que patrocinó al transgresor.

Darle poder discrecional a la burocracia para más controles es tentar a un acto de corrupción de dos vías. La una vía que el mismo funcionario distorsionador amenace con la aplicación de su poder y la otra que el infractor corrompa con su propuesta económica con el afán de evitar los controles. En el Ecuador contamos con 345 instituciones públicas para hacer trámites ciudadanos tal como informa la Secretaria Nacional de la Administración Pública en su sitio web[137] donde haciendo un clic en el nombre de la institución que busca, aparece la ubicación de cada una de las dependencias. No importa la índole que tenga el posible trámite que tenga que hacer, en el Ecuador podemos ocupar todo el año solucionando problemas personales que involucre a la burocracia. Todo parecería indicar que, en la Secretaria Nacional de Panificación y Desarrollo (Senplades), desde donde se dan directrices sobre la actividad pública, no se está dando valor al tiempo, el propio que pudiera ser utilizado para producir y no usado como excusa para faltar al trabajo, ya que nos acostumbramos que para cada trámite con las instituciones estales nos tomaría toda una mañana o el día entero. La pregunta es: ¿Cuánto de esos 345 posibles trámites son susceptibles a la corrupción? No lo sabemos en realidad, pero la práctica común es que aquel que valora el tiempo sería capaz de coimear con tal que se le despache lo solicitado, empezando de esa manera el circulo vicioso y corrompido que se suscita cuando la ciudadanía depende del poder discrecional del funcionario público. Esa corrupción sistemática se acaba cuando se reduce la tramitología existente, permitiendo que las fuerzas del mercado regulen donde tienen que regular y condene al mediocre con la indiferencia del consumidor.

---

[137] Secretaria Nacional de la Administración Pública, "Tramites ciudadanos".

**¿Qué pasa Ecuador?**

El mayor daño negligente o de corrupción se puede presentar cuando el estado compra o invierte. A continuación, el cuadro PROYECTOS HIDROELÉCTRICOS donde he registrado la inversión proyectada de los principales proyectos hidroeléctricos del Ecuador por terminarse dentro del periodo 2016-2017.

| PROYECTOS HIDROELÉCTRICOS | | | |
|---|---|---|---|
| DESCRIPCIÓN | INVERSIÓN PRESUPUESTADA | MW | INVERSIÓN/MW |
| 1 Coca Codo Sinclair | $ 2.850.967.000 | 1500 | $ 1.900.645 |
| 2 Sopladora | $ 962.846.620 | 487 | $ 1.977.098 |
| 3 Minas San Francisco | $ 630.185.370 | 270 | $ 2.334.020 |
| 4 Toachi Pilatón | $ 608.000.000 | 254,4 | $ 2.389.937 |
| 5 Delsitanisagua | $ 334.843.250 | 180 | $ 1.860.240 |
| 6 Manduriacu | $ 227.389.970 | 60 | $ 3.789.833 |
| 7 Quijos | $ 55.561.080 | 50 | $ 1.111.222 |
| 8 Mazar Dudas | $ 75.629.605 | 21 | $ 3.601.410 |
| TOTAL | $ 5.745.422.895 | 2822,4 | |
| PROMEDIO MW EN ECUADOR | | | $ 2.035.652 |
| PROMEDIO INTNAL.: ENTRE $0,45m Y $3,5m X Mw | | | $ 1.975.000 |
| DIFERENCIA INVERSIÓN MW | | | $ 60.652 |
| DIFERENCIA EN PRECIO X EL TOTAL DE MW | | | $ 171.182.895 |

FUENTE: http://www.eluniverso.com/noticias/2015/02/18/nota/4564726/7-8-hidroelectricas-fecha-entrega-2016
International Renewable Energy Agency (IRENA)
http://www.irena.org/documentdownloads/publications/irena_re_power_costs_2014_report.pdf

En cuadro PROYECTOS HIDROELÉCTRICOS, se registra el total de lo invertido por proyecto con sus respectivos mega watts de potencia. De lo contabilizado y proyectado oficialmente por cada hidroeléctrica, lo que significa que si el proyecto no está terminado es muy factible que termine costando más de lo proyectado, pues hasta ahora no conozco de un proyecto en el

Ecuador que haya dado vuelto o haya costado menos de lo presupuestado, se suma la cantidad de $5.745'422.895 de inversión por 2.822 giga watts de potencia.

Recalcando la importancia de haberse invertido en nuevas plantas hidroeléctricas por su bajo costo de generación de aproximadamente $0,02/Kwh, habría que también hacer notar el costo de inversión de cada generadora para el rendimiento de cuentas de las autoridades a cargo de los proyectos. Para que se tenga una idea, globalmente el costo de la giga watts instalado está entre $450 mil y $3,5 millones[138]. Este costo depende de que es lo que se construye, que tan grande es el reservorio, cuál es la longitud de los túneles o canales de agua, infraestructura para llegar al lugar, mitigación ambiental y social, aparte de los problemas arqueológicos que se puedan presentar, desvío de aguas, etc.

Recuerdo en algún momento haber leído una lista interminable de más de 50 proyectos hidroeléctricos posibles en el país; por lo tanto, es de suponer, que estos ocho proyectos seleccionados: Coca Codo Sinclair, Sopladora, Minas San Francisco, Toachi Pilatón, Delsitanisagua, Manduriacu, Quijos y Mazar Dudas fueron los más apropiados por ser de menor riesgo de infraestructura más barata, caso contrario seguimos encareciendo el país y tomaría el cobro de más de $0,02 por Kwh para poder amortizar el costo y el posible sobreprecio por negligencia o pillería.

Para sostener la posible negligencia o corrupción en los proyectos hidroeléctricos, vamos asumir que el costo internacional de la infraestructura es de $1'975.000 el MW frente al promedio de los $2'035.652 de promedio por MW, por lo invertido en los ocho proyectos hidroeléctricos; lo que demuestra

---

[138] IRENA.

que hay una diferencia superior de encarecimiento de los proyectos de $60.652 por MW que equivale a $171'182.895, cifra
conservadora de cálculo de sobreprecio que alguna autoridad
tendría que explicar.

COSTOS DEL KWH DE HIDROELÉCTRICAS

| DESCRIPCIÓN | MW | GENERACIÓN KWH x AÑO * | COSTO DE OPERACIÓN | 10 AÑOS COSTO KWH AMORTIZACIÓN | COSTO KWH INTERESES | TOTAL COSTO DE KWH |
|---|---|---|---|---|---|---|
| 1 Coca Codo Sinclair | 1500 | 7.884.000.000 | $ 0,02 | $ 0,04 | $ 0,03 | $ 0,09 |
| 2 Sopladora | 487 | 2.559.672.000 | $ 0,02 | $ 0,04 | $ 0,03 | $ 0,09 |
| 3 Minas San Francisco | 270 | 1.419.120.000 | $ 0,02 | $ 0,04 | $ 0,04 | $ 0,10 |
| 4 Toachi Pilatón | 254,4 | 1.337.126.400 | $ 0,02 | $ 0,05 | $ 0,04 | $ 0,11 |
| 5 Delsitanisagua | 180 | 946.080.000 | $ 0,02 | $ 0,04 | $ 0,03 | $ 0,09 |
| 6 Manduriacu | 60 | 315.360.000 | $ 0,02 | $ 0,07 | $ 0,06 | $ 0,15 |
| 7 Quijos | 50 | 262.800.000 | $ 0,02 | $ 0,02 | $ 0,02 | $ 0,06 |
| 8 Mazar Dudas | 21 | 110.376.000 | $ 0,02 | $ 0,07 | $ 0,05 | $ 0,14 |
| TOTAL | 2822 | 14.834.534.400 | $ 0,02 | $ 0,04 | $ 0,03 | $ 0,09 |

FUENTE: http://www.eluniverso.com/noticias/2015/02/18/nota/4564726/7-8-hidroelectricas-fecha-entrega-2016
ELABORADO POR: BFN     NOTA: * El Kwh año es calculado: MW * total horas anuales * 60% / 1000

Olvidemos de cualquier sospecha de negligencia o corrupción, analicemos como queda comprometido el país con una
deuda de más de 5.745 millones de dólares por los próximos 10
años a costos altos de generación eléctrica.

En el cuadro COSTOS DEL KWH DE HIDROELÉCTRICAS se registra el costo de operación de 2 centavos de dólar (costo estándar universal) para cada una de las centrales hidroeléctricas.
El costo de amortización a 10 años proviene de la inversión por
generadora dividido para 10 y dividido su resultado sobre la
cantidad de kilo vatios hora al año.  Por ejemplo, tomemos la

más cara de las hidroeléctricas: Manduriacu[139]. Su costo de inversión es de $3'789.833 por MW, cifra superior a los 3'500.000 del rango internacional por MW por central hidroeléctrica, lo que implica que su valor total de la inversión de aproximadamente $227'389.970, sería $22'738.997 la cantidad que se debería amortizar por año; lo que corresponde a la división de los 22,7 millones de dólares sobre 315'360.000 kwh al año para poder determinar la cantidad en costo adicional a sumarse al costo de operación; en este caso, por amortización a la inversión la central hidroeléctrica Manduriacu debería sumar a la planilla de cobro por generación otros 7 centavos de dólar. Y finalmente, porque las deudas hay que pagarlas, además de que toda obra de infraestructura tiene su costo financiero, en el primer año de operación de la central hidroeléctrica Manduriacu, tomando en cuenta la tasa 7,95% como referencia a préstamos adquiridos por avances petroleros, dicho costo financiero suma otros 6 centavos de dólar al precio de la planilla eléctrica. En definitiva, el costo total de generación de Manduriacu es de 15 centavos de dólar; el de Coca Codo Sinclair $0,09; Sopladora ($0,09); Minas San Francisco ($0,10); Toachi Pilatón ($0,11); Delsitanisagua ($0,09); Quijos ($0,06) y Mazar Dudas ($0,14).

Está pendiente de calcular el ahorro en combustibles al entrar en operación las hidroeléctricas enlistadas como también queda en suspenso sumar el costo en la inversión de un nuevo

---

[139] Esta central fue construida por la empresa brasilera Odebrecht, la misma que está siendo investigada por haber sobornado a autoridades en América Latina en la obtención de contratos. Datos de prensa comentan sobornos dentro del periodo presidencial de Rafael Correa por la cantidad de $33'500.000.

anillo de transmisión y subestaciones eléctricas que puedan recibir los 500.000 voltios de potencia recomendados para el nuevo tendido eléctrico.

Con esta realidad, el gobierno que venga a gobernar el Ecuador estaría comprometido con mantener las planillas del consumo eléctrico a tarifas mayores a los 9 centavos de dólar de promedio. Lo que significa que el Ecuador sigue siendo un país caro para grandes proyectos industriales por sus altos costos energéticos.

## CARRETERAS

En la construcción de carreteras también se puede calcular el sobreprecio, pero las labores son muy variables, resulta que pudiera ser el caso de un nuevo carretero con un precio y otro es la rehabilitación de un carretero existente, reconstrucción, mejoramiento de la infraestructura, hasta de malos diseños de los carreteros y puentes, etc. Todos conocemos que la mayor inversión en carreteros en el Ecuador proviene de transformar los carreteros existentes de asfalto a pavimento rígido o flexible y sus precios son muy variados. A menos que tengamos un detalle especifico de las labores realizadas sobre cada carretero en el país pudiéramos estimar si su costo es muy elevado o no.

En el cuadro CARRETERAS, PUENTES Y PASOS LATERALES se enlista 22 obras de infraestructura como parte del informe anual del Ministerio de Obras Públicas y Transporte (MOP). En el cuadro se representan seis columnas donde se describen el nombre y característica de la obra, el número de carriles (VÍAS), material utilizado, el monto en dólares de la inversión, la longitud de la obra en kilómetros y el costo por kilómetro. Nótese que las obras fueron hechas con diferentes materiales: pavimento flexible, pavimento rígido, asfalto, doble tratamiento y una combinación de pavimento rígido con flexible. Cada material tiene sus propias características que hay que contemplar en el momento de la ejecución del proyecto.

A continuación, el rendimiento de cuenta del Ministerio de Obras Públicas y transporte:

### CARRETERAS, PUENTES Y PASOS LATERALES

| DESCRIPCIÓN | VÍAS | MATERIAL | US$ | KMTS | COSTO/KM |
|---|---|---|---|---|---|
| 1 Colimes - Olmedo | 2 | Pavim. Flexible | 34.500.000 | 35,4 | 974.576 |
| 2 San Antonio - La Margarita - San Vicenta | 2 | Pavim. Flexible | 44.800.000 | 37,9 | 1.182.058 |
| 3 Malecón y calles de San Vicente | 2 | Pavim. Ri. y Fl. | 20.500.000 | 9,2 | 2.228.261 |
| 4 Anillo Vial Quevedo, Tramo II | 4 | Pavim. Ri. y Fl. | 216.000.000 | 25,7 | 8.417.771 |
| 5 Playas -Data - Posorja | 2 | Pavim. Flexible | 18.100.000 | 20,8 | 870.192 |
| 6 Briceño - La Unión - San Isidro | 2 | Pavim. Ri. y Fl. | 32.600.000 | 48 | 678.742 |
| 7 La Avanzada - Arenillas | 4 | Pavim. Flexible | 19.800.000 | 10,5 | 1.885.714 |
| 8 Paso Lateral: Arenillas | 4 | Pavim. Flexible | 11.900.000 | 5,9 | 2.016.949 |
| 9 Portovelo - Salatí - Ambocas | 2 | Pavim. Flexible | 23.500.000 | 22 | 1.068.182 |
| 10 Zhud - Cochancay - El Triunfo | 4 | Pavim. Ri. y Fl. | 11.900.000 | 98 | 121.429 |
| 11 Paso Lateral: de Loja | 4 | Pavim. Rígido | 49.700.000 | 15,5 | 3.206.452 |
| 12 Vías: Ciudad de Riobamba | 4 | Pavim. Rígido | 34.900.000 | 22 | 1.586.364 |
| 13 Paso Lateral: Latacunga - Salcedo | 6 | Pavim. Flexible | 155.200.000 | 26,8 | 5.793.206 |
| 14 Ambato - Guaranda | 2 | Pavim. Flexible | 106.600.000 | 91,3 | 1.167.579 |
| 15 La Troncal - Puerto Inca | 4 | Pavim. Flexible | 3.700.000 | 27 | 137.037 |
| 16 Cahuají - Pillate -Cotaló | 2 | Pavim. Flexible | 58.900.000 | 26,1 | 2.254.977 |
| 17 Río Pindo - Amaluza | 2 | Pavim. Flexible | 25.000.000 | 24,8 | 1.008.065 |
| 18 Puente: Namangoza | 2 | Pavim. Flexible | 331.000 | 0,13 | 2.546.154 |
| 19 Puente: Río Aguarico | 2 | ASFALTO | 13.300.000 | 0,24 | 56.118.143 |
| 20 Puente: El Tigre | 2 | Pavim. Flexible | 11.500.000 | 0,21 | 55.825.243 |
| 21 Puerto Baquerizo Moreno - Puerto Chino | 2 | Doble Tratam. | 13.400.000 | 21,4 | 626.168 |
| 22 Puerto Ayora - Canal de Itabaca | 2 | Doble Tratam. | 11.800.000 | 39,7 | 297.229 |

FUENTE: Ministerio de Transporte y Obras Públicas. Rendición de Cuentas 2015
ELABORADO POR: BFN

Por ejemplo, sabemos que el pavimento flexible tiene una capa de sub-base, base y carpeta asfáltica. El pavimento rígido es una estructura de hormigón armado sobre la sub-base y base. El pavimento rígido y flexible es el mismo pavimento rígido con una capa de asfalto que lo recubre.

**¿Qué pasa Ecuador?**

Cualquiera que sea el material utilizado en la construcción de la carretera, tendrá que tomarse en consideración el tránsito promedio por día o anual para poderse determinar las características técnicas del proyecto y así determinar el grueso de las capas.

En el cuadro CARRETERAS, PUENTES Y PASOS LATERALES tenemos varios escenarios de costos comparables entre obras con el mismo material, de los cuales existen rangos que van desde $870.192 (Playas – Data – Posorja, Costa) por kilómetro una carretera de dos carriles[140] hasta $2'254.977 (Cahuají - Pillate – Cotaló, Sierra) por kilómetro ambas construidas con pavimento flexible. Dos carriles con pavimento rígido y flexible son las rutas Briceño – La Unión – Sal Isidro con un costo de $678.742 por kilómetro frente a los $2'228.261 que costó el Malecón y calles de San Vicente. Cuatro carriles con pavimento flexible de extremos a extremo tenemos la carretera La Troncal – Puerto Inca con $137.037 por Km versus el Paso Lateral Arenillas con un costo de $2'016949 por Km, las dos obras son de la Costa. De las obras en la lista, las Vías: Ciudad de Riobamba con cuatro carriles de pavimento rígido tiene un costo por Km de $1'586.364 frente a $3'206.452 por Km del Paso Lateral de Loja. Las obras de cuatro carriles con materiales de pavimento rígido y flexible también tienen una diferencia marcada; $121.429 por Km por la carretera Zhud – Cochancay – El Triunfo comparado con los $8'417.771 de costo por km del Anillo Vial Quevedo, Tramo II. Y por último, a manera de comparación una carretera con Doble Tratamiento, que no es otra cosa que material pétreo con una capa de asfalto y nuevamente otra capa de material pétreo con otra capa de asfalto, tienen dos costos

---

[140] En el cuadro en referencia se usó la palabra VÍAS para achicar el ancho de la columna, en el informe del MOP se refiere como carriles.

por kilómetros diferenciados de más del doble, tal como se registran los costos de las rutas construidas a dos carriles en Puerto Ayora – Canal de Itabaca ($297.229 por Km) y Puerto Baquerizo Moreno – Puerto Chino ($626.168).

Todos los costos por kilómetros de los carreteros en el país pueden variar dependiendo de la región. La misma cantidad de carriles y el mismo material utilizado puede justificar las diferencias de los costos por kilómetro; siempre y cuando, entre obras de la misma región no haya muchas variaciones. Habrá exámenes especiales de la contraloría que note y verifique cada costo y especificaciones técnicas por cada obra vial realizada en el país. El sobre precio tiene dos puntas: Pillería o negligencia. Si se prueba la pillería, la sanción es para las dos partes: el contratante (el Estado) y contratista (el constructor). Si se prueba que el sobre precio está dado porque la obra estuvo paralizada por:

- Falta de los respectivos permisos de construcción, ambientales, bomberos, etc.,
- Falta de expropiaciones a tiempo.
- Demora en el desembolso del anticipo.
- Falta de pago de lo planillado con avance de obra.
- Falta de financiamiento o partida presupuestaría.
- Correcciones a planos originales por malos diseños.
- Y otros que incrementen los costos indirectos del proyecto.

Quedaría probado que los elegidos a gobernar nunca estuvieron preparados para administrar el país, hecho que lo debe conocer la ciudadanía; además de que, los administradores de la cosa pública tienen que ser responsables económicamente por sus actos, el país no tiene por qué perder y los que pagamos impuestos debamos costear tamaña negligencia.

Cuando exista transparencia en lo invertido en obras de infraestructura, podríamos tomar nota del costo por kilómetro lineal de las carreteras y puentes construidos en el país, bajo las mismas características requeridas en otras partes del mundo, de esa manera sabríamos el costo referencial de construcción. Por el momento, tenemos que seguir pidiendo explicaciones por lo construido y deudas heredadas, las mismas que pueden comprometer el bienestar de toda una generación de ecuatorianos.

Deben cambiarse las reglas de la contratación y compras públicas. Existen decenas de contratos adjudicados terminados unilateralmente y vueltos a contratar con terceros a mayores costos. Me pregunto, ¿Por qué se vuelve a contratar con mayor monto a lo presupuestado? La respuesta es la misma: por pillería o negligencia. Para muestra un botón. El contrato del Transporte y Almacenamiento de Gas Licuado de Petróleo GLP de Monteverde, Santa Elena a Chorrillos, Guayas tuvo un costo de contratación aproximado de $115'000.000. Después de años de problemas por falta de permisos de construcción, expropiaciones que no fueron a tiempo, etc., los contratistas pidieron reajustes al costo de las esferas de almacenamiento, solicitud que fue aceptada pero demorada en su ejecución, lo que motivo que el material de las esferas sea embargado en el exterior. Este episodio ocasionó un malestar en las relaciones entre EP Petroecuador y el consorcio Shi Asia Monteverde. Estando la obra al 50% de ejecución, EP Petroecuador aplica la terminación unilateral del contrato[141]. Con todas las demoras que se ocasionaron al proyecto desde el inicio se incrementaron dos años más al cronograma establecido y un sobreprecio adicional de aproximadamente 70 millones de dólares al contrato original de $115 millones. Nuevamente, asumiendo que se actuó correctamente con la terminación unilateral y vuelta a contratar del proyecto en mención, ¿Quién se hace responsable de la negligencia, EP Petroecuador, sus funcionarios o ambos?

## INDICE PARA MEDIR LA CORRUPCIÓN

Con intentarlo logramos avanzar un poco en la lucha contra la malversación de los fondos públicos. El hecho de elaborar un índice para medir la contratación pública crea presión sobre los administradores del Estado y origina presión electoral a los gobernantes; siempre y cuando, se elimine ese pensamiento popular malsano de que "no importa que roben con tal que hagan la obra"[142]. Es terrible este tipo de criterio que prima entre los ciudadanos que han sido largamente marginados de las obras esenciales y por no esperar más justifican la corrupción gubernamental. Con el tiempo, nadie se acordará del funcionario co-

---

[141] Para la terminación unilateral del contrato, EP Petroecuador debe haberse respaldado de informes de fiscalización. La fiscalizadora del contrato en referencia fue Caminosca, empresa que diseño la misma obra.

[142] En el 2014 en una encuesta de IPSOS PERÚ, previo a la elección para dignidades municipales, el 59% de la sociedad peruana se manifestó que no le importa que sus autoridades roben con tal que hagan obras. Cuarto Poder, "Roba pero hace obra".

rrupto, pero sí de sus obras, con el temor de ser elegido nuevamente por elección popular. Obra que se ve, gestión que se respeta, digo yo, absurdamente.

En caso de las compras públicas debemos impulsar los siguientes puntos:

1. Publicar con un mes de anticipación los bienes y servicios a ser solicitados por cada institución pública, los mismos que deben estar dentro del presupuesto del año de la institución pública demandante.
2. Los precios referenciales no deben ser mandatorios o como referencia para determinar al ganador.
3. Los índices financieros, garantías y experiencia de la nómina de empleados deben ser suficientes parámetros para la calificación de la empresa participante para evitar que se perpetúen los mismos proveedores del Estado[143].
4. Todos los indicadores para la calificación del ofertante deben ser claramente difundidos y exactos para no permitir la calificación subjetiva del comité calificador.
5. El Valor Agregado Ecuatoriano (VAE) no será tomado en cuenta al comprarse productos extranjeros[144].
6. Pre calificación de los ofertantes únicamente con la garantía económica para evitar que la oferta que vayan a

---

[143] Con el criterio de calificar la experiencia, se está dejando a un lado empresas jóvenes con ofertas a menores costos siendo esto perjudicial para el estado.

[144] En los tratados de libre comercio (TLC) por lo general se negocia que las compras públicas sean tratados por igual con el país firmante; es decir, no habría ningún beneficio para las empresas ecuatorianas como componente para la calificación final del ofertante.

presentar, no sea una maña de manipulación de precios en favor de otra compañía participante.

7. Para la calificación definitiva, antes de la oferta económica, los funcionarios públicos deben informar y facilitar a que oferten la mayor cantidad de empresas para lograr una masiva competencia que empuje a la selección de los mejores precios. Ejemplo, es una muy mala práctica de los funcionarios públicos descalificar a un oferente por la falta de un papel insignificante.

8. Asignar un código de referencia a cada oferente. Allí acaba la función del funcionario público para dar paso a un comité de compras sin rostro desconocido para el funcionario y referente, tribunal que tiene la única función de hacer la asignación final. La responsabilidad de la contratación sigue siendo del funcionario público que calificó a los oferentes.

9. Vía internet, la compañía oferente con su nuevo código, hace la propuesta económica al comité de compras que tendrá que decidir en un periodo no mayor a una semana la adjudicación del oferente de proveer a la dependencia solicitante por el bien o servicio demandado por el Estado.

10. Igualmente, una vez elegida la compañía proveedora del bien o servicio solicitado, tendrá la institución pública, a más tardar, una semana para desembolsar el anticipo. Total, son 15 días entre en tiempo requerido para la adjudicación y el pago del anticipo.

La razón de los 10 puntos es asegurarnos que participe la mayor cantidad de ofertantes, por eso los funcionarios públicos deben facilitar todos sus buenos oficios para procurar que todas las empresas participantes cumplan con todos los papeles solicitados. Por supuesto que mientras menos papeles se requieren mayor es la participación de posibles proveedores al Estado.

Un índice siempre será importante para calcular el grado de corrupción y negligencia que pudiera presentarse en cada contratación pública, pero primero debemos estar muy claros: la mejor forma de combatir la corrupción es evitando la contratación pública concesionando los servicios que el sector privado esté capacitado para hacerlo.

En la licitación de obras públicas. Nuevamente, considero que el Ecuador es un país limitado en recursos monetarios. Nuevamente, la mejor alternativa para el estado sigue siendo la concesión de obras de infraestructura. Esto significa que el concesionario tendría que invertir y resarcir de su inversión cobrando el servicio al usuario del bien o servicio que presta, bajo las condiciones impuestas por el estado.

Para que un operario nacional o extranjero quiera participar en una licitación de concesión, debería haber seguridad de largo plazo en los precios de cobro al usuario, los mismos que no pueden ser mayor en precios al servicio actualmente recibido. Me explico, si la concesión de un servicio mejora la calidad del servicio y abarata su costo, la concesión se justifica; sin embargo, habrá servicios de concesión como el servicio de transporte adicional al existente que tengan costos superiores. Esta concesión sería bajo riesgo del inversionista sin que el estado tenga que garantizar un monopolio en el rubro. Así mismo, es de conocimiento general que la concesión de los servicios del agua potable y recolección de basura han funcionado bien en manos privadas, especialmente en lugares remotos, donde la función municipal no tenía la capacidad de atender con prontitud el crecimiento de la ciudad.

Con ese mismo criterio de servicio al ciudadano debe estudiarse todas las posibilidades de concesión de los servicios públicos e incentivar la construcción de mega proyectos a largo plazo. El tiempo de la concesión pudiera estar relacionado a lo que sería un crédito de largo plazo que tendría que devengarse con intereses; en otras palabras, el costo del servicio debe sumar un costo proporcional de la amortización de la inversión y los intereses.

Nuevamente, que quede muy claro, la concesión de un servicio es buena para el país con una sola condición que maximice el bienestar de los ciudadanos en la prestación de ese servicio, caso contrario no se justifica.

Siempre habrá obras de infraestructura importantes que tendrán que hacer el estado y que pueda que no sean atractivas para un inversionista que tendrán que ser realizadas por el estado. Tales como caminos vecinales, nuevas rutas o puentes que tengan proyección futura de prometidos desarrollos como sería la unión de zonas rurales.

Igualmente, para la contratación de obras por parte del estado también debería cumplir ciertas condiciones:

1. Que esté definido el proyecto técnicamente. Me refiero a que no sea una idea o un ante proyecto, sino que esté listo para entrar en una licitación.
2. Que los diseñadores del proyecto no tengan relación con la fiscalizadora para evitar conflictos prácticos con el contratista. En ocasiones, existen planos inejecutables por el mal diseño que solamente el constructor lo detecta en la ejecución de la obra; allí, pudiera ocasionarse un conflicto sin solución al no hacerse las correcciones recomendadas por el contratista. Muchas veces los diseñadores del proyecto no han tenido experiencia

con la práctica de la construcción, cosa que una tercera persona haga la tarea de fiscalización.

3. Que exista propiedad plena sobre los terrenos a ejecutarse la obra estando finiquitado todas posibles expropiaciones.
4. Que se aprueben todos los permisos de construcción municipales, provinciales, bomberos, ambientales, etc.
5. Que se mitigue social y ambientalmente.
6. Publicar con mucha anticipación la invitación a licitación de la obra a ejecutarse.
7. Adjudicar la obra con los mismos principios de selección que se aplica en las compras públicas.
8. El costo definitivo de la obra adjudicado al contratista ganador es fijo hasta el final de la obra. No se admites ajuste de precios a los rubros de la oferta ganadora, pero se permite el reconocimiento de costos indirectos en caso de negligencia del Estado o demoras de la fiscalización. Una negligencia puede encarecer la obra en el 100% por costos indirectos. Por eso, la adjudicación debe ser bien estudiada por el comité de contratación.
9. Para arranque de obra el anticipo no podrá ser mayor al 30%.
10. El anticipo deberá ser entregado a un máximo de 15 días después de ser adjudicada la obra para evitar posible intermediarios o lobistas que quieran aparecer como representantes de una de las dos partes. Mientras más demorada es el arranque de la obra mayor el chance a la corrupción.

## ÍNDICE PILLERÍA Y/O NEGLIGENCIA

La creación de un índice de pillería y/o negligencia tiene la finalidad de formular un indicador de los errores costosos que se derivan de la contratación pública deshonesta e incapaz de las autoridades de turno. Si logramos medir toda contratación del Estado, aunque haya pasado por el tamiz de un proceso licitatorio, para señalar la corrupción y negligencia, estaríamos dando un gran paso en el señalamiento de los responsables que dilapidaron o beneficiaron de los fondos públicos. A pesar que pueda darse el caso que el índice sea ignorado por las autoridades de control, ante la ciudadanía sería un gran referente que un índice que señale el performance de la clase política a sus electores, y que demuestre si el encargo de uso de dineros públicos es el adecuado o no.

Una vez establecidos las 10 condiciones para las compras y la contratación pública mencionadas anteriormente, sin desmedro de que pudieran fortalecer más esas condiciones en pro de la transparencia para el manejo de los fondos públicos, nos atrevemos a elaborar el Índice Pillería y/o Negligencia (IPN) con parámetros establecidos por las mismas cifras proporcionadas por los contratistas dentro del concurso licitatorio; es decir que, para elaborar el índice se tomará en cuenta los valores ofertados por los contratistas, siendo los de mayor referencia la oferta más alta ($O_a$) y la oferta más baja ($O_b$) dentro del proceso licitatorio para determinar el índice máximo de negligencia ($N_m$) y así más adelante poder determinar el índice de negligencia ($N_l$) con el valor de la oferta ganadora ($O_g$), donde:

$O_a$ = Oferta más alta

$O_b$ = Oferta más baja

$N_m$ = Índice Máximo de Negligencia = $\dfrac{O_a}{O_b}$ (# de veces)

**¿Qué pasa Ecuador?**

Tómese en cuenta que, la división de la oferta más alta ($O_a$) sobre la oferta más baja ($O_b$) determina el número de veces denominado como la máxima negligencia ($N_m$) dentro del proceso de licitación, cifra referencial para el análisis final del índice pillería y/o negligencia (IPN).

Al finalizar un proceso de licitación de una obra se designa la oferta ganadora, la misma que no necesariamente es la más baja de las ofertas.

$O_g$ = Oferta ganadora

Entonces,

$N_I$ = Índice de Negligencia = $\dfrac{O_g}{O_b}$

El índice de negligencia ($N_I$) es una simple división de la oferta ganadora ($O_g$) sobre la oferta más baja ($O_b$), siendo su resultado parte del IPN.

Para calcular el índice de pillería ($P_I$) cuyo resultado pudiera multiplicarse por 100 para obtener el porcentaje de sobreprecio de la oferta ganadora frente al costo medio (AMC) entre la oferta alta ($O_a$) y oferta baja ($O_b$), o para registrar la fracción como parte del IPN. El costo medio (AMC) es el resultado de la suma las ofertas: alta y baja, y dividido para dos.

AMC = Costo medio entre $O_a$ y $O_b$ = $\dfrac{O_a + O_b}{2}$

Ahora bien,

$P_I$= Índice porcentual de Pillería(Sobreprecio) = $\dfrac{O_g}{AMC}$ (fracción o %)

Finalmente,

$$IPN = N_l + P_l$$

En caso de que $P_l$ tenga un valor negativo, es un indicativo de que la Oferta Ganadora ($O_g$) es menor al Costo Medio (AMC) entre la Oferta Alta ($O_a$) y Oferta Baja ($O_b$), cuyo valor pasaría a disminuir el Índice Pillería y/o Negligencia (IPN).

Para saber el significado del IPN creamos tres rangos de medición: Negligencia Baja ($N_b$), Negligencia Tolerable ($N_t$) y Negligencia Alta ($N_a$) que se calculan con un factor de diferencia "x" de la siguiente manera:

$$3x = N_m$$
$$x = N_m/3 = \text{factor de diferencia}$$

En resumen, del resultado de la división de la oferta más alta ($O_a$) sobre la oferta más baja ($O_b$) lo dividimos para 3 (que es el número de rangos de la medición) y obtener el factor de diferencia (x). La negligencia baja ($N_b$) tiene un rango desde 0 hasta el valor de x, la negligencia tolerable ($N_t$) desde x hasta 2x y la negligencia alta ($N_a$) desde 2x hasta 3x o máxima negligencia ($N_m$).

Prueba con números sencillos,

$$O_a = 250$$
$$O_b = 50$$

$$AMC = 150$$

El lector se preguntará: ¿por qué se usan las ofertas más alta y más baja para calcular un costo medio y no la suma de todas las ofertas dividido para la cantidad de ofertas? Porque en caso de que las ofertas sean mayoritariamente más elevadas de la oferta más baja, tendríamos un costo promedio que empuja a altos costos, en caso de que los participantes deciden cometer colusión para beneficiarse de altos precios al ofertar[145], mientras que, aplicando el método de selección de la oferta más alta y la oferta más baja, sacamos un valor medio más eficiente para nuestros fines de procurar de que los funcionarios públicos contrate al menor precio posible.

Determinamos el $N_m$ = 250/50 = 5 y el factor de diferencia para determinar los rangos; entonces, x = 5/3 = 1,67; resumiendo,

|       | -    | +    |       |
|-------|------|------|-------|
| $N_a$ | 3,33 | 5,00 |       |
| $N_t$ | 1,67 | 3,33 |       |
| $N_b$ | -    | 1,67 | = x   |

Vamos a suponer que la oferta ganadora $(O_g)$ es 90, cifra que adjudico el comité de contrataciones bajo los parámetros del concurso; esto es,

| $N_l$ | = | 90/50         | = | 1,80  |
|-------|---|---------------|---|-------|
| $P_l$ | = | 90/150        | = | -0,40 |
|       |   |               |   |       |
| IPN   | = | 1,80 + (-0,40) | = | 1,40  |

El resultado de 1,40 en el IPN demuestra que en la selección de la oferta ganadora de 90 no hubo pillería ni negligencia,

---

[145] Cuando son pocos los participantes de una licitación, puede darse el caso de que los ofertantes decidan no subastar a menor precio competitivo llegando a un acuerdo imperceptible por las autoridades contratantes.

porque el índice de pillería (P$_I$) es menor a cero y ese valor negativo sustrae del índice de negligencia (N$_I$) cuyo resultado está dentro del mínimo rango (N$_b$) del IPN.

Nótese que en cada proceso se calcula "x" para establecer los rangos del IPN. En caso de que la oferta ganadora (O$_g$) sea menor al costo medio de las ofertas (AMC), no se registraría corrupción y ese valor negativo disminuye el IPN, tal como es el caso de que la oferta ganadora fuese 90 o menor a 150.

A continuación, procedemos a calcular el IPN a diferentes ofertas ganadoras:

| IPN A DIFERENTES RANGOS DE OFERTAS GANADORAS | | | | | |
|---|---|---|---|---|---|
| | | | | CALIFICACIÓN | |
| Og | N$_I$ | P$_I$ | IPN | NEGLIENCIA | CORRUPCIÓN |
| 90 | 1,80 | (0,40) | 1,40 | No | 0 |
| 100 | 2,00 | (0,33) | 1,67 | No | 0 |
| 150 | 3,00 | 0 | 3,00 | Tolerable | 0 |
| 200 | 4,00 | 0,33 | 4,33 | Alta | 33% |
| 250 | 5,00 | 0,67 | 5,67 | Alta | 67% |

Elaborado por: BFN

En el cuadro IPN A DIFERENTES RANGOS DE OFERTAS GANADORAS, a partir de 200 se expresa los niveles altos de corrupción y negligencia.

APLICANDO EL IPN A LOS PROYETOS HIDROELÉCTRICOS

Vamos a intentar la aplicación del índice de manera global a los ochos proyectos hidroeléctricos emblemáticos del Ecuador durante el periodo presidencial 2007 - 2017. El correcto uso del índice es después de la adjudicación del proyecto por parte del Estado. Las obras que se licitaron deben tener un componente muy claro que es la necesidad y utilidad de la misma como aporte a la ciudadanía. Desde su selección, diseño, licitación y ejecución las obras tienen un componente importante burocrático en la toma de decisiones sobre qué proyecto posee prioridad en su realización; esto implica que la negligencia en el proceso de selección de un proyecto puede arrancar, de manera de error de buena fe, con una mala selección del mismo antes de la toma de decisiones para su ejecución.

En definitiva, el caudal natural de un río corrientoso con su entorno y volumen de agua puede ser un ante proyecto para la construcción de una hidroeléctrica. Son los estudios del lugar con todos los parámetros necesarios para medir el volumen y velocidad del agua del río lo que confirman si se debe seguir con la idea de la construcción de una nueva hidroeléctrica o no; por lo tanto, asumiremos que las ocho hidroeléctricas en listadas en el cuadro PROYECTOS HIDROELÉCTRICOS pasaron el filtro adecuado de estudios, análisis del costo beneficio-social y diseños previos a la licitación y su consecuente proyecto de construcción. Caso contrario, sería una irresponsabilidad por parte de las autoridades del ramo, ejecutar una obra donde hay dudas en los diseños dado que toda corrección a la construcción, incrementa el costo de la obra y muchas veces la falta de previsión a las eventualidades que ocurren en los proyectos, consiguen encarecer sustancialmente la construcción de la misma. Por lo expuesto, el índice IPN debe calcularse a todos los proyectos ejecutados por la función pública.

Para el cálculo de los proyectos hidroeléctricos recogemos la información internacional sobre los precios mínimos

($450.000) y máximos ($3'500.000) por MW[146] en la construcción de hidroeléctricas, los mismos que pasan a ser $O_b$ y $O_a$. Entonces,

$$O_b \quad = \quad 450.000$$
$$O_a \quad = \quad \$3'500.000$$
$$AMC \quad = \quad \$1'975.000$$

Y el máximo índice de negligencia (Nm) es 7,78 y el factor de diferencia entre niveles bajo, tolerante y alto (x) es igual 2,59.

ÍNDICE IPN APLICADO A HIDROELÉCTRICAS

| DESCRIPCIÓN | COSTO x MW $O_g$ | $N_l$ | $P_l$ | IPN | CALIFICACIÓN NEGLIGENCIA | CORRUPCIÓN |
|---|---|---|---|---|---|---|
| Coca Codo Sinclair | 1.900.645 | 4,22 | (0,04) | 4,19 | Alta | 0% |
| Sopladora | 1.977.098 | 4,39 | 0,00 | 4,39 | Alta | 0% |
| Minas San Francisco | 2.334.020 | 5,19 | 0,18 | 5,37 | Alta | 18% |
| Toachi Pilatón | 2.389.937 | 5,31 | 0,21 | 5,52 | Alta | 21% |
| Delsitanisagua | 1.860.240 | 4,13 | (0,06) | 4,08 | Tolerable | 0% |
| Manduriacu | 3.789.833 | 8,42 | 0,92 | 9,34 | Alta | 92% |
| Quijos | 1.111.222 | 2,47 | (0,44) | 2,03 | Baja | 0% |
| Mazar Dudas | 3.601.410 | 8,00 | 0,82 | 8,83 | Alta | 82% |
| PARÁMETROS | | - | + | | | |
| AMC: 1.975.000 | | $N_a$ 5,19 | 7,78 | | $O_a$ | 3.500.000 |
| $N_m$: 7,78 | | $N_t$ 2,59 | 5,19 | | $O_b$ | 450.000 |
| x: 2,59 | | $N_b$ - | 2,59 = x | | | |

Elaborado por: BFN

Con la información y hecho los cálculos de rigor en el cuadro ÍNDICE IPN APLICADO A HIDROELÉCTRICAS[147], interesante

---

[146] Los rangos del costo del MW es obtenido del informe 2014 de IRENA (Internacional Renewable Energy Agency).

[147] Los costos x MW utilizados en el cuadro son las referenciales al inicio de las obras, el IPN pudiera registrar mayor corrupción y negligencia en caso de que el costo de la obra haya sido mayor a la registrada en dicho cuadro.

es asimilar los resultados en la aplicación del índice IPN. Con la frialdad de los números, encontramos que tan sólo las hidroeléctricas Quijos y Delsitanisagua poseen índices IPN bajo y tolerable, respectivamente.

Por el momento, dentro de lo presupuestado ya que no se tiene costos reales de cada uno de los proyectos, las hidroeléctricas Coca Codo Sinclair, Sopladora, Delsitanisagua y Quijos no registran posible corrupción dentro de los parámetros establecidos de tomar los precios referenciales internacionales de $450.000 y $3'500.000, mientras que las hidroeléctricas Minas San Francisco, Toachi Pilatón, Manduriacu y Mazar Dudas proyectan un sobreprecio del 18% hasta el 92% en el índice de pillería.

Siendo el objetivo probar que el índice IPN funciona, procedemos a cambiar los costos referenciales por MW aplicados en la construcción de una hidroeléctrica. Como costo mínimo por MW asumimos un $1'000.000 para obtener el siguiente cuadro:

ÍNDICE IPN APLICADO A HIDROELÉCTRICAS con un millón de costo mínimo por MW

| DESCRIPCIÓN | COSTO x MW | | | | CALIFICACIÓN | |
|---|---|---|---|---|---|---|
| | $O_g$ | $N_l$ | $P_l$ | IPN | NEGLIGENCIA | CORRUPCIÓN |
| Coca Codo Sinclair | 1.900.645 | 1,90 | (0,16) | 1,75 | Tolerable | 0% |
| Sopladora | 1.977.098 | 1,98 | (0,12) | 1,86 | Tolerable | 0% |
| Minas San Francisco | 2.334.020 | 2,33 | 0,04 | 2,37 | Alta | 4% |
| Toachi Pilatón | 2.389.937 | 2,39 | 0,06 | 2,45 | Alta | 6% |
| Delsitanisagua | 1.860.240 | 1,86 | (0,17) | 1,69 | Tolerable | 0% |
| Manduriacu | 3.789.833 | 3,79 | 0,68 | 4,47 | Alta | 68% |
| Quijos | 1.111.222 | 1,11 | (0,51) | 0,61 | Baja | 0% |
| Mazar Dudas | 3.601.410 | 3,60 | 0,60 | 4,20 | Alta | 60% |
| PARÁMETROS | | | - | + | | |
| AMC: 2.250.000 | | $N_a$ | 2,33 | 3,50 | $O_a$ | 3.500.000 |
| $N_m$: 3,50 | | $N_t$ | 1,17 | 2,33 | $O_b$ | 1.000.000 |
| x: 1,17 | | $N_b$ | - | 1,17 = x | | |

Elaborado por: BFN

Con estos nuevos parámetros de medición destacamos que son cuatro las hidroeléctricas con elevado índice IPN: Minas San Francisco, Toachi Pilatón, Manduriacu[148] y Mazar Dudas con 4%, 6%, 68% y 60% de corrupción, respectivamente.

En conclusión, el índice IPN funciona por su sencillez, sin fórmulas "mágicas" que complique su cálculo o que se haga inaplicable. Claro está que el éxito de una buena contratación pública dependerá de la voluntad de los funcionarios. La contratación pública debe ser muy meticulosa su selección, dentro del concurso de lo que se licita, está la prolijidad de los funcionarios para asegurar que la mayor parte oferente participen, permitiéndose la mayor flexibilidad en la recolección de los documentos habilitantes. Jamás podríamos estar de acuerdo que se elimine a un ofertante por un error involuntario o de confusión en la entrega de los requisitos. En una licitación pública, mayor la cantidad de ofertantes, mayor es la oportunidad de obtener un costo de obra sin sobreprecio y con la aplicación del índice IPN, los funcionarios públicos se cuidarán de caer en negligencia o corrupción.

Finalmente, no olvidemos que para grandes obras la prioridad número uno debe ser la concesión a plazo para que el estado no se quede sin liquidez. La inteligencia de la función pública debe radicar en el uso eficiente del dinero; dinero que en el mediano plazo podría escasear por mala administración.

---

[148] Esta hidroeléctrica fue construida por Odebrecht, empresa brasilera, acusada de haber dado sobornos a autoridades ecuatorianas.

# FINANCIANDO LOS PROBLEMAS DE CAJA

*"Casi siempre levantar capital es más difícil y toma más tiempo de lo que piensas".*

Richard Harroch, inversionista

Los gobiernos socialistas no tienen límites en el gasto presupuestario dejando el problema al siguiente gobernante sea éste de izquierda o derecha. Sin importar la orientación política que posea el próximo gobernante, tendrá que solucionar los problemas deficitarios heredados de un gobierno socialista al estilo Lula Da Silva, Cristina Fernández de Kirchner, Nicolás Maduro o Rafael Correa Delgado. En el caso de Ecuador, el nuevo gobernante se encontraría con la encrucijada de resolver el déficit presupuestario como dé lugar, so pena de incumplir con los compromisos sociales ofrecidos en campaña, el servicio de la deuda y pagos a proveedores, adquiridos del gobierno saliente. Tan real es el problema del flujo presupuestario que vive el Ecuador que el gobierno de Rafael Correa Delgado aprovecha la mínima oportunidad de apalancamiento, para comprometer más ventas petroleras a futuro a cambio de anticipos de dinero. A pesar de que desde octubre de 2014 se avizoraba la caída del precio del petróleo, no solo por su tendencia bajista, sino por un sin número de factores que demostraban el enfriamiento de las economías de los países emergentes tales como Rusia y China, el gobierno de Correa programó un presupuesto para el año 2015 con ingresos petroleros de $79,7 el barril frente a alrededor de $42,5 de promedio de venta sucedido en el año 2015.[149]

---

[149] El Comercio, "¿Ecuador está preparado para un petróleo a un precio de USD 20?".

La pregunta es que se hace en una circunstancia de esta naturaleza, cuando no hay más petróleo que hipotecar, el riesgo país es muy alto (más de 729 puntos porcentuales)[150] y el endeudamiento tiene un límite legal[151]. De inmediato, lo único que queda es achicar el tamaño del Estado -que veo difícil que alguna nueva autoridad lo quiera iniciar con el alto costo monetario que eso implicaría- o el control del gasto público de la siguiente manera:

- Eliminación o focalización de subsidios.
- Achicando el tamaño del Estado.
- Control del buen uso del Bono de Desarrollo Humano.
- Supervigilar los gastos de traslado de funcionarios públicos.
- Y financiar el 10% de la Remuneración Mensual Unificada de las 20 categorías de las funciones públicas.

ELIMINACIÓN O FOCALIZACIÓN DE SUBSIDIOS

El momento de eliminar los subsidios a los combustibles: gas, diésel y gasolinas sería cuando los precios internacionales

---

[150] El riesgo país es un costo adicional a la tasa prime o libor en una posible emisión de bonos para poder ser colocado en el mercado financiero internacional. Ejemplo, si la tasa prime es 4,00% más riesgo país del 7,29% (en 19/04/2017) el costo de colocación del bono ecuatoriano sería de 11,29%. Establecido el precio del bono para su emisión, esto no garantiza que su totalidad de la emisión sea vendida. Para consulta diaria sobre el riesgo país en el sitio web: ámbito. "Ecuador – Riesgo País".

[151] El Código Orgánico de Planificación y Finanzas Públicas aprobado en octubre del 2010, artículo 124, establece límite al endeudamiento público que el saldo no podrá pasar del 40% del PIB. Registro Oficial, "Código Orgánico de Planificación y Finanzas Públicas".

de los combustibles son menores a los precios locales. En todo caso, la forma de hacerlo sería con reprogramación de los precios de los combustibles trimestralmente a estándares internacionales y de liberar la distribución e importación de los mismos. El Ecuador necesita combustibles de calidad a precios competitivos; para ello, se necesita que el sector privado se involucre a la importación y comercialización de los mismos. Desearía que los bajos precios de los productos derivados del petróleo se vuelvan a dar para que se aproveche el momento correcto para la eliminación de los subsidios. Empero, la liberación de la compra y venta de los combustibles es cuestión de decisión política no haciendo necesario una nueva caída de los precios internacionales del petróleo. Con esto se elimina el monopolio estatal sobre el almacenamiento e importación de los combustibles.

## ACHICANDO EL TAMAÑO DEL ESTADO

Tarea simple y de rápida aplicación. Funcionando ministerios donde puedan darse duplicidad de funciones y eliminando las subsecretarías de control que atentan contra el buen funcionamiento del mercado es oportunidad suficiente para que la competencia garantice precios bajos en la economía.

Todo lo demás dependerá de qué participación en bienes y servicios que están en manos del estado, el gobernante asigne a la empresa privada en involucrarse. Preferible, para el buen funcionamiento de la economía es que el estado haga el papel de observador, arbitro y hasta de regulador de las actividades, donde se demandan grandes recursos como construcción de puentes, vías y servicios básicos, delegando al sector privado en esos menesteres, que realizarlas ineficientemente y sin dinero.

Puede que la constitución de un país obligue la aplicación porcentual de ciertos servicios con relación al presupuesto del estado, tal como la educación y la salud, hecho que no discrimina la participación del sector privado en dichas actividades. La pregunta sería: ¿Estará siempre el Estado en capacidad de garantizar el gasto de la educación y salud por constitución?

## CONTROL GASTO PÚBLICO VÍA BDH

El diseño de un mecanismo de control del gasto público proviene de la imaginación de las autoridades de control, y debería estar basado en la inmediata implementación del sistema al menor costo posible.

Por ejemplo: en la actualidad, existen 1'500.000 beneficiarios del Bono de Desarrollo Humano (BDH)[152] por un monto de $50 mensuales, los mismos que pueden ser cubiertos con una emisión local de 5 vales de $10. El uso del vale estaría limitado al pago del transporte, alimentación, agua, luz y salud. El vale sería personalizado facilitando el control y el uso del mismo. Son $75'000.000 mensuales lo que equivalen a $900'000.000 anuales que estarían en la lupa y que el beneficiario, al recibir un vale personalizado a su nombre, es el único que puede dar uso del mismo a cambio de los servicios descritos anteriormente.

En otras palabras, un beneficiario del BDH solo pudiera usarlo con la presentación de la cédula de ciudadanía y su respectivo endoso al establecimiento vendedor de los bienes o servicios y este último deposita el vale en el sistema financiero

---

[152] No se tiene la confirmación exacta de cuantos ciudadanos ecuatorianos son beneficiarios del Bono de Desarrollo Humano, pero la cifra de millón y medio de ciudadanos sirve para el cálculo de lo expuesto en este capítulo.

nacional privado como si fuera un cheque. Para un mejor control, el vale tiene una vigencia de un mes más 5 días, lo que equivale que el vale de enero vence el 5 de febrero; el vale de febrero vence el 5 de marzo; y así sucesivamente.

## CONTROL GASTO PÚBLICO VÍA VIÁTICOS A FUNCIONARIOS

Igualmente, los vales son de uso limitado para la transportación del funcionario, el hospedaje, alimentación o restaurante, centros de salud o compra de medicinas en caso que así lo requiera el funcionario. Con el mismo tiempo de duración de 35 días por lo que se recomienda que los vales, con el mismo diseño preestablecido y con niveles de seguridad ligeramente superiores al de un cheque bancario, y la mayor denominación posible en su emisión, se espera que el vale que no haya sido utilizado, pierda su valor a su vencimiento; de esa manera, las asignaciones de los viáticos no utilizados regresan al Estado con su vencimiento. Esto implicaría que los viáticos deberían ser asignados y redondeados a múltiplos de 5 para que las nominaciones de los vales sean de $5 dólares como mínimo y de $50 como máximo.

## CONTROL GASTO PÚBLICO VÍA REMUNERACIÓN MENSUAL

Los sueldos de los funcionarios públicos están clasificados en 20 categorías que van desde ministro hasta auxiliar de servicio, válido o no el detalle de clasificar el empleo público, por lo menos ha servido para que se homologuen los sueldos de la burocracia.

De la misma manera que se controla el BDH y los viáticos de los funcionarios públicos que se trasladan, en momentos de aprietos económicos que afecten el presupuesto del estado, se pudiera destinar que el 10% de la Remuneración Mensual Unificada (RMU) de los funcionarios públicos sean entregados en vales de $5, $10 y $20 con la finalidad de que puedan ser gastados en alimentación, salud, renta, educación, transporte, agua y energía eléctrica.

En caso de que el 10% de la RMU no sea múltiplo de 5, se entregaría la cantidad de vales que se aproxime al redondeo del 10%. Ejemplo,

| GRUPO OCUPACIONAL | GRADO | RMU en US$ | 10% | VALES EN US$ | $ 5 | $ 10 | $ 20 | # DE VALES |
|---|---|---|---|---|---|---|---|---|
| SERVIDOR PÚBLICO DE SERVICIOS 1 | 1 | 527 | 52,50 | 55 | 1 | 1 | 2 | 4 |
| SERVIDOR PÚBLICO DE SERVICIOS 2 | 2 | 553 | 55,50 | 55 | 1 | 1 | 2 | 4 |
| SERVIDOR PÚBLICO DE APOYO 1 | 3 | 585 | 58,50 | 60 | - | 2 | 2 | 4 |
| SERVIDOR PÚBLICO DE APOYO 2 | 4 | 622 | 62,00 | 60 | - | 2 | 2 | 4 |
| SERVIDOR PÚBLICO DE APOYO 3 | 5 | 675 | 67,50 | 70 | - | 3 | 2 | 5 |
| SERVIDOR PÚBLICO DE APOYO 4 | 6 | 733 | 73,50 | 75 | 1 | 3 | 2 | 6 |

En el cuadro la emisión de vales por el 10% de la RMU sería una forma de financiar el gasto público de manera relámpago por periodo de tiempo corto.

En síntesis, nosotros mismos debemos de buscar formas de financiamiento ágiles que no complique en trámite o condicione al país más allá de lo los típicos recetarios del Fondo Monetario Internacional y Banco Mundial. En el Ecuador, la experiencia nos ha demostrado que previo a la dolarización, la economía se manejó tan mal en el pasado que jamás se recibió un aval o visto bueno del Fondo Monetario Internacional, por tal razón y por el hecho de que FMI y BM comparten riesgos, la presencia de estas dos instituciones internacionales ha disminuido su participación en las cuentas de endeudamiento del país.

La dolarización nos ha dado confianza y poder de compra, ¿por qué no aprovechar esa coyuntura? El país debería estar empaquetado con activos y pasivos para dar fortaleza y apuntar a la emisión de bonos de largo plazo a nivel internacional.

El vale es un mini bono nacional que pudiera ser utilizado en crisis severas a través del sistema financiero nacional privado. Este mecanismo pasa la factura a los usuarios del crédito es decir a los que están generando actividad económica. En crisis no todos pueden ser calificados para financiar un problema de caja del estado, por eso, un encaje del 1% sobre todas las captaciones de dinero en el sistema financiero nacional privado (Bancos) ayudaría a financiar más de 3.000 millones de dólares a muy bajo costo para el estado.

ESQUEMA DE FUNCIONAMIENTO DE USO DE VALE

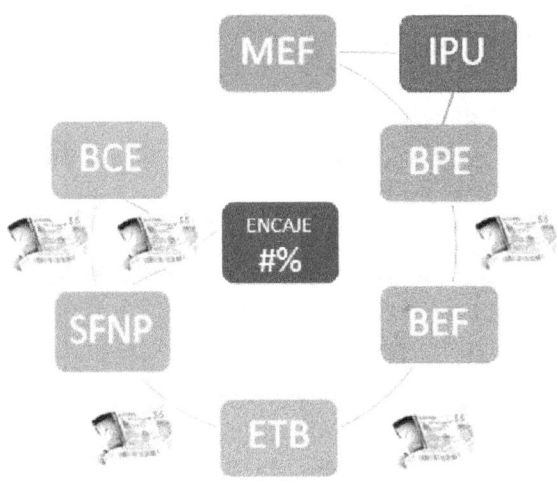

Para que el Ministerio de Finanzas (MEF), institución emisora de los vales, no tenga que desembolsar mensualmente el valor de los vales presentados al cobro por el BCE, a través de la cámara de compensación con el Sistema Financiero Nacional Privado (SFNP), la Superintendencia de Bancos y Seguros (SBS)

aplicaría un encaje bancario del 1% sobre la totalidad de los depósitos del SFNP.

De esta manera se obtiene un financiamiento del SFNP al sector público por la emisión de los vales, el mismo que el SFNP, lo adquiere de los prestamistas a través de un incremento leve en las tasas de interés.

Por ejemplo, si las captaciones del SFNP es de $26.000'000.000 el encaje del 1% sería de $260 millones de dólares. La emisión de los vales mensual pudiera ser por una emisión inferior para cubrir los costos que implica el funcionamiento del esquema de vales.

En base a las partidas del gasto público establecidas en el presupuesto del Estado, el MEF, en coordinación con los ministerios o Instituciones Públicas (IPU), autoriza la emisión de vales personalizados para ser entregados a sus respectivos funcionarios públicos o beneficiarios del BDH.

La emisión de los vales, tipo cheques, estará a cargo de los Bancos Privados (BPE) y la distribución de los mismos sería a través de sus sucursales nacionales.

Los bancos privados reciben la solicitud de elaboración de vales personalizados según la lista proporcionada por la institución pública en coordinación con el MEF.

Los vales válidos deben estar disponibles para la entrega al usuario o beneficiario al primer día de cada mes.

Las entregas de los vales serán en las sucursales designadas por la ubicación de residencia del usuario o beneficiario, según solicitud de emisión.

El color de fondo de los vales cambia mes a mes para facilitar el control de su caducidad.

El beneficiario y el usuario (BEF) de los vales son:

Beneficiario. - El favorecido del Bono de Desarrollo Humano recibiría mensualmente los $50 que le corresponden en 5 vales de $10.

Usuario. - El funcionario público que recibiría el 10% de su remuneración mensual en vales y/o el funcionario público que por traslados internos recibiría viáticos en vales para cubrir sus gastos de traslado, alimentación, salud y hospedaje.

Establecimientos de servicios (ETB) tales como transportes, restaurantes, cafeterías, hospedajes, colegios, clínicas y hospitales estarán autorizados a recibir los vales emitidos, con la respectiva presentación de la cédula de identidad del beneficiario, los mismos que serán considerados como dinero en efectivo y en caso de que el costo del servicio sea inferior al valor del vale, el ETB está obligado a proporcionar el cambio en US dólares.

Igualmente, los establecimientos comerciales (ETB) tales como supermercados, tiendas de alimentos, farmacias o sitios de venta de medicinas serían los únicos locales comerciales participantes de éste sistema.

El Sistema Financiero Nacional Privado (SFNP) donde se congregan todas las instituciones financieras privadas que captan dinero en el país, recibirán como depósitos todos los vales provenientes de las transacciones comerciales y de servicios realizadas por sus clientes.

Dichas instituciones financieras presentarán al cobro al Estado los valores correspondientes de los vales a través de la cámara de compensación del Banco Central del Ecuador, donde poseerán una cuenta para este fin.

La compensación del dinero por los vales válidos presentados al cobro será cada 24 horas de la misma manera que se procesan los cheques girados por clientes.

El Banco Central del Ecuador (BCE) aplicará las políticas monetarias en función de cobro al MEF, control del encaje bancario y pago a las instituciones (SFNP) depositantes de los vales.

Por el establecimiento del encaje bancario a todas las instituciones (SFNP), en práctica y en teoría, el BCE no alcanzaría a solicitar el cobro de los vales mensuales por la obligatoriedad de mantener el 1% del total de las captaciones en la nueva cuenta de compensación.

Los bancos del sistema financiero podrán prestarse entre ellos vales para poder cumplir con el encaje legal establecido por la Superintendencia de Bancos y Seguros.

## RESURGE EL BANCO CENTRAL: DINERO ELECTRÓNICO

El dinero electrónico es una forma de pago distintas al uso de efectivo, tarjeta de crédito, transferencia bancaria y es una modalidad de pago similar a la de tarjeta de débito. El cupo de la tarjeta de crédito del cliente está basado en el record de respuesta, puntualidad y pagos realizados durante un periodo de tiempo, el mismo que por lo general es de un mes. La tarjeta de débito está respaldada por el dinero en efectivo depositado en una de las cuentas (corriente o de ahorro) que ofrece el banco a su cliente propietario y poseedor de la tarjeta. El dinero electrónico es otro medio de pago idéntico a la tarjeta de débito con la gran diferencia que la tarjeta de débito es un pedazo de plástico con banda magnética que es leída por un lector electrónico, mientras que para el funcionamiento del dinero electrónico se necesitaría que, el usuario dueño del dinero, proyecte a través de la pantalla, de su celular, reloj o Tablet inteligente, la información del dinero por cancelar a cambio de un bien o servicio adquirido. Por el momento, el uso y respaldo del dinero electrónico es a través de una cuenta bancaria de exclusividad del Banco Central del Ecuador (BCE); lo que significa que el usuario del dinero electrónico tuviera que abrir una cuenta corriente en el BCE. Es de entenderse que los locales comerciales o de servicios del país, así como tienen un lector de tarjetas de crédito y de débito, poseerían un lector de las pantallas de los artefactos inteligentes descritos anteriormente para poder ejecutar o transferir el dinero electrónicamente por sus compras de bienes y servicios.

Indudablemente, que con la modernidad de la tecnología en el mundo seguirán apareciendo alternativas de pagos que representen el esfuerzo remunerado del trabajador, facilitando el desenvolvimiento de las transacciones comerciales o de servicio del día a día.

Por lo descrito, no hay ninguna novedad para el entendimiento de la población, por las diferentes formas de pago que puedan aparecer en la vida del ciudadano. Desde la aprobación del dinero electrónico en enero de 2011 hasta la fecha, su funcionamiento ha sido muy marginal; por eso, la necesidad de las autoridades económicas de impulsarlo como alternativa de pago, promocionando su uso a través de la concepción de deducciones del 2% del IVA al usuario del dinero electrónico.[153] Esto indicaría que el interés que tiene el gobierno nacional para promover el uso de este nuevo mecanismo de pago, es por razones de iliquidez, tal como admitió Diego Martínez, gerente del BCE, en una entrevista concedida a diario El Universo[154].

---

[153] Servicio de Rentas Internas. "SRI DEVOLVERÁ IVA PAGADO CON MEDIOS ELECTRÓNICOS".
[154] Ver la entrevista en: El Universo, "Diego Martínez: "(Dinero electrónico) Es un mecanismo para sobrellevar la falta de liquidez".

El lector se preguntará: ¿cuáles son las posibles complicaciones? Y la respuesta es que, este sistema del dinero electrónico no salió como iniciativa del sistema financiero nacional privado como demostración de modernidad o de prestación de mejores servicios a sus clientes, sino como idea de un ente estatal como es el Banco Central del Ecuador, institución que lleva 17 años tratando de recuperar el control de la política monetaria, el mismo que lo perdieron con la implementación de la dolarización en el país.

Conocemos que la independencia del BCE es cosa del pasado; por tal motivo, esta iniciativa del dinero electrónico es promocionado por el poder ejecutivo a través de sus autoridades económicas, basado en el artículo 303 de la Constitución de la Republica donde se establece que la política monetaria, crediticia, cambiaria y financiera es facultad exclusiva de la función ejecutiva y se instrumenta a través del Banco Central del Ecuador. Además, el Articulo 308 de la Constitución establece que la actividad financiera es un servicio de orden público, y podrán ejercerse previa autorización del Estado.

Esos dos artículos de la constitución son las principales razones de dudas sobre cualquier propuesta estatal sobre el tema, porque todos queremos al dólar como: moneda transaccional, referente contable y para acumular valor en el tiempo. Cualquier iniciativa nueva, llámese dinero electrónico o como se llame, que reemplace al dólar en las funciones mencionadas, pone a los analistas económicos a cuestionar el funcionamiento transparente o no del mecanismo de pago en cuestión.

Los cuestionamientos sobre el dinero electrónico aparecen desde las primeras disposiciones legales sobre este nuevo instrumento de pago, donde se menciona que el dinero electrónico estaría respaldado por "activos líquidos" del balance del

BCE[155], sumado a la obligatoriedad de tener que abrir una cuenta corriente en el BCE, por ser la única institución autorizada a usar el sistema electrónico de pago. Allí, el fracaso hasta el momento del uso del dinero electrónico, el mismo que lleva transado apenas un saldo de alrededor de 800 mil dólares hace un año. A abril de 2017 el saldo de dinero electrónico es de alrededor de $6,1 millones según el Banco Central del Ecuador.[156]

Precisamente por la desconfianza de la ciudadanía, la Resolución No. 109-2015-M de la Junta de Política y Regulación Monetaria y Financiera trata de dar confianza a la ciudadanía y crea los lineamientos para el uso del dinero electrónico, el mismo que dice lo siguiente:

*"PRIMERA. - La entrega de Dinero Electrónico que efectúe el Banco Central del Ecuador a personas naturales o jurídicas se realizará, de manera directa o a través de agentes autorizados, únicamente contra canje de:*

1. *Dólares de los Estados Unidos de América;*
2. *Moneda fraccionaria metálica; o,*
3. *Depósitos en dólares de los Estados Unidos de América debidamente acreditados a favor del Banco Central del Ecuador.*

*Se prohíbe que el Banco Central del Ecuador entregue Dinero Electrónico contra canje de cualquier tipo de títulos valores emitidos por entidades públicas o privadas.*

---

[155] Art. 2 de Resolución Administrativa BCE-037-2014 donde menciona lo siguiente que: "… deberá estar respaldado al cien por ciento (100%) con activos líquidos del BCE. El grado de liquidez de estos activos de respaldo deberá ser análogo al grado de liquidez de los activos de la Reserva Internacional de Libre Disponibilidad (RILD)".

[156] El Universo, "En $ 6,1 millones, saldo de dinero electrónico en el Banco Central del Ecuador".

*SEGUNDA. - El Dinero Electrónico en circulación se registrará como un pasivo en una cuenta en el balance del Banco Central del Ecuador y deberá estar respaldado al cien por ciento (100%) en dólares de los Estados Unidos de América y/o en oro monetario, de las reservas internacionales."*

¡Brillante! Muy bien redactada la cláusula primera ya que aclara que, si no hay los dólares depositados a favor del Banco Central del Ecuador, se prohíbe la entrega de dinero electrónico respaldado por bonos de institución pública alguna; es decir, no se permitirá la emisión inorgánica de dinero electrónico por parte de las instituciones del estado.

Por el lado de los activos, el balance del BCE está compuesto por los activos líquidos, activos fijos y otros activos. Importante mencionarlo porque específicamente, en la cláusula segunda deja definido el dinero en efectivo, oro monetario y reservas internacionales como los únicos activos líquidos que respaldan el dinero electrónico. Si hacemos un recuento contable sencillo entenderemos que tanto los balances bancarios como societarios poseen cuentas de liquides realizables de corto plazo y cuentas de activos a mediano y largo plazo. Entre las cuentas de liquides a corto plazo no solo pudiera estar el dinero físico sino bonos de inversión del estado ecuatoriano dentro y fuera del país.

Ahora bien, la cláusula segunda señala que el dinero electrónico en circulación es un pasivo en la cuenta del balance del BCE, el mismo que debe estar respaldado por dinero en efectivo y/o oro monetario, de las reservas internacionales. En otras palabras, la cuenta que respalda el dinero electrónico debe estar en el balance del BCE donde se registran los "activos líquidos" donde dice efectivo o caja, oro monetario -el mismo que no está en el país- y reservas internacionales. Habría que preguntarse a cuáles reservas internacionales se refiere, ¿a las de libre disponibilidad?

Las Reservas Monetarias de Libre Disponibilidad (RMLD) en dolarización jamás debieron existir a excepción del monto que respaldan la especie monetaria nacional que es aproximadamente 84 millones de dólares. El Fondo de Liquidez del Sistema Financiero Ecuatoriano (FLSFE) es una reserva de los depósitos del sistema financiero nacional contabilizado en el activo del BCE como parte de la RMLD.

Siendo el emisor y administrador del dinero electrónico el BCE, el término "reservas internacionales" en la cláusula segunda deja abierta la posibilidad de que el dinero electrónico emitido por el BCE estaría respaldado con un dinero que no les pertenece; esto es la posibilidad de que los dólares de reserva de los bancos sean utilizados para respaldar una parte de la emisión de dinero electrónico.

Como cosa nueva, aparece en el debate la posible participación de los bancos privados en la emisión del dinero electrónico siempre y cuando el banco central mantenga su control en esta nueva iniciativa. Aquí es donde está el detalle. Porque de esta manera estaría el permiso implícito de los bancos para que el BCE justifique la emisión del dinero electrónico ya que, a falta de dólares físico por parte del Estado, estaría el fondo de liquidez de la banca privada a disposición del mismo Estado.

Vamos a suponer que la banca privada del país acepte la iniciativa del dinero electrónico, esto es que cada cliente a través de su celular o instrumento inteligente pudiera consumir su dinero depositado en su banco; lo que significa que para controlar su emisión el BCE y la Superintendencia de Bancos y Seguros (SBS) pudiera ordenar un encaje bancario[157] sobre el uso abierto del dinero electrónico, el mismo que viene a ser, en resumidas cuentas, la totalidad de las captaciones en el sistema financiero nacional privado, esto es aproximadamente 30 mil millones de dólares; esto implicaría un costo que la banca tuviera que trasladar a su cliente por el hecho de tener un dinero congelado en la cuenta del banco central, costo que se transpone a través de cada operación crediticia dentro del sistema financiero nacional.

## ENCAJE BANCARIO

Para que tenga el lector una idea de cómo afecta la aplicación de un encaje, asumimos la imposición del 1% de encaje; lo que implicaría alrededor 300 millones de dólares para uso en dinero electrónico por parte del Estado; siempre y cuando, el dinero rota[158] una sola vez en el sistema financiero nacional; si el dinero electrónico recorre 12 veces en el sistema serían más de tres mil millones al año.

Frente a esta realidad se comprueba una vez más que las intenciones del Estado es cargar su problema del elevado gasto público a los ecuatorianos. A corto plazo, habrá que observarse que porcentaje del sueldo del funcionario público se pagaría en

---

[157] Es el porcentaje del dinero de los bancos que debe ser mantenido en reservas líquidas en el BCE y no puede ser usado para invertir o hacer préstamos.

[158] Para los entendidos en economía, la velocidad del dinero está dada por la fórmula: Multiplicador del Dinero = 1/(% de Encaje) = número de veces; sin embargo, esta fórmula no aplica porque la banca no está participando en el dinero electrónico.

dinero electrónico y qué montos de este mismo dinero fueran destinados para pagar contratistas y proveedores del Estado. En otras palabras, el mismo BCE tendría la facultad de darle la velocidad de uso al dinero electrónico y su contrapartida en el balance sería el incremento en el encaje bancario, un papel que represente el oro físico y el fondo de liquidez de los bancos por estar registrado como parte de nuestras reservas internacionales.

¿DÓNDE ESTÁ EL TEMOR?

Existen varios temores:

1) Que el activo liquido de respaldo al dinero electrónico sea un papel que respalde el oro físico, el mismo que ya está comprometido en el exterior; lo que sería una emisión inorgánica de dinero.

2) Que todo el sistema financiero nacional privado este participando en el dinero electrónico tal como se está aspirando por parte de las autoridades y que el Estado se sirva de ello para girar montos incuantificables de dinero electrónico para cubrir sus problemas de caja; por ende, la banca traslada el costo del encaje a su cliente encareciéndose el crédito; lo que significaría mayor desplazamiento del Estado sobre sector privado en la actividad económica.

3) Que una vez que está completamente funcionando el dinero electrónico los proveedores del Estado y los funcionarios públicos que hayan sido cancelados electrónicamente quieran canjearlos por dinero en efectivo y no hubiera suficiente respaldo para atender dicho pedido.

## ¿CÓMO EMPIEZA Y CÓMO TERMINA?

A buena hora la Asociación de Bancos Privados del Ecuador[159] anunciaron al país que no participarían en el mecanismo de dinero electrónico. Esto implica que los bancos no se van a prestar para la creación de nuevo dinero en la economía por las razones que tengan.

El Banco Central del Ecuador con respaldo de los fondos del encaje bancario o el fondo de liquidez emitiría dinero electrónico para cubrir sus necesidades de caja, las veces y los montos que sean necesarios para cubrir las obligaciones estatales. El mecanismo del dinero electrónico ya está en funcionamiento.

## ALTERNATIVAS DEL ESTADO A SU PROBLEMA DE CAJA

En un primer paso, que el Estado page a sus contratistas con Títulos del Banco Central (TBC) o bonos del Estado, el contratista paga, con una parte los impuestos y con el saldo a sus proveedores, que también pagan sus impuestos. El Servicio de Rentas Internas (SRI) acepta los bonos y cruza cuentas con el Estado, representado por el Ministerio de Economía (MEF). Este mecanismo se limita por sí sólo en el momento que el SRI recauda más TBC que efectivo, requerido para el gasto presupuestario.

En un segundo paso, el contratista, acreedor del Estado por contratos del pasado, ya no recibiría TBC, sino dinero electrónico, dinero que transará una parte en escasos locales comerciales o de servicios en el país, el resto querrán presentarlo al cobro al BCE a cambio de efectivo, cosa que el BCE cumpliría

---

[159] ASOBANCA es una entidad gremial que representa los intereses de los bancos privados del Ecuador. Actualmente son 15 los bancos miembros de la asociación.

con transferencia a la cuenta bancaria del demandante. Los dólares que respalda la emisión del dinero electrónico por parte del BCE está respaldada por el encaje bancario y el fondo de liquidez de los bancos hasta que el cliente se le ocurra demandar sus dólares físicamente retirándolo del sistema financiero nacional. En ese momento recién nos daremos cuenta que tanto se le fue la mano al Estado cancelando sus problemas de caja con el dinero electrónico.

**Primer paso**

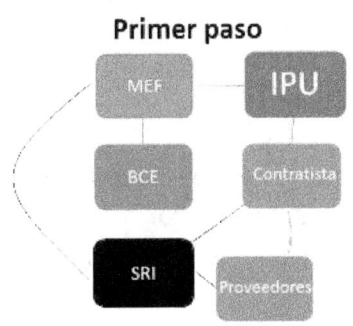

MEF. – Ministerio de Economía
IPU. - Ministerios u otras instituciones públicas
BCE. – Banco Central del Ecuador
Contratista. – Acreedores de las instituciones del Estado
Proveedores. – Contratistas y proveedores del Contratista
SRI. – Sistema de Rentas Internas
TBC. – Títulos del Banco Central del Ecuador

Funcionamiento: Dentro del presupuesto del Estado, el MEF emite TBC a favor de las IPU para que cancelen las deudas pendientes a los Contratistas. Los Contratistas pagan sus impuestos al SRI y a sus Proveedores con TBC y el SRI cruza cuentas con el MEF.

**Segundo paso**

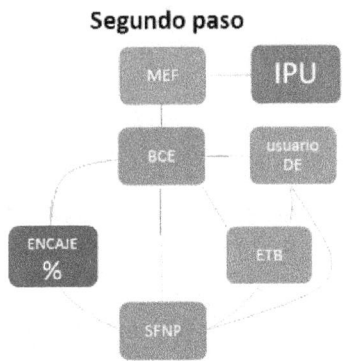

DE. – Dinero Electrónico
Usuario DE. – Usuario de Dinero Electrónico

ETB. – Establecimiento comercial o de servicios

SFNP. – Sistema financiero nacional privado (Bancos)

Encaje %. – Encaje porcentual sobre la totalidad de las captaciones

Funcionamiento: Dentro del presupuesto del Estado, el MEF da la orden para que el BCE emita DE a favor del Usuario DE, el mismo que puede ser un funcionario público o acreedor del Estado. El usuario DE adquiere bienes y servicios de los ETB con DE y el resto lo demanda en el SFNP. El SFNP exige el efectivo al BCE para cubrir la demanda del DE presentada por los Usuarios DE. El BCE acede dar los dólares al SFNP, pero antes el SFNP tuvo que cumplir con el monto en dólares el porcentaje de cobertura del encaje legal establecido.

## LA RELACIÓN CON LOS BANCOS

El banquero puede conocer a muchos de sus clientes, pero difícilmente conoce a todos y sus necesidades. Por tal motivo, existe muchas lecturas sobre qué rol desempeña un banquero en la sociedad. Una definición simple es un intermediario de dinero que se encarga de la custodia del mismo, la colocación crediticia y cobranza de todas las transacciones que le fueron permitidas realizar. En ciertos países, la creación de instrumentos financieros tiene mucha imaginación y libertad ocasionando grandes ganancias para sus clientes en épocas de bonanzas, éstos pueden llegar a ocasionar grandes pérdidas para los depositantes en momento de crisis. Con libertad financiera o no, las crisis son económicas y no bancarias tal como se ha hecho creer en el Ecuador.

Cuando los políticos fracasan en la conducción económica de un país, es cuando se busca culpables para tratar de salvar sus reputaciones. Fue la clase política la que vendió la idea de que los banqueros fueron los culpables de la crisis en 1925 con lo que derivó la famosa revolución Juliana y la de 1999, sin tomarse en cuenta los reiterados errores de nuestros gobernantes en las decisiones económicas sumados a los factores exógenos que avivaron el fuego de la hoguera, debemos buscar políticas financieras que permita al banquero cumplir con los servicios que se proponga en beneficio de sus clientes.

En Ecuador, no hay que inventar nada en términos bancarios, sino seguir el ejemplo de otros. Tenemos el mejor ejemplo sobre el tratamiento de leyes bancarias a escasa hora y media de vuelo: Panamá, donde existe la dolarización desde 1904, logrando crear el centro financiero más importante de la región. En Panamá existen 69 bancos privados con licencias[160] que se mueven con bastante autonomía, políticamente nadie persigue a los banqueros e igual la mayoría de los bancos del mundo, la banca panameña a igual que la ecuatoriana, han elegido el modelo suizo sometiéndose a las normas bancarias de Basilea.[161] En los 112 años de la existencia de la banca panameña bajo la dolarización ha pasado por periodos de crisis, pero no de persecución como lo ocurrido en el Ecuador.

En los últimos años en nuestro país no hay periodo electoral que no se mencione a los banqueros como "cabezas de turco" para hacer acusaciones antojadizas por atraer a el electorado con sus votos. Por supuesto, este hecho de mal trato a los banqueros es señal de que la bancarización en el país está falta de desarrollo, pues el crédito no llega a todos los potenciales clientes ni a la población de menores recursos.

Debemos crear nuevos planes de bancarización, modernización y fortalecimiento del sistema financiero nacional para

---

[160] Asociación Bancaria de Panamá. "Directorio Bancario".
[161] Normas de Basilea son condiciones mínimas de seguridad bancaria que deberían tener las instituciones financieras a nivel internacional. Basilea II.

que éstos se conviertan en una fuente de financiamiento barato a los estándares internacionales.

En el mundo de la liquidez abundante donde en Europa y Asia hay tasas de interés negativas[162], no es entendible que en el Ecuador cueste tanto el dinero y que no se tenga fuentes de financiamientos externos a tasas preferenciales. No sólo el riesgo país perjudica el desarrollo crediticio como todos sabemos, sino también la falta de competencia de la banca local frente a la banca internacional. Habría que revisar las exigencias de la Superintendencia de Bancos y Seguros (SBS) con respecto al establecimiento de nuevos bancos para poder determinar por qué no somos como Panamá en materia de servicios bancarios.

El monto mayor del dinero está en el sistema financiero nacional. Antes de la dolarización el 60% del total de dinero en los bancos ya estaban registrados en dólares, lo que indica que, por elección, los clientes bancarios preferían el dólar norteamericano frente al sucre, moneda nacional. La dolarización fue apenas una confirmación de lo que la gente generadora de dinero deseaba, hecho que no hace distinción entre empresario y trabajador. Recordemos que los empresarios con experiencia negociaban en dólares sus sueldos, antes de la dolarización y a la clase trabajadora no le hubiera disgustado haber tenido una oportunidad de ganar en dólares en épocas del sucre, cuando la moneda se depreciaba constantemente. El sucre es parte de la mala historia monetaria de nuestro país. Entonces, ¿por qué queremos que fracase el dólar? Definitivamente, ¡no yo! ni usted señor(a) lector(a).

---

[162] Anzil, Federico. "Tasas de Interés Negativas".

**¿Qué pasa Ecuador?**

Hay un dicho popular que dice que para llegar tarde siempre tienes que fabricar una excusa. ¿Será que hubo economistas que llegaron tarde a opinar sobre las bondades de la dolarización? Tal vez por eso no dan su brazo a torcer. Parecería que, en las ciencias económicas, ciertos economistas no desean tener un récord contradictorio por eso, sin necesidad de atacar al sistema monetario de la dolarización, encuentran al dólar como un limitante en la toma de decisiones. Ver cuadro LISTADO DE FALSEDADES SOBRE LA DOLARIZACIÓN EN ECUADOR.

LISTADO DE FALSEDADES SOBRE DOLARIZACIÓN EN ECUADOR

| Con la Dolarización: | EXPLICACIÓN |
|---|---|
| Subieron los precios | - Oferta y demanda determinan los precios |
| El déficit fiscal obliga su salida | - La dolarización es una decisión presidencial |
| Se sostiene por remesas de los emigrantes | - La dolarización es una decisión presidencial |
| Peligra sin reservas monetarias y sin dinero | - La dolarización es una decisión presidencial |
| Nos hace perder competitividad | - Son las trabas al comercio internacional la culpable |
| Se acabaron todos los problemas económicos | - La dolarización no es un modelo económico |
| Se perdió soberanía | - Los capitales no tienen nacionalidad cuando fugan |
| Peligra por déficit en la Balanza Comercial | - En dolarización la BC es un referente contable |

Elaborado por: BFN

La oferta de uno o varios fabricantes de producto y el deseo de uno o varios individuos de comprar dicho producto es lo que determina el precio de ese mismo producto o el llamado precio de mercado. A este hecho en economía nos referimos como la ley natural de la oferta y la demanda. Como comprenderán hay miles de bienes y servicios que se ofertan y se demandan en el mundo que pocos gobiernos quisieran controlar, en contra del flujo natural de las transacciones. El control de precios lo único que ocasiona es encarecer el producto e incentivar la escasez. No es imposible de que autoridad alguna controle los precios de los productos sin que sea crea una distorsión a favor o en contra del vendedor o del comprador. Cuando los precios suben es por alguna razón más directa que la simple manipulación especulativa de la mercancía. Por ejemplo, si prohibimos la venta de sopas importadas, los fabricantes locales no sienten la presión de la competencia ajustando los precios hacia arriba, pero si permitimos la competencia, es decir que muchos fabricantes traten captar los gustos de los consumidores con productos de mayor calidad a menor precio, los precios se adecuan a niveles convenientes para todos. Incentivar la competencia ha fallado en el Ecuador.

La diferencia del porcentaje de inflación anual entre Ecuador y Estados Unidos de Norteamérica es de 21,9% demuestra la falta de competencia en el Ecuador para mantener los precios bajos. A pesar de que Estados Unidos y Ecuador tienen la misma moneda, no hemos recibido los mismos beneficios de mantener los precios al mismo nivel.

| PORCENTAJE DE INFLACIÓN | | | |
|---|---|---|---|
| AÑOS | ECUADOR | EE UU | DIF. |
| 2006 | 3,4 | 2,5 | 0,9 |
| 2007 | 2,3 | 2,9 | -0,6 |
| 2008 | 8,4 | 3,8 | 4,6 |
| 2009 | 5,2 | -0,3 | 5,5 |
| 2010 | 3,6 | 1,4 | 2,2 |
| 2011 | 4,5 | 3,1 | 1,4 |
| 2012 | 5,1 | 2,1 | 3,0 |
| 2013 | 2,7 | 1,5 | 1,2 |
| 2014 | 3,2 | 1,6 | 1,6 |
| 2015 | 3,4 | 0,1 | 3,3 |
| 2016 | 1,1 | 2,1 | -1,0 |
| Últimos 10 | 42,8 | 20,8 | 22,0 |

Elaborado por: BFN          Fuente: BCE

### ¿Qué pasa Ecuador?

Que no se mal interprete como que la dolarización no dio sus frutos, al contrario, los resultados son muy buenos con respecto a mantener la inflación en un solo dígito frente a la otra posibilidad que era seguir manteniendo el sucre como moneda, y con el tiempo descubrir un proceso inflacionario sin precedente, similar a la registrada en Venezuela del 700%[163], por el elevado gasto público de los últimos 10 años en el Ecuador, ya que a falta de financiamiento y sin dolarización posiblemente se hubiera impreso dinero para financiar la arremetida del incremento del estado. Para que el lector tenga una idea, Ecuador ha crecido en el gasto público desde el 24,1% del PIB en 2007 hasta el 49,4% del 2016; es decir, un incremento del 105%[164].

La dolarización no es ni será jamás causante de los malos resultados económicos, su vigencia o no depende del deseo de la gente de preferir la moneda frente a cualquier alternativa nacional y a la decisión legal de continuar o no con el modelo monetario/cambiario es facultad directa del poder ejecutivo, tal como se describe en el artículo 303 de la constitución aprobada en el 2008:

> *"Art. 303.- La formulación de las políticas monetaria, crediticia, cambiaria y financiera es facultad exclusiva de la Función Ejecutiva y se instrumentará a través del Banco Central. La ley regulará la circulación de la moneda con poder liberatorio en el territorio ecuatoriano.*
>
> *La ejecución de la política crediticia y financiera también se ejercerá a través de la banca pública.*

---

[163] El Carbobeño. "Consecomercio: Venezuela cerró el 2016 con inflación por encima de 700%"
[164] Fuente: Our World in Data y datos periodísticos recientes.

*El Banco Central es una persona jurídica de derecho público, cuya organización y funcionamiento será establecido por la ley."*

El dólar como moneda no tiene otras funciones que ser un registro contable, medio de pago y una manera de acumular valor en el tiempo. No importa donde tenga guardado el dólar, si es en la banca o en el colchón, cuando el poseedor del mismo se pone nervioso, procede a llevarse su dinero a un buen recaudo. En ese momento podemos decir que los capitales no tienen soberanía. Si así fuera tendríamos que decir que gran parte de los ahorros generados en el Ecuador están en bancos americanos y panameños, por ende, habríamos perdido soberanía ante esos países, ¡Absurdo! ¿No les parece? ¿Quién es más dueño que su dinero que el propio dueño del mismo?

En plena crisis de la deuda soberana de Grecia iniciada a fines del 2009, apresuradamente se debatía por todos lados la necesidad de salirse del euro como moneda, como si eso fuera la solución a la irresponsabilidad de tanto del deudor (Grecia) como de los acreedores (Bancos Europeos) por haber comprometido al país a tan alto endeudamiento, que llegó a ser alrededor del 180% del PIB[165], televisivamente vi que un periodista preguntaba a un jubilado en las calles de Atenas sobre la posibilidad de la salida de Grecia de la Unión Europea, el jubilado acertadamente comentó: "... en crisis, cuando no hay plata no importa si la moneda se llama Dracma[166] o Euro, igual da". En conclusión, nada tiene que ver la moneda con los malos resultados económicos.

---

[165] Wikipedia. "Greek government-debt crisis"
[166] El Dracma fue la moneda de curso legal en Grecia antes que el euro la sustituya en el 2002.

## ¿Qué pasa Ecuador?

Tal como mencionamos anteriormente, para muchos ecuatorianos, la banca estadounidense y panameña ha sido un lugar seguro para sus ahorros en lugar de mantener el dinero en la banca ecuatoriana. A buena hora, la dolarización también tiene otras verdades, ver cuadro LISTADO DE VERDADES SOBRE DOLARIZACIÓN EN ECUADOR.

Que quede claro y la falta de dinero en el sector público así lo demuestra, en un país con dolarización se puede gastar hasta que su nivel de endeudamiento lo permita. En otras palabras, trabas constitucionales al endeudamiento ayudan, pero no impiden que el mandatario de turno nos siga endeudando tratando de cubrir sus ambiciosos gastos presupuestarios.

LISTADO DE VERDADES SOBRE DOLARIZACIÓN EN ECUADOR

| Con la Dolarización: | EXPLICACIÓN |
|---|---|
| Es una limitante al gasto público | - El Estado no puede gastar mas allá de su apalancamiento |
| El Estado no puede emitir dinero para gastar | - Ya no se cuenta con moneda nacional |
| El Estado puede acuñar monedas fraccionarias | - El límite de la acuñación es el deseo ciudadano de poseerla |
| Es un esquema cambiaro/monetario | - Quita poder discrecional al burócrata |
| La mantiene su valor en el tiempo | - Es considerada como una moneda dura |
| Da estabilidad financiera en tiempos de crisis | - Sin tipo de cambio, no hay referente negativo |
| Se planifica mejor los presupuestos | - Corto y largo plazo porque se mantiene su valor |

Elaborado por: BFN

Existe una ventaja estando en dolarización, para el gobierno no es sencillo conseguir dinero para cubrir el déficit presupuestario. La dificultad es mayor si la carga de impuestos a los ciudadanos está al límite haciéndose casi imposible implementar nuevas reformas tributarias de incremento; entonces, a las autoridades económicas no le queda otro camino que del endeudamiento a tasas muy altas. ¡Endeudamiento!, ¿Cuánto más? Hasta que el flujo y las garantías al nuevo crédito lo permita. Ejemplo, gestionar un anticipo de dinero por ventas futuras de petróleo tiene dos limitantes: la producción y el precio estimado del barril de petróleo a futuro, parámetros que se utilizan para calcular el anticipo de dinero que se está solicitando. Sin dudas, bajando la producción petrolera o cayendo sus precios se cerraría este tipo de operación y, por ende, el gobierno se vería obligado a buscar otras fuentes de financiamiento con nuevas garantías. Allí es cuando nos preguntamos, ¿qué otros activos tenemos en el Ecuador que no sea el petróleo como para ponerlos en garantía de nuevos préstamos? O ¿para qué nuevo proyecto estamos justificando el hecho de hipotecar los activos de la nación?

En conclusión, el endeudamiento tiene una limitante física por la dolarización y un impedimento moral, porque revierte la popularidad del político a menos cada vez que quiera pasar la factura al pueblo vía impuestos. Con moneda nacional, el exceso de endeudamiento crea inflación por el incremento en el gasto público y su control estaría supeditado a políticas monetarias del banco central, cosa que no fue bueno para el Ecuador por el historial malo del BCE que hizo que hoy estemos en dolarización.

Adicionalmente, las autoridades económicas pueden reemplazar los dólares fraccionarios por moneda propia para poder tener una utilidad por la fabricación de la moneda, la misma que tiene un valor nominal distinto a su costo real de acuñación. Me explico, si la moneda es norteamericana, por su circulación en el país, el Ecuador no gana nada porque no fue acuñada por nuestras autoridades monetarias. Si acuñamos monedas de 1, 5, 10, 25, 50 centavos y de hasta de un dólar el Ecuador tuviera una utilidad entre el costo de acuñación y de metales utilizados en la aleación frente al valor nominal de la moneda que siempre tendrá que ser mayor para justificar la fabricación.

### ¿Qué pasa Ecuador?

Supongamos que las autoridades monetarias no tengan límite para acuñar nuevas monedas para forzar su circulación y generar una utilidad adicional para el BCE, cosa que se pretendió al inicio de la dolarización en el Ecuador, cuando se obligaba que el cliente bancario reciba por ventanilla el cambio de un cheque presentado en monedas de diferentes denominaciones. Esta obligatoriedad abusiva de los bancos por orden del BCE ocasionó una reacción negativa al cliente que se reusó, entre ellos yo mismo, a recibir obligadamente monedas por cheques de hasta $100 presentados en ventanilla. Ya se imagina el joven lector que no vivió esas experiencias, usando bolsillos de mago o de payaso para que le quepan todas las monedas para uso de sus consumos diarios. De ninguna manera la dolarización se perjudica por las intenciones de inundar el mercado ecuatoriano con monedas fraccionarias propias, porque la aceptación de las mismas está limitada por el rechazo del ciudadano y su la capacidad de tener que cargarlas, cosa que se soluciona con billetes de nuestra confianza: dólares estadounidenses de diferentes nominaciones.

A parte de todas las otras bondades que conocemos de la dolarización sobre la limitante en la circulación de dinero sin respaldo de valor, que la moneda mantiene su valor en el tiempo y que se planifica mejor los presupuestos o contabilidad de costos, tenemos la mejor de las ventajas: el dólar nos da mayor estabilidad financiera en tiempos de crisis porque ya no existe el referente negativo que significaba el tipo de cambio de la moneda nacional (sucre) frente al dólar. En tiempos del sucre, un falso rumor sobre la posible quiebra de un banco se acentuaba con la volatilidad del tipo de cambio. La depreciación del tipo de cambio ocasionaba expectativas negativas de la actividad económica, la misma que se perjudicaba con la reafirmación de los rumores y un nuevo incremento en el tipo de cambio; este hecho de la era del sucre como moneda formaba un circulo vicio de nunca acabar muy costoso para el país porque hacía que el Banco Central del Ecuador intervenga en el mercado de divisas, soltando dólares tratando de frenar la espiral inflacionaria recogiendo sucres del sistema financiero privado a cambio de la venta de dólares y vice versa.

La falta de bancarización hace el costo del dinero sea elevado en el Ecuador. Aún no se ha dado solución al financiamiento de préstamos pequeños; los pequeños artesanos, ebanistas, sastres, costureras, pintores, albañiles, etc., están sometidos a préstamos de chulco[167] por falta de historial crediticio al no ser cliente del sistema financiero nacional.

Existe una realidad, para una institución financiera, el costo administrativo de manejar un préstamo pequeño de $100 que es lo que pudiera necesitar uno de los artesanales arriba mencionados, es demasiado elevado por eso los bancos prefieren no tenerlos como clientes. Ejemplo, $100 de préstamo a 100 artesanos equivalen a un solo préstamo de $10.000 a un pequeño comerciante; adicionalmente, un solo oficial de crédito bancario pudiera manejar 100 clientes[168] con un préstamo promedio de $60.000, lo que es igual a una cartera de $6'000.000 versus una cartera de $10.000 si ese oficial de crédito atendiera a los 100 artesanos que acuden al chulco. Recordemos que un banco o institución financiera formal está sometida a normas y regulaciones que limitan el cobro de altas tasas de interés haciendo aún más complicado una iniciativa de bancarizar a ese pequeño sector de artesanos.

---

[167] Chulco es un término comúnmente usado en el Ecuador, el mismo que se refiere al préstamo de usura que se cobra a diario, semanal o mensual a tasas interés superiores a las establecidas por ley.
[168] Para un oficial de crédito manejar 100 clientes en el año equivale a menos de dos clientes por semana.

**¿Qué pasa Ecuador?**

En la gráfica podemos ver la realidad del costo del dinero en el Ecuador. Dentro del gráfico COSTO DEL DINERO DE PEQUEÑAS Y GRANDES TRANSACCIONES, de izquierda a derecha en la línea horizontal superior, mientras más pequeña es la transacción financiera (Tamaño del Préstamo) más alto es el Costo del Préstamo para el solicitante del crédito.

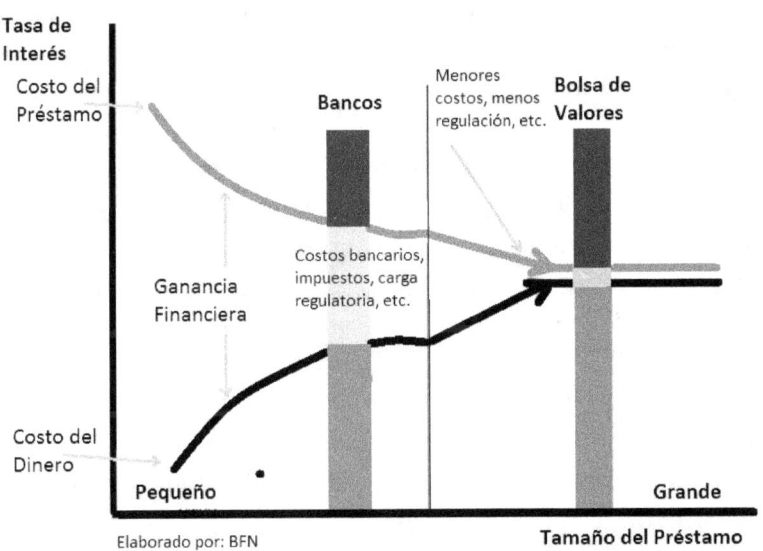

COSTO DEL DINERO DE PEQUEÑAS Y GRANDES TRANSACCIONES

Para el chulquero, el dinero es barato porque posiblemente lo obtuvo por alguna actividad ilegal: narcotráfico, robo, trata de blancas, etc., por eso la línea inferior horizontal (Costo del Dinero) arranca desde abajo, pero con el incremento de las transacciones va requiriendo de costos administrativos adicionales achicándose el margen de ganancias y de otras fuentes informales de financiamiento por la cual paga inferior interés a lo que pagarían los bancos por depósitos de ahorro.

Para el chulquero, mantener un margen elevado de ganancia (la diferencia entre las curvas Costo del Préstamo y Costo del Dinero) es una necesidad de administración del crédito por lo pequeño de la transacción.

Para los bancos el margen de ganancia entre lo captado en depósitos y la tasa de interés del crédito está dado por altos costos que generan los costos bancarios, regulaciones, impuestos, etc. Dentro de la banca se diferencian los créditos de consumo de los comerciales y de los industriales por las tasas de interés y plazos variados acorde a las circunstancias del solicitante y conveniencia del banco. Por lo general los préstamos de consumo y comerciales tienen tasas de interés superiores con plazos cortos frente a los corporativos con plazos más largos a tasas de interés menores, con la misma secuencia los montos van de menos a más, de pequeño a grande en la gráfica. Los créditos con montos más grandes tienen vencimientos a más largo plazo y a menores tasas de interés indica la lógica bancaria.

Puede darse el caso de que corporaciones que requieren de transacciones grandes a largo plazo acudan a la bolsa de valores para una emisión de obligaciones[169]. En este tipo de transacciones, la empresa que emite la obligación con promesas de pagos periódicos, puede conceder un interés superior al obtenido por un ahorrista en un banco; además pudiera adquirir dinero a una tasa inferior a la tasa corporativa que otorgaría su banco, en caso que solicitara un préstamo. La emisión de obligación es un tipo de operación que tiene un costo mínimo

---

[169] En el artículo 160 de la Ley de Mercado de Valores del Ecuador se establece la definición de emisión de obligaciones que no es otra cosa que una emisión de bonos con monto, tasa de interés y periodo de pago a favor del inversionista que puso el dinero.

de intermediación por eso es muy conveniente para la empresa, emisora de la obligación.

En el gráfico no está reflejado la fórmula más barata de financiamiento de una empresa que sería la apertura del paquete accionario al público con la emisión de nuevas acciones, las mismas que serían vendidas a través de la bolsa de valores. Una empresa familiar exitosa pudiera conseguir nuevos fondos a casi cero costos al ceder parte de su paquete accionario a inversionistas que estén dispuestos a compartir el riesgo. La labor es simple. A través de una casa de valores se anuncia la apertura del capital de la empresa y se transan las nuevas acciones en una de las dos bolsas del Ecuador: Guayaquil o Quito o ambas, en caso que la casa de valores elegida para la oferta pública de acciones operar en las dos ciudades.

## LA REALIDAD DEL MERCADO DE VALORES DEL ECUADOR

El mercado de valores del Ecuador es una realidad muy incipiente. Resulta que, existiendo las herramientas adecuadas para transar, los empresarios del Ecuador prefieren el endeudamiento bancario con el afán de controlar su empresa familiar o de pocos amigos y así no perder "el control" de la misma. Pongo la palabra: control entre comillas, porque bajo una buena administración, que rinda resultados a los inversionistas año a año, no habría razón para que, en una asamblea de socios, vaya ser removido un directorio o la gerencia general; además, cuando se está convencido del éxito de la empresa que se está convirtiendo en una empresa de capital abierto, el inversionista es el convencido de la oportunidad que se le presenta al adquirir parte de las acciones y apunta a beneficiarse de la empresa por sus resultados históricos y proyecciones futuras, caso contrario sería especular sin conocimiento; actitud riesgosa que a ninguna de las dos partes les conviene porque el precio de la acción puede hacerse muy volátil, esto es variación en el precio hacia arriba y hacia abajo con rangos inexplicablemente altos.

En el pasado y en otros países, si han existido grandes corporaciones que han adquirido acciones desde el primer día que se hicieron públicas (Inicial Public Offering – IPO) alguna empresa de su competencia, aprovechándose del derecho a la información por ser accionista, situación que no debería preocupar a la empresa proponente del nuevo paquete accionario, porque la competencia está financiando su desarrollo a cambio de una información que de todas maneras tendría que ser pública al momento que se acude al mercado de la bolsa de valores.

Si los pormenores de la empresa al hacer pública la información es un impedimento al progreso, sería porque la clase empresarial no entendió las grandes ventajas que implica obtener gran cantidad de capitales sin fecha de vencimiento o rendimiento obligado. Con una oferta pública de acciones la empresa adquiere una ventaja inmediata sobre sus competidores porque el dinero puede utilizarlo para incrementar la producción y eliminar pasivos caros que restringen las ganancias.

Para el gerente-propietario de empresa familiar está convencido que es más sencillo tratar con el oficial de crédito de un banco que rendir cuentas en directorio a nuevos inversionistas que muy poco conoce. Falta de conveniencia o personalidad, nuestra clase empresarial se ha limitado a solicitar créditos bancarios y desperdicia la fuente de financiamiento más barata del mundo que es la apertura de capitales en mercados bursátiles. [170]

Existen 60 principales bolsas mundiales con un valor de mercado de aproximadamente 69 billones de dólares ($69'000.000.000.000) donde no aparece ninguna de las dos bolsas del Ecuador enlistadas. El 93% de la capitalización de las bolsas mundiales están en tres continentes: Norteamérica con 40,6%, Europa con el 19,59% y Asia con el 33,3%. Las 5 principales bolsas de Sudamérica apenas cuentan con el 1,35% participación del mercado de valores mundial; lo que equivale a 933.000 millones de dólares.

Si nos preguntamos, ¿dónde está la plata de los inversionistas del mundo? Contestaríamos en cualquier lado menos en Sudamérica y África, a pesar que este último continente tiene una capitalización mayor en las bolsas de valores, con $1'122.000'000.000 que equivalen al 1,5% del mercado mundial, que las bolsas de nuestro continente Sudamericano. Las bolsas de Nueva York con más de 18 billones de dólares y Nasdaq con más de 7 billones de dólares, ambas de Estados Unidos son las que mayor inversión de capital poseen en el mundo[171].

Desarrollar una bolsa de valores que atraiga los capitales extranjeros y retenga los capitales nacionales es la solución para crecer como país. Un sistema financiero sólido, bolsa de valores bien desarrolladas, seguridad jurídica, políticas económicas que impulse la apertura comercial, disminución del gasto público y una buena educación garantiza crecimiento sostenible de largo plazo.

---

[170] Wikipedia. "Bolsa de valores".

[171] Para mayor detalle sobre las bolsas de valores mundiales, consultar en: http://money.visualcapitalist.com/all-of-the-worlds-stock-exchanges-by-size/

Al comparar las Bolsas de Valores Latinoamericanas de un grupo de países selectos encontramos que las de Bolivia y las de Ecuador son los más incipientes en lo que corresponde a la capitalización de las empresas que se cotizan en el mercado. El valor patrimonial en la de Ecuador es alrededor de 6 mil millones de dólares; esto corresponde al 5,96% en relación al producto interno bruto del país porcentajes que es inferior al 11,62% de Bolivia, el cuadro CAPITALIZACION DE LA BOLSA DE VALORES POR PAISES nos enseña que la Bolsa de Valores de Chile es la más desarrollada del Continente suramericano con una participación del 121,33% de capitalización sobre el producto interno bruto de ese país.

CAPITALIZACIÓN DE LA BOLSA DE VALORES POR PAÍSES
(En millones)

| PAÍS | POBLACIÓN | PIB | % del PIB | 2012 US$ | AÑOS ANTERIORES ~ 5 | ~ 10 | ~ 25 |
|---|---|---|---|---|---|---|---|
| ARGENTINA | 43,6 | 540.164 | 6,29% | 34.000 | 52.000 | 39.000 | 2.000 |
| BOLIVIA | 11,0 | 34.425 | 11,62% | 4.000 | 3.000 | 1.000 | n.d. |
| BRASIL | 206,2 | 2.353.025 | 52,27% | 1.230.000 | 589.000 | 235.000 | 32.000 |
| CHILE | 18,2 | 257.968 | 121,33% | 313.000 | 132.000 | 86.000 | 7.000 |
| COLOMBIA | 48,8 | 384.901 | 68,07% | 262.000 | 87.000 | 14.000 | 1.000 |
| ECUADOR | 16,5 | 100.755 | 5,96% | 6.000 | 5.000 | 2.000 | n.d. |
| MEXICO | 122,3 | 1.282.725 | 40,93% | 525.000 | 233.000 | 123.000 | 14.000 |
| PANAMÁ | 3,8 | 55.143 | 23,58% | 13.000 | 7.000 | 3.000 | n.d. |
| PERÚ | 31,5 | 202.948 | 47,80% | 97.000 | 56.000 | 16.000 | n.d. |
| VENEZUELA | 31,0 | 205.787 | 12,15% | 25.000 | n.d. | 4.000 | 2.000 |

FUENTE: WIKIPEDIA Y QUANDL.CO     ELABORADO POR: BFN

Las cifras sobre Chile demuestran la fortaleza del sector privado y el buen desempeño de los dineros provenientes del ahorro interno, gracias al excelente sistema privado de previsión. Panamá país dolarizado como el nuestro tiene una relación sobre el producto interno bruto del 23,58%; cifra que es superior a la nuestra. Venezuela con todas sus complicaciones e inestabilidad política por el mal manejo de su economía y de las libertades a sus ciudadanos, tiene una mejor capitalización de bolsa de 12,15%, que la del Ecuador. Por lógica, Ecuador debería ser un país que irradie confianza al inversionista por el hecho de estar dolarizado.

¿Acaso la dolarización no debería ser una ventaja para la inversión extranjera? ¡Por supuesto que sí! Pero no es culpa de la dolarización todos los mensajes negativos enviados desde el poder ejecutivo, judicial y legislativos que espantan a inversionistas nacionales y extranjeros.  La lista de peros es grande cuando se hace un análisis de inversión en el Ecuador.  Está claro que la falta de inversión extranjera en el Ecuador se refleja en la Bolsa de Valores de Guayaquil y Quito; es entendible la inversión extranjera en Colombia que tiene cifras de miles y millones de dólares que están muy bien reflejados en el 68,07% de capitalización sobre el producto interno bruto de ese país. Igualmente, vemos que algo similar ocurre con Perú donde las cifras son del 47,80% con el mismo en referencia.  En el mismo cuadro vemos que Brasil tiene un porcentaje del 52,27% sobre el PIB y que es uno de los países donde la Bolsa de Valores más se ha desarrollado en los últimos 25 años.

El caso de Chile con sus cifras de crecimiento en la capitalización de los valores de la empresa demuestra que ha habido políticas estables de largo plazo, garantizando una economía sostenible en el tiempo, lo que significa que hay políticas económicas claras que deberían ser imitadas por otros países de la región. Entre ellas está el sistema de pensiones donde la participación individual y solidaria ha logrado un nivel de ahorro suficiente como para que las inversiones en nuevos negocios aporten el desarrollo del país. Gracias a los fondos de previsión, es conocido que grandes empresas chilenas invierten en países vecinos y en el resto de Suramérica.

Habría que preguntarnos; ¿Que necesita el Ecuador para desarrollar sus Bolsas de Valores? Empezaríamos por decir que la confianza es muy importante para la seguridad del inversionista. Se dice que a través de la seguridad política se logra la confianza que requiere el inversionista nacional y extranjero, sin temor a equivocarme la gran mayoría de los ecuatorianos pudientes tienen su dinero de ahorro familiar en bancos domiciliados en países como Estados Unidos, Panamá o Suiza por la seguridad que proporcionan; por su comportamiento histórico. Esto no es cuestión de mejor o peor banco; esto es cuestión de dónde el inversionista se sienta más cómodo al tener que hacer su reserva de capital. Lamentablemente, no proporciona esa seguridad de largo plazo. La fuga de capitales no ayuda al desarrollo del país porque el dinero salió del sistema financiero nacional reduciendo la posibilidad de nuevos créditos requeridos por los emprendedores generadores de riqueza.

Al resumir; las políticas económicas deben estar enfocadas a mantener la riqueza que se genera de manera libre y espontáneamente dentro del país. Menciono la palabra libre porque los capitales, después de pagados los impuestos, pertenecen a quienes los generaron; esto no es cuestión de poner más impuestos a la salida de capitales para lograr un objetivo de evitar la fuga de capitales porque esa misma imposición pasaría a ser una traba para los inversionistas extranjeros. No me imagino, a un inversionista tener que hacer el cálculo en el retiro de su dividendo por las utilidades logradas en el país de tener que tomar en consideración el 5% de castigo por pago al impuesto de la salida de capitales. Se pudiera decir que si la inversión está registrada en el Banco Central del Ecuador se exonera del pago del impuesto a la salida de capitales; empero, la posible exoneración al impuesto de salidas de divisas genera inseguridad para no invertir porque, en el análisis, el inversionista diría que en el momento que la idea del cobro del impuesto existe, es suficiente razón para no correr el riesgo de invertir por la inseguridad a largo plazo en un posible cambio de opinión en caso de que nuevas autoridades así lo crean conveniente; además, que sería la oportunidad para el Banco Central del Ecuador de obligar encajes o retenciones sobre el dinero en tránsito y no para crear el ambiente propicio para la inversión extranjera.

Nos preguntamos: ¿cómo logramos mayores volúmenes de transacciones en la bolsa de valores? La respuesta sería: incluyendo suficientes recursos al sistema financiero nacional privado, provenientes de las instituciones públicas donde se encuentran muchos recursos monetarios con poca generación provechosa, a falta de su colocación en actividades rentables. Alguien podría decir que los bancos estatales deberían cumplir con su objetivo de colocar eficientemente los recursos que se les asigne; sin embargo, esa es una práctica que no ocurre con eficacia y su demostración está en las múltiples descapitalizaciones de los bancos de desarrollo[172] a falta de retorno por constante fracasos en la mala entrega de los recursos[173].

---

[172] Las condonaciones con el Banco Nacional de Fomento que atiende al sector agropecuario del Ecuador tiene un largo historial. Entre 1988 y 1998 se registraron ocho programas de condonación de deudas con el BNF, según un estudio de Banca de Desarrollo para el Agro. Pamela García y Evelyn Tapia. Redactoras (I). "La amnistía tributaria llegó al BNF". El Comercio

[173] Por ejemplo, el Banco del Instituto Ecuatoriano de Seguridad Social (BIESS) ha colocado el 44% de su portafolio (alrededor de $7.626 millones) en Bonos del Estado peligrando la capitalización futura del banco de los afiliados, según denuncia de 4pelagatos (Hernández, José).

Invertir el dinero en Bonos del Estado genera gastos presupuestarios gigantescos que no es sustentable en el crecimiento a largo plazo. Una cosa es invertir en carreteras y otra es invertir en gastos corrientes de la burocracia, este último desgasta recursos y el primero genera infraestructura que facilita la producción. De igual manera dicha infraestructura la puede desarrollar el sector privado de una manera más eficiente de la que logra el sector público. Para una economía sustentable se necesita un cuidado minucioso de los pocos capitales públicos y privados que se encuentran en la economía.

La competencia es una práctica necesaria para en buen desarrollo de los mercados y la eficiencia en el uso del dinero. La buena salud de la banca y su nivel de competitividad en muchas ocasiones no está dada con la ineficiencia del banquero sino por exceso de regulaciones.

| COMPETITIVIDAD BANCARIA | EE UU | | PANAMÁ | | ECUADOR | |
|---|---|---|---|---|---|---|
| | Puesto | De 1 a 7 | Puesto | De 1 a 7 | Puesto | De 1 a 7 |
| Desarrollo general del sistema financiero | 5 | 5,5 | 15 | 4,9 | 92 | 3,5 |
| Disponibilidad de servicios financieros | 4 | 6,2 | 16 | 5,7 | 84 | 4,2 |
| Asequibilidad de los servicios financieros | 10 | 5,7 | 18 | 5,5 | 80 | 4,0 |
| Disponibilidad de emisón de valores | 5 | 5,5 | 40 | 4,1 | 77 | 3,4 |
| Facilidad de acceso a Préstamos | 14 | 3,9 | 13 | 4,0 | 33 | 3,4 |
| Disponibilidad de capitales de riesgo | 5 | 4,5 | 22 | 3,6 | 105 | 2,3 |
| Solvencia de la banca (Soundness) | 39 | 5,6 | 11 | 6,2 | 58 | 5,1 |
| Regulaciones y seguridad financiera | 24 | 5,2 | 28 | 5,1 | 66 | 4,2 |
| Protección legal de clientes bancarios[1] | 4 | 11,0 | 24 | 7,0 | 129 | 1,0 |

Nota: [1] Esta medición es del 1 al 12

Elaborado por: BFN          Fuente: World Economic Forum, Competitiveness Ranking

En el cuadro COMPETITIVIDAD BANCARIA claramente demuestra que las posiciones del Ecuador o de la banca ecuatoriana es muy deficiente en su nivel de competitividad frente a

## ¿Qué pasa Ecuador?

estados Unidos y Panamá; si queremos que el dinero generado por los ecuatorianos se mantenga en el país para beneficio y desarrollo de la sociedad, tendremos que mejorar las condiciones regulatorias de la banca, los indicadores así lo demuestran. Comparando en términos generales y resumidos el nivel de desarrollo del sistema financiero del Ecuador y en el mundo, encontramos que nuestro país está en el puesto 92 con una calificación de 3.5 sobre 7 frente a Panamá que se encuentra en el puesto 15 con una calificación de 4.9 sobre 7.

Así mismo podemos recorrer las cifras del recuadro y vamos a encontrar que la disponibilidad de capitales de riesgos son escasas para el Ecuador (puesto 105); lo que indica que prácticamente no hay dinero para el desarrollo de nuevos negocios o proyectos industriales; es decir, se castiga las buenas ideas al no existir capitales que puedan desarrollarlas al momento de solicitarse el apoyo financiero. Con referencia a la protección que puedan tener los clientes bancarios, el Ecuador se encuentra en el puesto 129. Coincidencia, todos los demás indicadores del Ecuador están en una posición inferior a la que esta Panamá, país a seguir en temas de atracción de capitales financieros por tener el dólar como moneda oficial desde 1904.

# HABLEMOS DE INEQUIDAD

*"La pobreza no es socialismo. Ser rico es glorioso."*
Deng Xiaoping (1904-1997)[174]

Inequidad, desigualdad, injusticia social son términos similares y confusas cuando se las aplican de manera demagógicas. Ningún ser humano nace igual a otro, aunque se dice que cada cual tiene su hermano gemelo en alguna parte del mundo, todos somos iguales. Cada etnia, cada raza o cada grupo social tienen sus propias costumbres, diferentes formas de vestir, diferentes gustos, diferentes religiones y conveniencias de vivir. Unos más alegres o divertidos que otros los seres humanos procuramos el bienestar propio y el de nuestras familias.

Existen varios indicadores económicos para medir la inequidad económica entre sociedades o países, pero a menudo se usa el <u>coeficiente de Gini</u>, aunque también se utilizan el <u>índice de Atkinson</u>, <u>índice de Theil</u>, <u>índice de Hoover</u>, la comparación interquintil o la <u>varianza</u> logarítmica.[175] Todos métodos válidos que pasan a ser de gran interés para economistas que quieran medir la evolución de las sociedades dentro de un periodo mediano de tiempo.

Con desigualdades en los ingresos o no el mundo avanza. Los ingresos per cápita de los ciudadanos del mundo se han incrementa dentro de tres periodos importantes: 1820, 1970 y 2000.

---

[174] El más importante político y reformista del gobierno chino después de la era Mao Zedong. Deng Xioping gobernó China desde 1978 hasta el día de su muerte en 1997. Su mejor legado es la liberación de la economía china del modelo socialista.
[175] Wikipedia, "Desigualdad de Ingreso".

## ¿Qué pasa Ecuador?

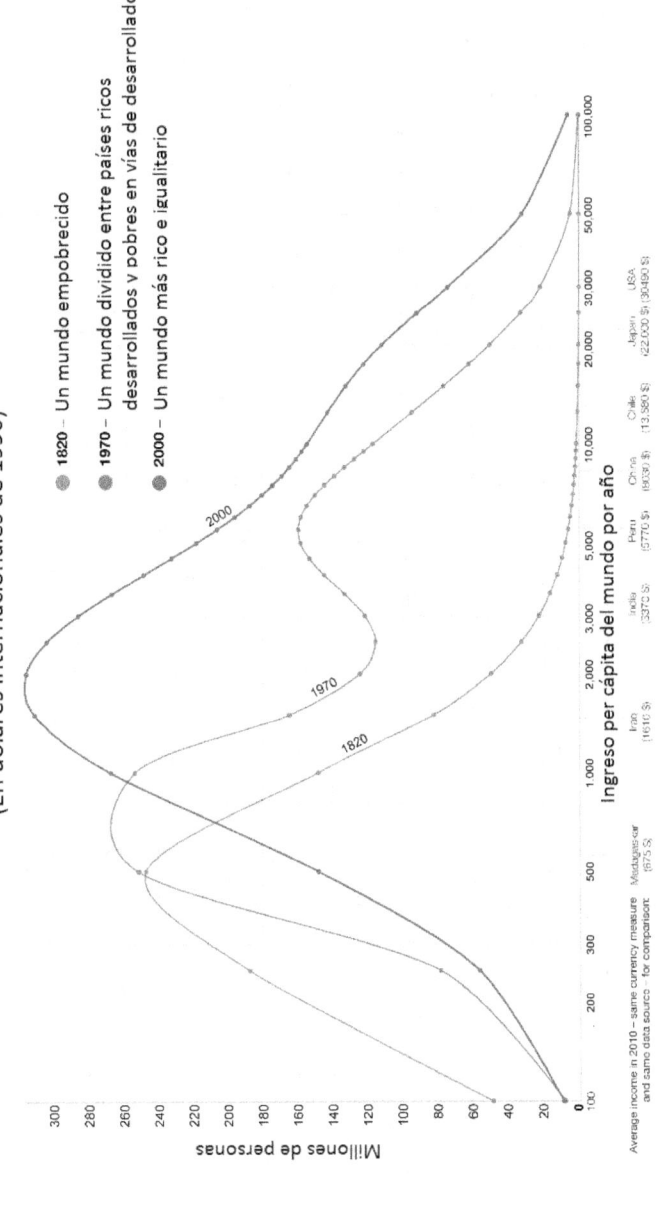

Distribución Mundial de Ingresos en 1820, 1970 y 2000 - por Max Roser
(En dólares internacionales de 1990)

1820 – Un mundo empobrecido

1970 – Un mundo dividido entre países ricos desarrollados y pobres en vías de desarrollado

2000 – Un mundo más rico e igualitario

Millones de personas

Ingreso per cápita del mundo por año

El gráfico *Distribución de Mundial de Ingresos en 1820, 1970 y 2000 – por Max Roser*[176] registra la tendencia de la distribución de los ingresos de los ciudadanos del mundo donde en la accisa de las Xs (lado izquierdo del gráfico) tenemos los millones de personas que obtuvieron ingresos en dólares (accisa de las Ys, lado inferior) a diferentes niveles durante los años 1820, 1970 y 2000 de lineados en el gráfico a lo largo de diferentes niveles de ingresos desde cero a $100.000. Encontramos que la línea del año 2000 tiene una distribución superior de ingresos frente a la línea de 1970 y ésta superior a la línea de 1820. Numéricamente las líneas registran la siguiente información:

### DIFERENTES NIVELES DE INGRESOS EN 1820, 1970 Y 2000
(Millones de ciudadanos del mundo)

|  | $ 250 | $ 500 | $1.000 | $2.000 | $5.000 | $ 10.000 | $25.000 |
|---|---|---|---|---|---|---|---|
| 1820 | 188,9 | 248,7 | 149,5 | 50,5 | 8 | 1,7 | 0,2 |
| 1970 | 79,7 | 253 | 254,9 | 125,5 | 159,2 | 117,9 | 33,6 |
| 2000 | 57,5 | 149,3 | 268,7 | 317 | 219,4 | 155,5 | 92,6 |
| Var. 1970/1820 | -58% | 2% | 71% | 149% | 1890% | 6835% | 16700% |
| Var. 2000/1970 | -28% | -41% | 5% | 153% | 38% | 32% | 176% |

Fuente:  Our World in Data          Elaborado por:  BFN

Las cifras en el cuadro DIFERENTES NIVELES DE INGRESOS EN 1820, 1970 Y 2000 reconocen la evolución de los ingresos promedios ajustados a la inflación para que las cifras puedan ser comparables en el tiempo. En 1820, fue mayor la cantidad de ciudadanos del mundo (188,9 personas) que ganaba $250 al año frente a 79,7 millones y 57,5 millones de personas de 1970

---

[176] Max Roser es un geofísico, filósofo y economista alemán que recorre el mundo recolectando información y comparando estándares de vida de las poblaciones de los países.

y 2000, respectivamente. A niveles de $500 anuales, en 1970 había 253 millones de personas que tenían esos ingresos versus 248,7 millones de 1970 y 149,3 millones del 2000. Las cifras demuestran que con el pasar de los periodos estudiados los percentiles de distribución del ingreso, pues así lo demuestra el gráfico, se trasladan hacia la derecha a lo largo de la accisa del Ingreso per Cápita del mundo por año; esto indica que los habitantes del planeta han mejorado su estándar de vida con el pasar de los años.

A partir de los niveles de ingresos de $1000 anuales el periodo 2000 contabiliza mayor población (268,7 millones) que 1970 (254,9 millones) y 1820 (149,5 millones). El nivel de pobreza era del nivel del 85% al 95% en 1820[177] y la inequidad se desarrolla con el tiempo cuando los países industrializados comienzan a diferenciarse de los de vía en desarrollo. Mientras en 1820 la mayoría de la población tenía ingresos de $500 anuales, en 1970 la gran parte de la población ganaba $1000 anuales y en el año 2000 la mayoría de los ciudadanos ganaban $2000 al año.

El crecimiento de la población mundial con mayores sueldos anuales registra una variación porcentual entre los años 1970 y 1820 del 71% a niveles de ingresos de $1000 hasta llegar al 6835% de $10.000 y 16700% de $25.000; lo que indica que en el periodo de 150 años el cambio del estándar de vida fue altamente significativo por la productividad de la era industrial. En un periodo de 30 años, la variación porcentual entre el año 2000 y 1970 es de apenas 5% en el nivel de $1000 demostrando que la población mundial abandonaba los niveles bajos de in-

---

[177] "Global Economic Inequality" de Max Roser

gresos ya que a nivel de $2000 de ingreso, el crecimiento porcentual fue del 153%, 38% a niveles de $5000, 32% de $10.000 y 176% de $25.000.

Con la información graficada anteriormente por los periodos 1820, 1970 y 2000, más la recolección de datos de Angus Maddison, economista holandés, quien ha registrado información universal valiosísima para la historia económica, la misma que está a la mano en el internet para quien la requiera[178], resumo el contenido del cuadro INGRESOS POR REGIONES – PIB PER CÁPITA, no sin antes, explicar el contenido de las filas del cuadro. Los países están agrupados por regiones de la siguiente manera:

- Europa occidental (12): Austria, Bélgica, Dinamarca, Finlandia, Francia, Alemania, Italia, Holanda, Noruega, Suecia, Suiza y Reino Unido.
- Total Europa occidental (30): los 12 países anteriores más Irlanda, Grecia, Portugal, España y 14 países europeos occidentales.
- Rama Occidental (4): Australia, Canadá, Nueva Zelandia y Estados Unidos.
- Europa Oriental (7): Albania, Bulgaria, Checoslovaquia, Hungría, Polonia, Rumanía y Yugoslavia.
- Ex Unión Soviética (15): Armenia, Azerbaiyán, Bielorrusia, Estonia, Georgia, Kazakstán, Kirguistán, Letonia, Lituania, Moldavia, Federación Rusa, Tayikistán, Turkmenistán, Ucrania y Uzbekistán
- Latinoamericanos (8): Argentina, Brasil, Chile, Colombia, Méjico, Perú, Uruguay y Venezuela.
- Latinoamericanos y Caribe (15): Bolivia Costa Rica, Cuba, República Dominicana, Ecuador, El Salvador, Guatemala, Haití,

---

[178] Maddison Project en: http://www.ggdc.net/maddison/maddison-project/home.htm

Honduras, Jamaica, Nicaragua, Panamá, Paraguay, Puerto Rico y Trinidad y Tobago.

- Total Latinoamérica: países latinoamericanos y del Caribe.
- Asia del Este (16): China, India, Indonesia, Japón, Filipinas, Corea del Sur, Tailandia, Taiwán, Bangladesh, Birmania, Hong Kong, Malasia, Nepal, Paquistán, Singapur y Sri Lanka.
- Total Asia del Este (30): Afganistán, Camboya, Laos, Mongolia, Corea del Norte, Vietnam y 24 países pequeños.
- Asia del Oeste (15): Bahréin, Irán, Iraq, Israel, Jordania, Kuwait, Líbano, Omán, Qatar, Arabia Saudita, Siria, Turquía, Emiratos Árabes Unidos, Yemen y Franja de Gaza.
- Total África (57): Argelia, Angola, Benín, Botsuana, Burkina Faso, Burundi, Camerún, Cabo Verde, República Central Africana, Chad, Islas Comodoro, Congo, Costa de Marfil, Djibouti, Egipto, Guinea Ecuatorial, Eritrea y Etiopia, Gabón, Gambia, Ghana, Guinea, Guinea Bissau, Kenia, Lesoto, Liberia, Libia, Madagascar, Malawi, Mali, Mauritania, Mauricio, Marruecos, Mozambique, Namibia, Nigeria, Ruanda, Santo Tomé y Príncipe, Senegal, Seychelles, Sierra Leona, Somalia, Sud África, Sudán, Suazilandia, Tanzania, Togo, Túnez, Uganda, Zaire, Zambia, Zimbabue, y tres pequeños países.

En el cuadro INGRESOS POR REGIONES – PIB PER CÁPITA se registra los ingresos per cápita de diferentes regiones del mundo, calculado con dólares internacionales de 1990[179]. En el mencionado cuadro, vemos la evolución de los ingresos por los cinco periodos seleccionados: 1820, 1970, 2000, 2008 y 2010. Entre periodos registrados hay una evolución positiva desde 1820 hasta 2008, año de la crisis mundial, y pequeño estancamiento en los dos últimos años entre el 2008 y 2010 donde se

---

[179] Esta metodología de calcular un dólar internacional fue propuesta por Roy C. Geary en 1958 y desarrollada por Salem Hanna Khamis entre los años 1970 y 1972, tiene como finalidad la comparación de los ingresos a través de los años con referencia a 1990 como año base para que el poder de compra del dólar no se diluya en el tiempo y sea válida la comparación.

contabiliza un crecimiento de apenas del 2,6% de promedio mundial.

## INGRESOS POR REGIONES - PIB PER CÁPITA
(Dólares Internationales Geary-Khamis de 1990)

| Grupos de Países | 1820 | 1970 | 1990 | 2000 | 2008 | 2010 |
|---|---|---|---|---|---|---|
| Europa Occidental (12) | 1.234 | 10.925 | 16.793 | 19.993 | 22.246 | 21.793 |
| Total Europe Occidental (30) | 1.194 | 10.169 | 15.905 | 19.176 | 21.672 | 20.889 |
| Rama Occidental (4) | 1.202 | 14.560 | 22.346 | 27.394 | 30.152 | 29.564 |
| Europa del Este (7) | 683 | 4.315 | 5.427 | 5.970 | 8.569 | 8.678 |
| Ex Yugoslavia | n.d. | 3.945 | 5.646 | 4.850 | 6.982 | 6.693 |
| Ex Czecholosvaquia | n.d. | n.d. | 8.513 | 8.930 | 13.241 | 13.020 |
| Ex Unión Soviética (15) | 688 | 5.575 | 6.894 | 4.460 | 7.904 | 7.733 |
| Latinoamericanos (8) | 712 | 4.309 | 5.461 | 6.418 | 7.639 | 7.770 |
| Latinoamericados y Caribe (15) | 636 | 2.588 | 3.244 | 3.523 | 4.360 | 4.772 |
| Total Latinoamérica y Caribe | 691 | 3.996 | 5.065 | 5.889 | 7.028 | 6.767 |
| Asia del Este (16) | 580 | 1.417 | 2.704 | 3.768 | 5.673 | 6.375 |
| Total Asia del Este (30) | 556 | 998 | 1.350 | 1.519 | 2.296 | 3.108 |
| Asia del Oeste (15) | 607 | 3.999 | 4.859 | 5.684 | 6.947 | 7.231 |
| Total Asia | 581 | 1.528 | 2.783 | 3.798 | 5.611 | 6.307 |
| Total Africa | 420 | 1.335 | 1.425 | 1.447 | 1.780 | 2.034 |
| **Promedio Mundial** | **666** | **3.729** | **5.149** | **6.038** | **7.614** | **7.814** |
| Variación en número de veces | | 5,6 | | 9,1 | 11,4 | 11,7 |
| Variación Porcentual | | 460,2% | | 61,9% | 26,1% | 2,6% |

FUENTE: Angus Maddison                    Elaborado por: BFN

La recuperación de las cifras mundiales se debió al buen performance de la región asiática y africana que tienen un crecimiento de ingresos entre el año 2008 y 2010 del 12,4% y 14,3%, respectivamente, frente al mal desenvolvimiento de países directamente afectados por la crisis mundial. Entre los países afectados se destacan Norteamérica, Oceanía y 21 pequeñas islas del Caribe, sumadas en el total Latinoamérica y Caribe. Los países con prominentes recursos naturales fueron los beneficiados directo de la variación de los precios del hierro, aluminio, cobre, oro, plata, petróleo, etc.; mientras los mercados internacionales golpeaban a los países industrializados donde los capitales de inversión se perdían por el colapso de los bienes raíces en Europa y Norteamérica, donde, en esta última región, el empaquetamiento de hipotecas por parte de los bancos había promocionado la construcción de viviendas para ciudadanos sin real capacidad de pago al corto y mediano plazo. Como era de suponerse, la afectación en plazas de empleo a nivel mundial rebota en la cesación de pago de las hipotecas bancarias y estás a la banca de inversión que compraron los proyectos inmobiliarios de los bancos tenedores de las hipotecas. De esa manera se liberaban más fondos para más operaciones de crédito, gracias al exceso de liquidez mundial proveniente de la inversión en armamentos y gastos de logística de los países participantes en la invasión de Iraq. Es decir, todo un shock de confianza en los mercados mundiales que se venía arrastrando desde el ataque terrorista 9/11, donde los países más desarrollados fueron los de mayor afectación de la crisis mundial.

Basándonos en la misma información sobre los ingresos mundiales por regiones, encontramos que, para el año de 1820, los principales países de Europa Occidental tenían ingresos similares a los países Rama Occidental; esto es, apenas 1,03 veces superior en la relación entre los ingresos. La comparación de Europa Occidental (12 países) con Europa del Este guarda una relación de 1,81 veces de ingresos superiores en 1820. La analogía de Europa Occidental con respecto a Total Latinoamérica y Caribe era de 1,94 veces en 1820 y así sucesivamente en el cuadro RELACIÓN DE INGRESOS DE EUROPA OCCIDENTAL 12

PAÍSES VS OTRAS REGIONES DEL MUNDO, encontramos que la máxima diferencia de ingresos superiores de Europa Occidental (12) es de 2,94 veces sobre Total África.

### RELACIÓN DE INGRESOS DE EUROPA OCCIDENTAL 12 PAÍSES VS OTRAS REGIONES DEL MUNDO

| Grupos de Países | 1820 | 1970 | 1990 | 2000 | 2008 | 2010 |
|---|---|---|---|---|---|---|
| Total Europe Occidental (30) | 1,03 | 1,07 | 1,06 | 1,04 | 1,03 | 1,04 |
| Rama Occidental | 1,03 | 0,75 | 0,75 | 0,73 | 0,74 | 0,74 |
| Europa Este (7) | 1,81 | 2,53 | 3,09 | 3,35 | 2,60 | 2,51 |
| Ex Yugoslavia | | 2,77 | 2,97 | 4,12 | 3,19 | 3,26 |
| Ex Czecholosvaquia | | | 1,97 | 2,24 | 1,68 | 1,67 |
| Ex Unión Sovietica | 1,79 | 1,96 | 2,44 | 4,48 | 2,81 | 2,82 |
| Latinoamérica (8) | 1,73 | 2,54 | 3,08 | 3,12 | 2,91 | 2,80 |
| Latinoamérica y Caribe (15) | 1,94 | 4,22 | 5,18 | 5,67 | 5,10 | 4,57 |
| Total Latinoamerica y Caribe | 1,79 | 2,73 | 3,32 | 3,39 | 3,17 | 3,22 |
| Asia del Este (16) | 2,13 | 7,71 | 6,21 | 5,31 | 3,92 | 3,42 |
| Total Asia del Este (30) | 2,22 | 10,95 | 12,44 | 13,16 | 9,69 | 7,01 |
| Asia del Oeste (15) | 2,03 | 2,73 | 3,46 | 3,52 | 3,20 | 3,01 |
| Total Asia | 2,13 | 7,15 | 6,03 | 5,26 | 3,96 | 3,46 |
| Total África | 2,94 | 8,18 | 11,79 | 13,82 | 12,50 | 10,71 |
| **Promedio Mundial** | **1,85** | **2,93** | **3,26** | **3,31** | **2,92** | **2,79** |

FUENTE: Angus Maddison          Elaborado por: BFN

En el año 2000, los ingresos de Europa Occidental (12) pasan a ser 13,16 veces superior a los ingresos del Total Asia del Este (30) que tan conformados por Afganistán, Camboya, Laos, Mongolia, Corea del Norte, Vietnam y 24 países pequeños, los mismos que fueron afectados por dos guerras: Vietnam y Corea; y la invasión a Afganistán por tropas rusas a fines de los setenta, lo que hace difícil determinar si fueron las políticas económicas erróneas las adoptadas desde 1820 hasta el 2000 como parte de la razón de la brecha entre la región más rica del mundo y la de peores ingresos. Esa misma relación es de 13,82 con Total África, siendo estas dos regiones las de menor ingresos en el mundo.

En el 2010, Total Asia del Este recupera sus ingresos siendo 7,01 veces inferiores a Europa Occidental, pero África como región sigue siendo 10,71 veces menor que los ingresos de Europa Occidental. Siguiendo el recorrido del cuadro en referencia, visualizamos que Europa Occidental era 2,44 veces superior en ingresos que la Ex Unión Soviética en el 1990 frente a los 1,79 veces de 1820 y 3,09 veces que Europa del Este con la relación de 1,81 de 1820; esto demuestra que el modelo comunista de las repúblicas soviéticas y aliados de Europa del Este tuvieron un desarrollo económico inferior a los países que se mantuvieron en la línea capitalista como Europa Occidental y los países de la Rama Occidental que superaron en sus ingresos a todas las regiones del mundo. Esas diferencias entre el bloque occidental y oriental se amplían a 4,48 y 3,35 con referencia a los países de la ex Unión Soviética y Europa del Este, respectivamente. Ya en el 2010, con mayor apertura económica por parte de los países del bloque oriental, la relación de los ingresos cambia positivamente achicándose las diferencias en el 2010 a 2,82 veces en referencia a la Ex Unión Soviética y 2,51 veces con respecto a Europa del Este.

Regresando al 2010, las brechas de ingresos entre Europa Occidental (12) y el promedio mundial es de 2,79 veces, donde solamente los países de la Rama Occidental (Australia, Canadá, Estados Unidos y Nueva Zelandia) registran mejores ingresos con 0,74 veces en la relación mencionada.

Concluyendo las cifras de los cuadros anteriores y dividiendo los ingresos promedios de cada región de 2010 sobre los ingresos promedios de 1820, tenemos que el ingreso promedio del ciudadano de los países de la Rama Occidental ha mejorado en 24,60 veces; Europa Occidental (12) en 17,66 veces; Total Europa Occidental (30) en 17,49 veces; Europa del Este (7) en 12,70 veces; Ex Unión Soviética (15) en 11,24 veces; Latinoamericanos (8) en 10,92 veces; Latinoamericanos y Caribe (15) en 7,51 veces; Total Latinoamérica y Caribe en 9,79 veces; Asia del Este (16) en 10,99 veces; Total Asia del Este (30) en 5,59 veces; Asia del Oeste (15) en 11,91 veces; Total Asia en 10,86 veces; Total África en 4,85 veces y el Promedio Mundial en 11,74 veces.

Para los estudiosos de los modelos económicos, las cifras mundiales de Angus Maddison nos da la pauta por dónde buscar el modelo con mejores resultados en el estándar de vida de los ciudadanos. Es indudable que los milagros se consideran económicos cuando vienen acompañados de una mejora en el nivel de vida de los ciudadanos. Hecha la aclaración ¿Por qué el Ecuador se empecina en seguir la contraria de las tendencias mundiales? ¿Acaso estamos aislados de los acontecimientos mundiales y de los avances de las ciencias económicas y políticas? Considero que algo estamos entendiendo mal las ciencias económicas al momento de tener que aplicarlas. Los resultados regionales demuestran que los países con mayor acercamiento a la liberta económica tales como Europa Occidental, Australia, Canadá, Nueva Zelandia y Estados Unidos, son los que mejores estándares de vida proporcionan a sus ciudadanos.

Constantemente en el Ecuador, desde tiempos atrás se está intentando re-fundar el país con esquemas improvisados y fracasados del pasado. El sistema centralizado y socialista de la ex Unión Soviética, hizo que el Estado paternalista colapse en el manejo económico y que políticamente se desmiembren las 15 repúblicas que la conformaban. Con la caída del muro de

**¿Qué pasa Ecuador?**

Berlín, el mundo tuvo un mensaje claro: en la batalla de las ideas el capitalismo, con más de 200 años de vigencia, se impuso al comunismo, que duró apenas 72 años. La China comunista de la revolución Mao Zedong entendió el correcto manejo de su economía hace aproximadamente 30 años es totalmente capitalista: Atracción a inversión extranjera, privatizaciones, propiedad privada, elevación del estándar de vida a través del consumo y por ende cientos de nuevos ricos que se van formando. En ningún país del mundo con crecimiento sostenido de largo plazo aplica la política de perseguir al rico en sus ingresos para redistribuirlo entre los pobres. La equidad no nace de quitar a unos para darles a otros. La equidad nace de las prioridades que le quiera dar el Estado a los ingresos recaudados, ya sea en áreas sociales: educación, salud, bonos de vivienda, regalar el dinero, etc. frente a estímulos a la producción, inversión en infraestructura, etc.

Considero que la única equidad económica existente es la que se consigue con el tiempo elevando la producción y no redistribuyendo los ingresos de los que la generaron. Ciertos políticos en campaña presidencial prometen la equidad entre habitantes como un logro a obtener en un periodo presidencial, por ese criterio cada nuevo gobernante equivoca sus políticas insistiendo en reformas tributarias que equilibren la desigualdad, objetivo jamás logrado ni siquiera en el mediano plazo.

No hay constitución en el mundo que no proteja a sus ciudadanos. Las normas constitucionales deben tratar a los ciudadanos de un país por igual sin importar su credo, raza, costumbres y condición social. Igualmente, no se debe legislar con discriminación porque las tendencias mundiales son de igualdad de oportunidades para todos con la aplicación de criterios modernos que eliminan el poder discrecional al funcionario estatal.

Es bueno para la economía, que el dinero circule sin intervención del Estado. El Estado al interferir en la economía con impuestos está disminuyendo las transacciones comerciales beneficiando a un nuevo ente burocrático, ahora hay 24 nuevos ministerios frente a los 13 que había, y lo poco que queda de dinero redistribuyéndolo ineficientemente. Es decir, el Estado en tres pasos realiza la aplicación de impuestos: recaudar, consumir y gastar, en lugar de ninguno, para que la economía fluya a través de la actividad privada.

Las normas, permisos, certificados, regulaciones, tasas e impuestos siempre han sido los impedimentos para el emprendimiento. Mientras menos complicado es hacer actividad empresarial mayor son los resultados económicos y la generación de empleo. La equidad se consigue con igualdad de oportunidades para conseguir empleo, educación y acceso a los capitales. Las ideas no fluyen sin capitales. Si no es a través de la inversión nacional o extranjera, el crédito debería cubrir las necesidades de emprendimiento del ciudadano.

Como política de estado, un gobierno tiene que cerciorarse que la producción de bienes y servicios fluyan para elevar el nivel de vida de la sociedad. La inequidad per se no se elimina por decreto, porque cada individuo de nuestra sociedad hombre o mujer tiene su propia identidad y aspiraciones variadas que jamás podrán ser satisfechas o interpretadas por el ente burocrático proponente de decretos y leyes a favor de la equidad. Con planes de créditos para vivienda, maquinarias y capital de trabajo acercamos al pobre a cumplir su sueño.

Hasta por razones democráticas es indispensable que el jefe de familia tenga propiedad privada. Por varios ejemplos, el ser propietario de tu propia herramienta de trabajo te da independencia haciéndote dueño de tu propio tiempo; lo que concede oportunidad para crecer. Imagínese, un jardinero que para empezar el día requiere de un machete, herramienta necesaria para su labor inicial, aprovecha sus largas horas de trabajo para ofrecer de casa en casa sus servicios; pueda que después de alimentar a su familia vaya guardando algo de dinero o tenga acceso al crédito para incrementar su fuerza laboral contratando a un ayudante o comprándose una mejor herramienta de trabajo. Con los años ese mismo jardinero, si la formalidad no lo complica, pudiera llegar a tener una compañía de servicios de jardinería con todo el personal y herramientas para atender a muchos clientes. El poseer una casa da seguridad y tranquilidad a la familia. Una casa propia provee el sentido de territorialidad e independencia a la familia. El propietario de una casa se involucra en la sociedad, aporta con ideas y soluciones a los problemas que los atañen por la convivencia comunitaria.

La defensa de la propiedad privada es más fuerte que la defensa de las ideas. Por eso se dice que todos somos revolucionarios hasta que nos tocan el bolsillo. Los países comunistas siempre alejaron a su población de nuevas fuentes de pensamiento que no sea el conocimiento comunista inculcado por la única educación existente: la estatal. Igualmente, esos mismos gobiernos comunistas no permitieron la tenencia de la tierra o la propiedad privada.

La Unión Soviética colapsa con su modelo económico-político no por reclamos de la gente o alzamientos revolucionarios sino por querer eliminar las inequidades económicas entre sus habitantes con la repartición de la riqueza hasta que todos quedaron podres y ya no hubo que repartir. Tan falso fue el modelo económico-político que después de la apertura económica, muy pocas industrias subsisten en la actualidad por no ser competitivas. La dependencia de Rusia del petróleo en las exportaciones bajó por la caída internacional del precio del 67% en

2013 a 48% a fines del 2015[180]; esto demuestra el fracaso de la revolución Bolchevique.

La propiedad privada concede derechos ineludibles al ciudadano porque asume la defensa de lo propio; este hecho lo hace más participativo en la política en el momento de tener que elegir a las dignidades. No son las fuerzas de las armas las que reprimen a los pueblos sino la falta de motivos por qué pelear; por eso, es algo entendible la falta de rebeliones sociales en países comunistas. Estos países procuran proporcionar todos los servicios básicos de subsistencia. Cuba y Corea del Norte no permiten la propiedad privada, pero conceden derechos a la vivienda que no es lo mismo que poseerla. Una transición a la apertura de Cuba hacia el capitalismo pudiera empezar por conceder títulos de propiedad a las familias asentadas en las viviendas asignadas por el gobierno.

La educación ayuda a reducir la brecha cultural entre ricos y pobres. Pueblo educado está preparado y se adapta rápidamente a los cambios tecnológicos que pueden presentarse en lo laboral.

La inequidad siempre existirá y cada cual conoce su rol en la sociedad y podemos llegar a ser respetados tal como somos. En el caso del fútbol profesional, ¿Cómo le explicas a Cristiano Ronaldo o a Lionel Messi que ya no pueden hacer fantasías con la pelota para evitar que sus sueldos se diferencie de los demás jugadores del Real Madrid o Barcelona, respectivamente? ¿Acaso no son los mismos fanáticos los que hacen la diferencia idolatrando a las estrellas?

Con pretexto de abolir la inequidad, los países socialistas igualaron los sueldos del obrero con el profesional, pero vieron

---

[180] Spunik Mundo, "Rusia reduce dependencia del precio del petróleo, según el Banco Central".

la necesidad de crear héroes con quien ilusionar y hacer soñar las masas a través de la cultura y el deporte. En ese momento ya había inequidad porque los únicos que viajaban por el mundo fueron los deportistas y artistas que mantuvieron un privilegio único comparable a las élites del politburó soviético o la nomenclatura[181]. El sistema comunista y socialismo pretende eliminar las brechas entre ricos y pobres persiguiendo a los ricos. Tal como es de conocimiento público por experiencias vividas en Cuba y toda Europa Oriental, fracasaron en el intento y mataron el emprendimiento en lo profesional, no se justifica estudiar tanto o prepararse si su sueldo seria el mismo que el de un obrero con poca preparación académica; además que, simultáneamente fueron creando la nueva élite de privilegios: los gobernantes, burócratas y familiares de la élite del poder.

---

[181] Nomenklatura en una lista de gente privilegiada de la Unión Soviética que estaban relacionadas o forman parte del partido comunista y administración de entidades públicas.

**Bruno Faidutti Navarrete**

# SOBRE IMPUESTOS

*"No olvidemos nunca esta verdad fundamental; el Estado no tiene más dinero que el dinero de las personas ganan por sí mismas y para sí mismas. Si el Estado quiere gastar más dinero, sólo puede hacerlo endeudando tus ahorros o aumentando tus impuestos. No es correcto pensar que alguien lo pagará. Ese "alguien" "eres tú". No hay "dinero público" solo hay "dinero de los contribuyentes".*

Margaret Thatcher (1925 – 2013)<br>Primera ministra británica (1979 – 1990)

¿Es el sueño americano lo que hace grande a los Estados Unidos? Posiblemente sí o, como diría Adam Smith, es el interés individual que hace que la economía sea dinámica y es a través de ese interés que una mano invisible de racionalidad sin interferencia estatal la que hace que la economía crezca. Es de interés de un zapatero fabricar los zapatos para intercambiarlos por dinero y así demandar otros bienes que posee el tendero, el mismo que los recibió del comerciante que en un transporte trajo los frutos de las cosechas del campo y en otro transporte cargo la mercadería recién traída del puerto, o del agricultor que entrega su cosecha por semillas, insumos y otros bienes para continuar con su vocación, etc. La cadena de intereses económicos puede ser infinita y por ende se da las transacciones comerciales que la gente necesita. Mientras exista la libertad de interactuar en la economía, encontraremos dinamismo y satisfacción en la sociedad. Es cuando el Estado se interpone en la dinámica de la economía es cuando se rompe la cadena de intereses comunes o individuales de la sociedad.

La recaudación de impuestos es una imposición tributaria del estado que atenta contra la voluntad libre de transar del ser humano. En otras palabras, cada vez que el "papá estado"[182] impone un tributo está quitando parte del dinero que necesita el ciudadano para cubrir sus necesidades de subsistencia o bienestar. Necesidad que el estado no es capaz de proporcionar, además de que la interferencia estatal coarta su libertad de adquirir con su dinero bienes y servicios a su satisfacción.

Ejemplo tributario que afecta a la economía. Vamos a suponer que todos los ciudadanos somos fumadores dependientes del vicio, además de ser conocedores del daño que nos ocasiona fumar cigarrillos. Hipotéticamente, como el estado considera que se debería hacer algo al respecto, decide aumentar una tasa impositiva sobre el consumo de cigarrillos haciendo que de 90 ctvs. por cigarrillo suba el precio a $1 por cada unidad. También vamos a asumir que antes del impuesto a los cigarrillos los ecuatorianos adultos teníamos el hábito de consumir un cigarrillo diario y dos caramelos de menta de 5 ctvs. cada uno. Con el ejemplo, tenemos que preguntarnos, ¿qué efecto a la economía ocasiona el nuevo tributo?

Siguiendo el ejemplo de los cigarrillos, resulta que ahora el cigarrillo vale $1 y no queda vuelto para los caramelos; es decir, el caramanchel de la esquina del barrio se quedó sin vender los dos caramelos de menta por lo tanto la mercadería se va represando por la caída en el consumo de los ecuatorianos fumadores, creándose una baja en la producción de caramelos de menta a consecuencia del tributo, efecto que lo siente el fabricante de caramelo y los trabajadores de la fábrica al disminuirse

---

[182] Papá Estado es pretender que el estado cubra las necesidades ciudadanas como un derecho adquirido atentando contra el libre trabajo de las personas que se esfuerzan, porque para financiar los ofrecimientos de los políticos a un sector de la población tendrán que exigir al ciudadano trabajador el pago de tributos. Se vende la idea de que el estado puede ser bueno en la redistribución de las riquezas.

la capacidad de producción que, como era lógico tendrían que demandar menos azúcar y esencia de menta, insumos primordiales que componen la estructura del caramelo, como resultado se contrae la compra de envolturas de plástico, más la disminución del empaquetado de las unidades de caramelos que como secuela de la caída en la demanda se necesita un vehículo más pequeño de reparto y así sucesivamente podemos continuar describiendo toda la cadena de valores perdidos que representa una contracción en la comercialización o fabricación de un bien o servicio que se transaba libremente en el mercado hasta que el gobierno interrumpe la cadena de valores con el nuevo impuesto.

Alguien pudiera argumentar que de todas maneras los ecuatorianos seguirían consumiendo un cigarrillo y dos caramelos de menta, con la diferencia de que ahora pagarían $1,10 en lugar de un dólar y además el Estado recibe su aumento en el tributo, ¿verdad? No, absolutamente: ¡no! Porque los ingresos de las personas son rígidos y no flexibles; es decir, no todos pueden aceptar el incremento del precio del cigarrillo porque se sale de su presupuesto y posiblemente esos diez centavos adicionales sirven para cubrir otras necesidades de la familia.

En lo relacionado a los impuestos, una máxima de los políticos al querer ganar votos es: "vamos a quitarle a los que más tienen para darles a los que menos tienen" aunque no lo digan literalmente, al publicitar que el que más gana debe pagar más impuestos están prácticamente diciendo lo mismo, porque de qué otra manera estuvieras redistribuyendo los impuestos si no es quitándole a los que ganan más para darles a los que menos tienen. Lo que este comportamiento político quiere decir es que hay ciudadanos de una clase y ciudadanos de otra clase. Me pregunto, ¿acaso estigmatizar la diferenciación entre ricos y podres no es inconstitucional? Por supuesto que lo es, empero nadie protesta porque es contra los ricos, además de que el criterio generalizado es: que le cobren a los ricos. Otro error, asumiendo que la riqueza genera riqueza y que con impuestos las autoridades interfieren en la generación de riqueza, significa que el estado atenta contra la cadena de deseos e intereses individuales de los ciudadanos, porque el estado jamás podría sustituir eficientemente el gasto estatal con el consumo del estado al restar dinero de las manos de los ciudadanos.

Por lo expuesto anteriormente, considero que nos equivocamos a la hora de imponer nuevos tributos en el Ecuador. A continuación, expongo ciertas reglas a seguir para la aplicación de una mejor política fiscal:

1. Los presupuestos familiares son rígidos. - Hasta los ricos tienen presupuesto rígidos, con niveles de tolerancia mayores que el de los demás, pero limitados al gasto. Si se incrementan los impuestos a bienes y servicios demandados por los ricos, se ocasiona que los flujos de dinero disponibles para otras transacciones comerciales desaparezcan y reduzca la demanda.

2. Jamás se debería tributar a la generación de riqueza sin explicación válida. - El gobierno del presidente Rafael Correa Delgado, en sus cambios a la ley tributaria, estableció un impuesto anticipado a la renta que provenga de los ingresos. Se han preguntado ¿qué pasaría si las utilidades no se generan en los siguientes meses del año después de haber pagado los primeros meses? Se imaginan el daño ocasionado al flujo de caja de la empresa.

3. Tributar para equilibrar la brecha entre ricos y pobres, terminamos todos empobrecidos. - El estado con dinero crea burocracia y se olvida de su misión original de distribución de la riqueza. El Estado no es eficiente en

el gasto social porque termina en muy pocas manos o enredados en escándalos políticos. Ejemplos, campañas de alfabetización del pasado, la compra de medicinas para evitar una pandemia, problema actual; y la duda de que, si verdaderamente reciben los más necesitados el bono de desarrollo humano, etc.

4. <u>La balanza comercial es un registro contable</u>. - Si el Ecuador es deficitario comercialmente con un país, es porque requiere de esa mercancía importada. La aplicación de una salvaguardia o arancel para equilibrar la balanza, afecta directamente al comercio internacional por las retaliaciones que puedan darse y premia al ineficiente, incapaz de competir o producir un producto mejor al importado. Además de que con uno u otro país la necesidad de consumir productos importados proviene de una demanda interna insatisfecha y no por malas políticas comerciales hacia afuera.

5. <u>La tributación debe ser simple y sencilla</u>. - Mientras más enredado sean las reformas, menor es la generación de riqueza. Nadie se complica la vida tratando de hacer empresa a sabiendas de lo complicado tributariamente es el Ecuador. La informalidad se la combate simplificando los tributos. Ejemplo, si queremos ampliar la base de contribuyentes de impuestos, debemos simplificar la forma de recaudarlos con tasas bajas y sencillas para el cálculo. Una campaña de inclusión de informales se la debe hacer simultáneamente con una propuesta de reducción de impuesto al valor agregado (IVA) del 14% al 10%.

6. <u>Escuchar a la clase empresarial</u>. - Por último, estoy seguro que cada uno de ustedes (lectores) tienen una propuesta de reforma de tributo en su sector que mejoraría

sustancialmente la actividad empresarial sin que el Estado deje de recaudar, favor coméntelo.

Procuremos alertar los inconvenientes a la actividad económica que ocasionaría el estado en cada reforma tributaria, enfocada a incrementar la recaudación y no como debería ser: reactivar la economía.

Cada empresario conoce su sector económico, y es éste el indicado para dar la voz de alerta en cada nuevo proyecto de reforma. No nos quedemos cayados para evitar la contracción económica que la tributación ocasiona, antes de que sea demasiado tarde.

Si bien es cierto que el Estado debe vivir de las recaudaciones, también es cierto que ese criterio se lo debe aplicar con razonamiento económico y no tributario. Me explico: en el Ecuador, cada proyecto de reforma tributaria es promocionado por el delegado del Sistema de Rentas Internas (SRI) y no por las autoridades del Ministerio de Economía (MEF); esto es porque, erróneamente, todas las explicaciones sobre las reformas tributarias provienen del SRI, órgano recaudador y no del gestor de la política económica del país; consecuentemente, afecta la política económica de mediano y largo plazo cuando se ven los primeros resultados de la reforma. El SRI debería limitarse a la ampliación de la base de los contribuyentes y sancionar a los infractores. En Ecuador, al inicio del periodo presidencial Correa-Moreno (2007-2013), se pierde la oportunidad de bajar el Impuesto al Valor Agregado (IVA) de 12 al 10% para así emprender una campaña de difusión para normalizar a los informales de la economía e incrementar el número de contribuyentes del SRI. Como es de entenderse, más fácil es hacer una campaña publicitaria con el cálculo del IVA en 10% (sin necesidad de uso de calculadora) que IVA del 12% (usando una calcula-dora) y peor mientras el IVA fue del 14%[183]. Desaparecida la opinión del MEF en lo tributario, asumo que toda la responsa-bilidad de lo actuado recaerá sobre el presidente Correa y sus asambleístas. A lo largo de los años, el SRI se dedicó a atacar a los contribuyentes, en lugar de ampliar la base de aportantes tributarios con fórmulas sencillas para de esa manera tener más ingresos y así gastarlo en el área de su interés. En otras pala-bras, el gobierno hubiera aplicado más del socialismo del siglo XXI de manera prudencial, sin que esto afecte a la economía; pero ¡diez años! De lo mismo, ya es demasiado.

Por ello, en temas tributarios, el pensamiento actual, ape-lando una vez más a la igualdad, es que, en algún momento en los países, se comience a aplicar tasas planas[184] para la recau-dación de impuestos, de esa manera, no se persigue al genera-dor de riqueza.

Considero que se debería cambiar el criterio económico de tratar de cobrar más impuesto al que más tiene porque en esa misma proporción, el que más tiene también gasta más y por ende realiza mayores transacciones comerciales que los demás de menor poder adquisitivo. Transacciones comerciales que pagan más impuestos y generan mayor recaudación por el efecto multiplicador de éstas, pero si las transacciones no se realizan, porque el estado interviene antes con impuestos, no

---

[183] El Universo, "Aumento del IVA del 12% al 14% regiría desde 1 de junio próximo en Ecuador". El nuevo IVA del 14% entró en vigencia a partir del 1ero de junio de 2016 hasta el 31 de mayo de 2017.

[184] La aplicación de una tasa plana impositiva es igualitaria para todos los ciudadanos, sin distinción de clases sociales. Ejemplo, impuesto a la renta del 10% a las utilidades netas de las corporaciones, a los ingresos netos de los ciudadanos y a todo tipo de productos importados.

logramos el efecto óptimo de la generación de riqueza del sector privado. En ese momento estaríamos concediendo todo el poder del gasto al gobierno, el mismo que no necesariamente distribuye equitativamente la riqueza.

La dificultad que acarrea la aplicación de tasas planas en la economía es de carácter político. Se puede tornar espinoso la explicación de los beneficios económicos que pudiera traer a la sociedad, cuando el comentario político sería que pagar, por ejemplo, 10% de impuesto sobre los ingresos anuales no tiene el mismo significado para un ciudadano de ingresos medios versus un ciudadano de ingresos altos; además de que se pudiera argumentar que afecta el déficit fiscal un cambio radical de política tributaria y que el rico se haría más rico.[185] Los análisis políticos difieren de la realidad económica y de los beneficios que pudieran traer la implementación de una tasa plana de impuesto a los ingresos en remplazo del impuesto progresivo del impuesto a la renta.

El impuesto progresivo está basado en una tabla de valores donde se establece el gravamen porcentual que se debe cobrar. El criterio del impuesto progresivo es de pretender que el más gane más pague de manera ascendente donde la alícuota o porcentaje de cobro se situé en el máximo valor de tributo a cobrar sobre la renta personal de un ciudadano. La mayoría de los impuestos a la renta progresivos que se cobran en el mundo son de carácter escalonado teniendo come referencia una tabla que arranca desde cero, estableciendo un valor excluyente de impuesto. Ejemplo, en Ecuador, los gastos deducibles al impuesto

---

[185] Seldon Barry J. y Boyd Roy G

315

a la renta[186] previo a la aplicación de la tabla son de $11,290; en Alemania es de 8.354 euros; España de 5.151 euros; Suecia de $ 2.690 y Gran Bretaña de 11.000 libras esterlinas, entre los países del cuadro TASAS DE IMPUESTOS – PAÍSES SELECTOS. Me pregunto, ¿Para qué diseñar esquemas complejos de tributación? En cualquier parte del mundo, cada nuevo ministro con mentalidad recaudadora pensará que tiene la panacea para la recaudación y la evasión tributaria. Nadie repasaría sobre las verdaderas necesidades del ciudadano: liberta en los negocios.

Recomiendo al lector ignorar los métodos complejos de tributación existentes en otras partes, en tal caso tratemos de entender a quién beneficia los impuestos para poder juzgar con mejor criterio los sistemas de tributación.

---

[186] Por lo general en la mayoría de los países del mundo, los gastos que se deducen de la renta son los relacionados al consumo de alimentos, salud, educación, vestimenta y arriendo de vivienda.

# ¿Qué pasa Ecuador?

## TASAS DE IMPUESTOS - PAISES SELECTOS

| País | Corporativo | Individual (min) | Individual (max) | Al Salario | IVA |
|------|------------|------------------|------------------|------------|-----|
| Alemania | 29.65% | 14% | 47% | 41% | 19% o 7% |
| Arabia Saudita | 20% | 0% | 0% | 22% | 0% |
| Argentina | 35% | 9% | 35% | 44% | 21% |
| Bolivia | 25% | 0% | 25% | 13% | 13% |
| Brasil | 34% | 0% | 27.5% | 31% | 17% a 25% |
| Bulgaria | 10% | 10% | 10% | 31% | 20% |
| Chile | 24% | 0% | 40% | 20% | 19% |
| China | 25% | 0% | 45% | 42.8% | 17% |
| Colombia | 25% | 0% | 33% | N/d | 19% |
| Ecuador | 22% | 0% | 35% | 22% | 14% o/+ 15% |
| El Salvador | 30% | 0% | 30% | N/d | 13% |
| Emiratos Arabes | 0% | 0% | 0% | N/d | N/d |
| España | 25% | 20% | 49% | 36.25% | 21%, 10%, 4% |
| Estados Unidos | 35% + 0 - 12% | 0%-3% (local) | 39.6 - 52.9% | 15,3 - 16,16% | 0%-11.725% |
| Estonia | 0% (20%) | 20% (0%) | 20% | 33% | 20%, 9% |
| Gran Bretaña | 20% | 0% - 20% | 45% mayor de £150,000 | 0%-25.8% | 20% |
| Hong Kong | 16.5% | 0% | 15% | 5% | 0% |
| Kuwait | 15% | 0% | 0% | N/d | 16% |
| Macao | 12% | 0% | 12% | N/d | N/d |
| Macedonia | 10% | 10% | 10% | N/d | 18%, 5% |
| Méjico | 30% | 1,92% | 35% | 35% | 16% |
| Mongolia | 10% | 10% | 10% | N/d | 10% |
| Montenegro | 9% | 9% | 15% | N/d | 19% |
| Panamá | 25% | 0% | 27% | N/d | 7%, 10%, 15% |
| Paraguay | 10% | 8% | 10% | N/d | 10% |
| Perú | 30% | 0% | 30% | 20% | 18% |
| Qatar | 10% | 0% | 0% | 0% | 0% |
| Rusia | 20% | 13% | 13% (35%) | 30% | 18%, 10% |
| Singapur | 17% | 0% | 22% | 11.5 - 36% | 7% |
| Suecia | 22% | 31% | 59.7% | 31.42% | 25%, 12%, 6% |
| Suiza | 17.92% | 0% | 13.2% | N/d | 8.0%, 3.8%, 2.5% |
| Venezuela | 34% | 6% | 34% | N/A | 12% |

Nota: Países con tasas diferenciadas de IVA por excepciones a ciertos productos o servicios tales como alimentos, tabaco, tarifas de hotel, etc.

Fuente: List of countries by tax rates, Wikipedia

Como ciudadano no se debe justificar el hecho de tener que pagar a abogados, economistas o contadores para que nos den interpretando las leyes tributarias; cuando eso ocurre es porque el gobierno quiere complicar nuestras vidas y el burócrata se quiere justificar como servidor público. Mientras más sencillo sea el sistema de tributación de un gobierno, menos costosa es la recaudación de los impuestos. No es sin razón que cada nuevo gobernante propone una reforma tributaria, idea que no necesariamente viene de criterios económicos formados. Me explico, el hecho de querer recaudar más impuestos proviene de la necesidad voraz del Estado de gastar más allá de lo presupuestado y sin límite año tras año. Es muy difícil que un gobierno reprima el gasto público si percibe que los ajustes tributarios están dando resultados; por tal motivo, es primordial que la ley tributaria o la última reforma a la misma mantenga un solo patrón de comportamiento que provenga de la simplicidad en la aplicación de los impuestos tal como serían las tasas planas.

Tomemos como ejemplo la tendencia mundial en tributación al impuesto personal de la renta. La separación de las repúblicas bálticas de la Unión Soviética fue la oportunidad para la aplicación de tasas planas con 20%, 23% y 15% para Estonia, Letonia y Lituania, respectivamente. Las tasas planas también fueron adoptadas por otras repúblicas del bloque del este como Bulgaria (10%), Rumania (16%) y Rusia (13%); Bolivia (13%) y Guyana (33,33%) en Sudamérica; Jamaica (25%), Trinidad y Tobago (25%) y Belice (25%) en el Caribe; por citar unos cuantos ejemplos. En realidad, son más de 37 países que aplica las tasas planas del impuesto a la renta y algunos más que han modificado, en forma de incremento, la tasa plana inicialmente implementada tal como Albania, República Checa, Islandia, Montenegro, Santa Elena, Eslovaquia y Ucrania. [187]

La tasa plana fue una buena iniciativa para los países del bloque comunista que necesitaba ordenar sus finanzas públicas, la sencillez del sistema tributario tubo resultados halagadores para el crecimiento entre el 6% y 10%; sin embargo, detractores del sistema de las tasas planas consideran que el crecimiento de los países de todas maneras se hubiera dado en el post era de la Unión Soviética.[188]

A mi concepto, son los estudiosos o burócratas que viven de la interpretación de los sistemas tributarios los que buscan explicación a uno u otro método de quitarle el dinero al ciudadano que no permiten que un sistema tributario permanezca en el tiempo. La reducción de los impuestos tiene un objetivo claro: dinamizar la economía a través de las inversiones, las mismas que incrementan la producción y garantiza el empleo. No existe el mundo un ejemplo tributario de incremento de impuestos que garantice el empleo *at infinitum* como tampoco hay seguridad de que un sistema tributario de tasas planas avale crecimiento de largo plazo, si la política fiscal, monetaria y cambiaria no van acorde a la seguridad jurídica del país en su conjunto.[189]

Bastaría una observación simple al cuadro TASAS DE IMPUESTOS – PAÍSES SELECTOS para determinar qué país tiene el sistema tributario más amigable para la inversión. Países con

---

[187] Wikipedia, "Flat Tax".
[188] Wikipedia, "Flat Tax".
[189] En el 2000, la política monetaria y cambiaria se definió en el Ecuador con la implementación de la dolarización. Faltaría una reforma tributaria simple para proporcionar seguridad jurídica al inversionista.

inmensas reservas petroleras, donde existe una participación directa del estado en la producción del petróleo prefieren adoptar esquemas sencillos de tributación. Encontramos que en Emiratos Árabes Unidos con una producción de 2.400 millones de barriles diarios[190] y una población aproximada de 8 millones de habitantes, los impuestos corporativos, individuales, laborales y al valor agregado son 0%. El lector diría: ¡ah claro! ¿Con esa cantidad de petróleo para que cobrar impuestos?: si y no, es la repuesta. Primero, Los Emiratos Árabes Unidos ha tenido crecimientos estables del alrededor del 3,5%[191] desde que los principados de Abu Dabi, Ajman, Dubái, Fujairah, Ras al-Khaimah, Sharjah y Umm al-Quwain se unieron. A pesar que la dependencia de los Emiratos Árabe Unidos del petróleo es de alrededor del 77% del presupuesto del estado, está considerada como la 26ava mejor nación en el mundo para hacer negocios.[192] Tratamiento similar con respecto a los impuestos en la sencillez de su cobro aplica Kuwait, al cobrar 15% de impuesto a las utilidades corporativas y 16% de IVA. A igual que Arabia Saudita donde el impuesto a las utilidades corporativas del 20% e impuesto al salario[193] del 22%, los países del medio oriente mencionados dedican todo su presupuesto a beneficio de la salud, educación y obras de infraestructuras.

En la Unión Europea, el tema tributario se ha complicado con el tiempo por la hegemonía de los partidos de izquierda en

---

[190] Wikipedia, "Oil reserves".

[191] The World Bank, "United Arab Emirates".

[192] The World Bank, "Doing Business".

[193] Impuesto al salario, no es otra cosa que la tasa que se cobra para el fondo de jubilación sumada a la proporción de aporte a la salud, las mismas que provienen del aporte del empleado y empleador para beneficio del mismo empleado.

la política. De los 750 parlamentarios europeos, 217 son miembros del Partido Popular Europeo considerado como partido de centro "derecha" cuyo origen es la Democracia Cristiana[194], partido de principios socialistas de la doctrina cristiana basado en las enseñanzas de Jesús en busca de la justicia social, distando de ser de derecha en el momento de legislar; 189 pertenecen a la Alianza Progresista de Socialistas Demócratas; 52 parlamentarios afiliados al Grupo Confederal de la Izquierda Unitaria Europea y 51 miembros del partido Verde, suman 509 parlamentarios de izquierda, entre moderados y radicales que influyen de alguna manera en la tributación de los países. Por ejemplo, Alemania tiene una tasa de impuesto corporativo del 29,65%, una tasa mínima de impuesto a la renta del 14% y máxima del 47%, al salario del 41% e IVA del 19% y 7% solo en alimentos. España con tasas altas similares del 25%; 20%; 49%; 36,25% y 21% de impuesto corporativo, mínimo de renta, máximo de renta, al salario e IVA, respectivamente.

Estados Unidos posee una estructura de impuestos muy singular gracias a la distribución política de las regiones que están conformados de 50 estados de los cuales 48 son parte del territorio principal más Alaska y Hawái. El gobierno estadounidense establece una tasa del 35% sobre las utilidades corporativas y cada estado impone su propia sobre tasa que camina del 0% al 12%. El impuesto a la renta mínima grabable tiene una tasa del 0% al 3% acorde al estado y una máxima desde el 39,6% hasta el 52,9%. El impuesto al salario registra tasas del 15,3%

---

[194] El origen de esta corriente proviene de Jacques Maritain, filósofo francés, creyente de la redistribución de los ingresos y el criterio del ser humano antes que los mercados, Emmanuel Mounier, también filósofo francés, y la Doctrina Social de la Iglesia que son normas y principios sociales, políticos y económicos basados en una mejor justicia social.

al 16,16%; igualmente, el impuesto a las ventas (IVA en el cuadro) es del 0% al 11,725% dependiendo del estado donde se realiza la transacción. Debe ser muy complicado pagar los impuestos en los Estados Unidos que, como resultado de una búsqueda en *google* sobre el pago de impuesto a la renta, encontré 14.300 libros, 3.213 artículos académicos, 8.838 revistas, 58.393 artículos periodísticos y 43 enciclopedias escritas, totalizando 84.787 escritos.[195] La complicación es la razón de la búsqueda de la verdad que otorga empleo a los creadores de tremendos mamotretos tributarios, encareciendo la vida al ciudadano con tiempo y dinero. El sistema de recaudación de impuesto debe ser lo más sencillo posible y entendible para el ciudadano. Sería absurdo someter un cambio tributario sencillo y plano por uno progresivo y complicado. Los países del bloque del este de Europa han sido el mejor ejemplo para la aplicación de tasas planas donde se aplicaron con el objetivo de dinamizar la economía versus la elección de sistemas tributarios tradicionales como los de Europa occidental, Australia, Japón y demás países industrializados.

El origen de los impuestos que data desde los egipcios, griegos y romanos de la antigüedad eran recolectados sobre el uso del aceite de cocinar, para financiar guerras y sobre las importaciones y exportaciones de bienes, respectivamente.[196] Con el pasar de las civilizaciones comienza aparecer impuestos a la propiedad (tierras), a las materias primas, al comercio exterior, a las ventas y a todo lo imaginable. A continuación, una lista de los impuestos grabados en el Ecuador[197], los mismos que no distan de ser similares en otros países:

---

[195] Questia, "Income Tax (U.S.)"
[196] Tax World, "A History of Taxation".
[197] Servicio de Rentas Internas, "Otros Impuestos".

**¿Qué pasa Ecuador?**

1. Impuesto al Valor Agregado: 14%
2. Impuesto a Consumos Especiales (ICE): 15%
3. Impuesto a la salida de capitales: 5%
4. Aranceles promedio del 20% al 35%
5. Salvaguardias sobre productos importados: 15%/ 25%/40%.
6. Impuesto al patrimonio.
7. Impuestos prediales.
8. Impuesto a la plusvalía: 75%.
9. Impuesto a las herencias legados y donaciones.
10. Impuesto SOLCA para la lucha contra el cáncer.
11. Impuesto Fondo de Desarrollo para la Infancia (FODINFA) a las importaciones.
12. Impuesto planes de tarjetas de crédito.
13. Impuesto al salario - cobertura de seguridad social.
14. Servicio en restaurantes: 10%.
15. Impuesto a los activos en el extranjero.
16. Regalías, patentes y utilidades a concesión minera.
17. Impuesto ambiental al vehículo.
18. Impuesto a la renta corporativo.
19. Impuesto a la renta persona individual.
20. El 1 x 1000 de Superintendencia de Compañías.
21. Anticipado Impuesto a la renta.
22. El 15% de participación de trabajadores sobre utilidades.
23. Impuesto de salida de viaje.
24. Tarifas de radio y televisión.
25. Impuesto a favor de compositores de música.
26. Tasa recolección de basura.
27. Tasa al alcantarillado.
28. Tasa de bomberos.
29. Revisión vehicular.
30. Matriculación vehicular.
31. Seguro contra accidentes de tránsito (SOAT).
32. Tasas por trámites judiciales: notarías, fiscalía, etc.
33. Impuesto a la cerveza y bebidas alcohólicas.
34. Impuesto a botellas plásticas no retornables.
35. Impuesto a las bebidas azucaradas.
36. Impuesto a los cigarrillos.
37. 100% de impuesto a cocinas y calefones de gas.

38. Impuesto adicional a la prenda vestir y unidad de calzado.
39. Impuestos municipales.
40. Seguros de tarjetas de crédito obligatorio.
41. Impuestos emisión póliza de seguro.
42. Impuesto al buen uso de tierras agrícolas.
43. Impuesto verde ecológico al agro.
44. Impuesto de propiedad intelectual y patentes.
45. Otros impuestos eventuales por desastres naturales.

Lista interesante susceptible a revisión o ser incrementada por el contribuyente, conocedor de cuanto más impuestos estaría pagando en su sector económico; no obstante, habría que reconocer que muchos de los impuestos enlistados son tasas que se pagan con el uso o consumo de bienes o servicios y que se los pueden evitar.

Lamentablemente, el acto no está en el consumo de un bien grabable al realizarse o no, sino en el porqué del pago del tributo, cuál sería su costo en recolectarlo y cuánto daño ocasiona a la actividad libre de la economía. En materia de tributación lo sencillo es bueno y lo mucho pasaría a ser malo, así de simple. No se necesita modelos econométricos ni estudios económicos para debatir sobre que sería lo menos engorroso para el ciudadano en su relación con el estado; una ley de tributación llana es la repuesta. Por eso, muchos economistas que procuramos la menor participación del estado en la vida de los ciudadanos queremos que la economía se desarrolle en libertad bajo las reglas del mercado, los impuestos son una distorsión costosa que afecta el crecimiento al disminuirse el número de transacciones comerciales que elevan el estándar de la sociedad; sin embargo, los pensadores que dan relevancia al estado pudieran decir que lo recaudado por el gobierno vía impuestos regresa a la economía con obras sociales, pero lo que no dicen que eso sucede a otra velocidad dada la pausa que impone la burocracia en sus decisiones sin descarta la alta posibilidad de corrupción. En otras palabras, el sector privado contribuye con mayor dinamismo a la economía que el sector público, así de simple.

Entonces, ¿por qué los gobernantes nos complican la vida con tantos impuestos? Por una sola razón, necesitan ellos tener el control del dinero para manejar a sus votantes, situación que no es fácil para todo político dado que no todos logran conectarse con la ciudadanía como para ser reelectos consecutivamente. Por eso, en todo cambio de gobierno se presenta una reforma tributaria que garantice el flujo de dinero al gobernante de turno. Por supuesto, no siempre una reforma tributaria debe ser *in incremento* ya que una menor tasa de impuesto bien estructurada daría resultados positivos en la recaudación.

La idea de los economistas Robert E. Hall y Alvin Rabushka del Instituto Hoover de la Universidad de Stanford sobre la tasa plana de impuesto es que debe ser extremadamente sencilla que su formulario se pueda redactar en una tarjeta postal por lo elemental de sus cálculos.[198]

## ¿CÓMO AFECTA A NUESTRAS VIDAS LOS IMPUESTOS?

En la actualidad como en la antigüedad se dieron argumentos a favor y en contra de la recaudación de impuestos. Los impuestos no me agradan por ser de origen esclavista y su comienzo data desde la época de los faraones egipcios. Además, que éstos son los causantes de revoluciones sangrientas en la mayoría de las sociedades en el viejo y nuevo mundo.[199]

---

[198] Hall and Rabushka, "The Flat Tax in 1995".

[199] La mayoría de las revoluciones del siglo XVIII, XIX y XX son contra las monarquías o dictadores que abusaron de la libertad económica de los pueblos.

La razón es que los recaudadores nunca se sacian o ponen límite a sus deseos de obtener dinero fácil proveniente del esfuerzo de otros. Tan cierto es lo mencionado que Zaqueo, publicano, recaudador de impuestos del imperio romano, se arrepiente y promete a Jesús restituir a los pobres cuatro veces lo que robó. Es decir, Zaqueo sentía que la recaudación de impuestos aplicada por él fue tan injusta que la calificó de robo.[200]

Con esta explicación analicemos la afectación en nuestras vidas por la posibilidad de incrementar las tasas de los impuestos en tres niveles: 3%, 5% y 10%. Para los ejemplos a utilizarse, se asume la igualdad ante la Ley de todos los ciudadanos tal como se refieren todas las constituciones democráticas del mundo.

Tomemos tres ejemplos para su análisis: uno, familias pobres con ingresos mensuales netos (después de impuestos) de $366; dos, familias con ingresos netos medios-bajos de $750 mensuales y familias de clase trabajadora profesional con ingresos medios-altos netos de $1700 mensuales. En los tres ejemplos también se asume una conformación de cinco miembros por familia, esto es padre, madre y tres niños. En los tres ejemplos los gastos de las familias se dividen en alimentación, vivienda, educación, salud, servicios básicos (agua, luz, teléfono y gas) y transporte. A excepción a la clase pobre, se incluye entre los gastos familiares de la clase media, los rubros destinados a vestimenta y misceláneos donde en éste último se incluye todo lo no descrito anteriormente.

Las tres clases de familias no necesariamente tienen una estructura de gastos como la expuesta en los ejemplos de los cuadros, pero se aproximan a la realidad y sirven para ilustrar

---

[200] Rincón, "Zaqueo: un modelo para el desarrollo de una ética profesional cristiana".

**¿Qué pasa Ecuador?**

la afectación que tuvieran sobre sus consumos los incrementos de impuestos a diferentes niveles (3%, 5% y 10%).

La afectación del incremento de los impuestos en la clase baja. - Las familias de la clase empobrecida subsisten con una alimentación de apenas con $1,50 diario por persona en muchos países de Latinoamérica y África. En un hogar de clase baja como es de esperarse, aproximadamente el 60% de sus ingresos son consumidos en alimentación ($225) y vivienda ($70) dejando muy pocos ingresos para gastarlos en educación ($20), salud ($22), servicios básicos ($20) y transporte ($18). Vale la pena preguntarse, ¿qué pasaría si la empobrecida economía de las familias de escasos recursos tuviera que pagar un incremento en los impuestos?

En el cuadro CLASE BAJA se ilustran los niveles de sacrificio que asume una familia pobre al incrementarse en 3%, 5% o 10% adicionales en impuestos. Esto significa que algún consumo de su canasta familiar, dentro de su empobrecida economía, tendrá que ser sacrificado dado que sus ingresos mensuales no han cambiado ($375). A manera de ejemplo pudiéramos decir que el contribuyente pobre, al verse amenazado con el incremento en los impuestos, pospondría en el gasto, productos y servicios que no estén relacionados en lo posible a la de alimentación, vivienda, servicios básicos y transporte ya que sería casi imposible deducirlos por ser elementales para la subsistencia de su familia.

En términos generales, inicialmente el incremento de los impuestos debería golpear a la familia en el gasto de la salud y de la educación, luego a los servicios básicos, los mismos que afectan duramente a la familia porque nadie quiere quedarse sin agua o energía. Consecuentemente, mientras más se incrementan las tasas de impuestos, la afectación económica pasa a ser generalizada en todos los consumos familiares porque los impuestos están disfrazados en la economía por ser tantos.

CLASE BAJA

| Incremento de Impuestos | | | 3% | 5% | 10% |
|---|---|---|---|---|---|
| IMPUESTOS | | | 11 | 19 | 38 |
| MISCELANEOS | | | | | |
| VESTIMENTA | | | | | |
| TRANSPORTE | 5% | 18 | 18 | 18 | 18 |
| SERVICIOS BÁSICOS | 5% | 20 | 17 | 15 | 15 |
| SALUD | 6% | 22 | 19 | 13 | 14 |
| EDUCACIÓN | 5% | 20 | 20 | 20 | |
| VIVIENDA | 19% | 70 | 70 | 70 | 70 |
| ALIMENTACIÓN | 60% | 225 | 220 | 220 | 220 |
| | | | | | |
| INGRESOS (Mensuales) | 100% | 375 | 375 | 375 | 375 |
| Elaborado por: | Bruno Faidutti Navarrete | | | | |
| Fuente: | www.faroeconomico.com | | | | |

Con el ejemplo del cuadro CLASE BAJA, asumimos que la educación de los hijos habría que defenderla hasta el último. Encontramos que con un incremento del 3% en impuestos la familia sacrificaría en $3 la salud familiar (de $22 que gastaba ahora gasta $19) y en $3 los servicios básicos (de igual manera, antes gastaba $20 ahora gasta $17). Con un incremento del 5% se afecta con $5 los gastos en servicios básicos y $9 la salud familiar ($13 de $22, antes del incremento), lo que implica que en el rubro de servicios básicos se optaría por el robo parcial de uno de los servicios mencionados. Con un incremento del 10% en impuestos, la familia abandona la opción de proporcionar educación para los hijos, esperanzado en que el Estado proporcione la totalidad de la educación y de que se haga de la vista gorda en el robo de energía. Políticamente se dice que la clase empobrecida no paga impuestos. Efectivamente no pagan impuestos directamente, pero un incremento de los mismos afecta indirectamente en el consumo de todas las clases sociales. Al ser los ingresos rígidos, todo incremente de impuestos en sector alguno afecta tarde o temprano el consumo de los ciudadanos.

La clase media profesional es la clase "sándwich" de la sociedad. Sus integrantes pertenecen a la clase trabajadora del país y puede llegar a ser la clase más numerosa. Esta clase carece de privilegios y tiene un nivel de consumo estable y diversificado, con mucha ambición de progresar. Podríamos decir que esta clase social, conjuntamente con la clase alta, proporcionan los esfuerzos y capitales al crecimiento económico de una nación. Por lo expuesto las familias de clase media son víctimas también de un incremento en los impuestos.

Una familia de clase media-baja aspira que sus miembros se alimenten con $2 diarios y vivir en un mejor ambiente donde igual le cuesta el arriendo que tener hipoteca por casa propia. La vivienda es un rubro importante para su mejoramiento del estándar de vida.

CLASE MEDIA BAJA

| Incremento de Impuestos | | | 3% | 5% | 10% |
|---|---|---|---|---|---|
| IMPUESTOS | | | 23 | 38 | 75 |
| MISCELANEOS | 1% | 10 | | | |
| VESTIMENTA | 2% | 15 | 2 | | |
| TRANSPORTE | 10% | 75 | 75 | 75 | 75 |
| SERVICIOS BÁSICOS | 8% | 60 | 60 | 50 | 30 |
| SALUD | 3% | 20 | 20 | 20 | 10 |
| EDUCACIÓN | 13% | 100 | 100 | 97 | 90 |
| VIVIENDA | 23% | 170 | 170 | 170 | 170 |
| ALIMENTACIÓN | 40% | 300 | 300 | 300 | 300 |
| | | | | | |
| INGRESOS (Mensuales) | 100% | 750 | 750 | 750 | 750 |
| Elaborado por: | Bruno Faidutti Navarrete | | | | |
| Fuente: | www.faroeconomico.com | | | | |

Además, que el jefe de familia optaría por una educación semi privada para sus hijos, la misma que sería ligeramente superior a la educación gratuita que ofrece el Estado.

Una familia de clase media-baja también incluye en sus consumos rubros como vestimenta y misceláneos que pasan a ser parte de su mejoramiento del bienestar familiar; es decir, $180 y $120 al año, respectivamente, sirven para algunas prendas de vestir y distracción familiar dado que, en misceláneos, para nuestro ejemplo, se contemplan consumos tales como idas al estadio, espectáculos, diversión, viajes de vacaciones, hotelería, alcohol, etc.

El cuadro CLASE MEDIA BAJA nos enseña que una familia con ingresos mensuales de $750 es afectada en un incremento de impuestos directamente en su bienestar al prescindir de consumos de importancia para la familia. Con el 3% de incremento en los impuestos se afecta totalmente el rubro de misceláneos y deja apenas $2 mensuales para vestimenta. Con 5% de incremento se afectan totalmente los consumos misceláneos y vestimenta y se comienza a perjudicar la educación de los hijos. Finalmente, con el incremento del 10% en los impuestos se afectan rubros adicionales como la salud y servicios básicos.

Otro ejemplo, una familia de clase media donde el padre y la madre son profesionales que trabajan con un ingreso de $1.700 mensuales, cuyos miembros se alimentan con $4 diarios ($600 mensuales), poseen casa propia, por la que pagan una hipoteca mensual de $450 y poseen necesidades, acordes a su estándar de vida, como mejor educación para sus hijos, mejores servicios básicos, con costos de transporte equivalentes a ser propietario de vehículo y una inversión en salud conforme al status familiar. Esta se verá afectada en sus ingresos con cada nivel de incremento en impuestos que imponga el Estado.

CLASE MEDIA PROFESIONAL

| Incremento de Impuestos | | | 3% | 5% | 10% |
|---|---|---|---|---|---|
| IMPUESTOS | | | 51 | 85 | 170 |
| MISCELANEOS | 1% | 20 | | | |
| VESTIMENTA | 3% | 50 | 19 | | |
| TRANSPORTE | 7% | 120 | 120 | 120 | 120 |
| SERVICIOS BÁSICOS | 6% | 100 | 100 | 100 | 88 |
| SALUD | 4% | 60 | 60 | 45 | 10 |
| EDUCACIÓN | 18% | 300 | 300 | 300 | 262 |
| VIVIENDA | 26% | 450 | 450 | 450 | 450 |
| ALIMENTACIÓN | 35% | 600 | 600 | 600 | 600 |
| | | | | | |
| INGRESOS (Mensuales) | 100% | 1700 | 1700 | 1700 | 1700 |
| Elaborado por: | Bruno Faidutti Navarrete | | | | |
| Fuente: | www.faroeconomico.com | | | | |

Nuevamente, igual que la clase media-baja, la clase media profesional (ver cuadro CLASE MEDIA PROFESIONAL) disminuye su bienestar al tener que eliminar y disminuir sus consumos en los diferentes niveles del ejemplo.

En conclusión y términos generales, los impuestos son inevitables cuando se vive en sociedad, por la necesidad de hacer obras comunitarias que benefician a todos; sin embargo, el exceso en su aplicación o un incremento en las tasas impositivas pueden llegar a afectar el consumo de las familias sin diferenciar a que clase social pertenecen. Mayoritariamente, el nivel de vida de la clase media de un país es el que más siente la imposición de nuevos impuestos porque en muchos países puede llegarse a eximir del pago de impuestos a familias de bajos recursos. A priori la clase rica no se vería afectada en lo familiar con dicho incremento por tener recursos (ahorros, inversiones, propiedades, etc.) superiores a sus consumos mensuales, estando en sus manos la decisión de abstenerse o no en el consumo y por ende disminuir su acostumbrada forma de vivir.

### ¿AFECTAN A LA ECONOMÍA LOS IMPUESTOS?

El interminable debate sobre los impuestos y la falta de compresión del ciudadano común sobre su diligencia en la sociedad, obliga que los economistas siempre intentemos explicar, justificar, aprobar y hasta combatir su aplicación en la economía.

El razonamiento micro fue analizado anteriormente en: ¿CÓMO AFECTA NUESTRA VIDA LOS IMPUESTOS?, donde usando ejemplos prácticos de diferentes niveles de ingresos que se generen en familias con distinta clase social, se demostró la afectación individual de posibles incrementos en los impuestos. Hecha la explicación, este artículo pretende demostrar macroeconómicamente la influencia de los impuestos en la economía.

### Creación de Dinero

Fuente: www.crismartenson.com    Elaborado por: BFN

**¿Qué pasa Ecuador?**

Por un lado, cada vez que se aplica un impuesto nuevo o en su defecto se aumenta la tasa impositiva de un impuesto existente, se está retirando dinero de las manos de los ciudadanos (sector privado) y por otro lado, el estado recibe ese dinero para uso presupuestario (sector público).

El dinero en manos de las clases sociales de la población siempre iría destinado para sus consumos y necesidades, principalmente, cuando esa clase social está entre las más necesitadas. La clase alta siempre tendrá la alternativa entre consumir y ahorrar. Si las familias de clase alta consumen la totalidad de sus ingresos, el dinero se transa en el sector privado y circula. Si estas familias deciden guardar parte de sus ingresos, el dinero entra al sistema financiero privado como ahorro y éste a su vez se destina a préstamos para otras familias (negocios conformados por familias) dándose la creación de dinero a través de los bancos privados. La rigidez de las regulaciones del sistema financiero privado de cada país es lo que hace que la velocidad de la circulación del dinero varíe significativamente. Es decir, mientras menos regulaciones u obligaciones de encajar (mantenerlo en el banco – una obligación de encaje puede ser un porcentaje del monto del depósito) el dinero en el sistema financiero, éste se mueve o rota más veces en la economía, motivado por las transacciones de los demandantes del dinero (prestamistas). Recordemos que el negocio de la banca privada es prestar dinero y el costo de dinero (tasa de interés) influye en su demanda. Para simplificar un ejemplo sobre la creación de dinero dentro del sistema bancario, asumimos que las tasas de interés son bajas o cero. Tomamos $1.000 depositados por primera vez en un banco, el mismo que por orden del banco central del país donde opera, debe aplicar una exigencia de encaje bancario del 10%, lo que le permite prestar hasta $900 por el dinero depositado. El encaje es un requerimiento u obligación de reserva de depósito impuesto y aplicado a los depósitos de dinero de la banca privada por órdenes de sus bancos centrales. (Ver cuadro y gráfico sobre Creación de Dinero)

Siguiendo la secuencia gráfica, los $900 de préstamo son girados por el cliente que recibió el crédito constituyéndose en un nuevo depósito en otro o en el mismo banco. Ese nuevo depósito permite generar, después de cumplir con el requerimiento de encaje bancario del 10%, un nuevo préstamo de $810, el mismo que pasa a ser girado por otro cliente bancario y retorna al sistema como nuevo depósito de $810, lo que permite que el banco receptor del depósito preste hasta $729 y así sucesivamente continua la cadena de depósitos y préstamos en el sistema bancario.

| CREACIÓN DE DINERO | | | |
|---|---|---|---|
| Banca Privada | | | |
| # | DEPÓSITO | RESERVA | PRESTAMO |
| 1 | 1.000 | 100 | 900 |
| 2 | 900 | 90 | 810 |
| 3 | 810 | 81 | 729 |
| 4 | 729 | 73 | 656 |
| 5 | 656 | 66 | 590 |

www.faroeconomico.com

10.000

El efecto multiplicador de esos mil dólares iniciales de depósito en bancos privados es de hasta $10.000, esto está dado por la fórmula: Monto del Depósito Inicial sobre Requerimiento de Encaje Bancario (1000/10%). Por el 4% de encaje bancario el efecto sería de $25.000 (1000/4%) en creación de dinero, el

**¿Qué pasa Ecuador?**

2% de encaje bancario generaría $50.000 (1000/2%), etc. A menor requerimiento de regulación en el sistema financiero privado mayor la intermediación financiera y por ende la creación de dinero en la economía.

Ahora veamos el efecto contrario a la creación de dinero cuando se aplican los impuestos al ciudadano común. Supongamos que aparece un nuevo impuesto a los ingresos de la clase trabajadora de un país, la misma que recibió su pago extra de dinero en efectivo y por seguridad decide depositarlo en un banco privado. De allí, tomamos el ejemplo de que cada uno de los trabajadores tiene para depositar mil dólares en uno o en varios de los bancos privados del sistema financiero nacional, pero aparece un impuesto nuevo del 10% haciendo que el dinero disponible para depositar ya no sean los mil dólares iniciales sino $900; es decir que el efecto multiplicador de la creación del dinero se redujo de (1000/10%) a (900/10%) quedando $1.000 de diferencia. Esto ocasiona que por cada 1'000.000 de depositantes se dejaría de crear dinero por $1.000'000.000 afectando la economía del país. (Ver Cuadro AFECTACIÓN DE IMPUESTO A LA CREACIÓN DE DINERO)

Igualmente, la aplicación de un impuesto cualquiera afecta los depósitos de los generadores de ingresos (Población Económicamente Activa)[201] porque el dinero es retirado del sistema financiero privado para pagar la imposición al Estado. Esto crea un efecto contrario a la creación de dinero con la salvedad de que la contracción puede tardar un tiempo más prolongado debido a que los bancos no recuperan el dinero prestado a la misma velocidad que sus clientes le retiran los depósitos.

---

[201] O PEA son las personas que están en capacidad de dedicarse a la producción de bienes y servicios.

En definitiva, la imposición de nuevos impuestos o su incremento afecta la economía en su conjunto haciendo que los problemas se acumulen con el tiempo. Esto lleva al ciudadano a endeudarse para mantener su estándar de vida acostumbrado hasta el punto de que el sistema financiero privado no puede sostener la contracción económica. Al final de cuentas se crea una crisis económica ocasionada por el Estado vía impositiva, la misma que genera excesivos gastos públicos, afecta directamente al sistema financiero terminando en una mal llamada "crisis bancaria" a sabiendas de que los bancos no motivaron el problema.

### AFECTACIÓN DE IMPUESTOS A LA CREACIÓN DE DINERO

| SIN IMPUESTOS | | CON IMPUESTOS | |
|---|---|---|---|
| DINERO: | 1.000 | DINERO: | 1.000 |
| 0%  IMPUESTO | - | 10%  IMPUESTO | 100 |
| DEPÓSITO: | 1.000 | DEPÓSITO: | 900 |
| ENCAJE: | 10% | ENCAJE: | 10% |
| CREACIÓN DE DINERO: | 10.000 | CREACIÓN DE DINERO: | 9.000 |
| POR CADA 1.000.000 DE DEPOSITANTES DINERO QUE SALE DEL SISTEMA: $ 1.000.000.000 | | | |
| Fuente: www.faroeconomico.com | | | |

Una vez cobrado los impuestos, el dinero en manos del sector público regresa al sistema financiero privado a través del presupuesto del Estado. La eficacia del uso del dinero en manos del Estado es una utopía.

### PROPUESTAS TRIBUTARIAS

Cambiar el cálculo contable de la participación de los empleados y el impuesto a la renta invirtiendo su orden en la liquidación de ambos es una propuesta válida y practicable. La razón del incentivo propuesto es de beneficiar la generación de empleo y de rebajar la carga impositiva por el pago obligado por ley de la participación de los empleados sobre las utilidades de la empresa. Esto significa que, en la presentación de los resultados económicos anuales ante el Servicio de Rentas Internas (SRI) y Superintendencia de Compañías (SC), el representante legal de la empresa tiene que demostrar el asiento contable de pago a los trabajadores para su inmediata aplicación al incentivo tributario, hecho sencillo de realizar debido a que las empresas medianas y grandes están sujetas a la obligatoriedad de llevar registros auditados; además de la contabilidad de rigor que también aplica a las empresas pequeñas.

Con lo propuesto, es de manifestar que los trabajadores serían los primeros en motivar el rendimiento de la empresa, so pena de no recibir el bono anual que significa recibir una parte de las utilidades de la actividad en la cual están involucrados; y para el inversionista sería la oportunidad de reconocer a cabalidad, sin ocultamientos contables, parte del beneficio de la actividad económica de la empresa a su clase trabajadora.

Tenga la seguridad el lector de que la propuesta, de invertir contablemente la gestión de cobro de la participación de los trabajadores por el impuesto a la renta, favorece enormemente la relación empresario-trabajador y mejora la inclusión de nuevos trabajadores a la base de aportantes del SRI en caso de que las utilidades más el sueldo y menos los gastos deducibles, sean mayores de los 11.170 dólares anuales, cifra de donde parte la tabla de impuestos a la renta personal[202]. En otras palabras, el monto grabable que se manifiesta en la Tabla de Impuesto a la

---

[202] Jezl Contadores y Auditores, "TABLA IMPUESTO A LA RENTA 2016, PERSONAS NATURALES".

Renta es aquel que excede después de los descuentos (establecidos y permitidos por ley) del total de los ingresos (sueldos más utilidades).

En los estados de pérdidas y ganancias sencillos de una empresa, válidos para los ejemplos a tratar, están estructurados por las ventas menos los costos, los gastos y los descuentos que la ley obliga, por impuestos a la renta y la participación de los trabajadores sobre las utilidades.

Ejemplo I,

### ESTADO DE PÉRDIDA Y GANANCIAS DE CUALQUIER EMPRESA

| | ACTUAL | | | PROPUESTA I | |
|---|---|---|---|---|---|
| | VENTAS BRUTAS | 1.000.000 | | VENTAS BRUTAS | 1.000.000 |
| | - COSTOS DE VENTAS | (100.000) | | - COSTOS DE VENTAS | (100.000) |
| | VENTAS NETAS | 900.000 | | VENTAS NETAS | 900.000 |
| | - COSTOS OPERATIVO | (350.000) | | - COSTOS OPERATIVO | (350.000) |
| | UTILIDAD BRUTA | 550.000 | | UTILIDAD BRUTA | 550.000 |
| | - GASTOS ADMINISTRATIVO | (150.000) | | - GASTOS ADMINISTRATIVO | (150.000) |
| | - GASTOS FINANCIERO | (50.000) | | - GASTOS FINANCIERO | (50.000) |
| | UTILIDAD ANTES DE IMPUESTOS | 350.000 | | UTILIDAD ANTES DE PART. TRABAJ. | 350.000 |
| 22% | - IMPUESTOS A LA RENTA | (77.000) | 15% | - PARTICIPACIÓN DE TRABAJADORES | (52.500) |
| | UTILIDAD ANTES DE PART. TRABAJ. | 273.000 | | UTILIDAD ANTES DE IMPUESTOS | 297.500 |
| 15% | - PARTICIPACIÓN DE TRABAJADORES | (40.950) | 7% | - IMPUESTOS A LA RENTA | (20.825) |
| | UTILIDAD NETA | **232.050** | | UTILIDAD NETA | **276.675** |

Elaborado por:  BFN

Para mejor entendimiento del ejemplo procedo a describirlo. En la columna de la izquierda, tenemos por ventas brutas el valor de $1'000.000 menos $100.000 por comisiones sobre las ventas, quedarían $900.000 de ventas netas. Las ventas netas menos los costos operativos de $350.000 lleva a un total de

$550.000 de utilidad bruta. A la utilidad bruta habría que restarle los gastos administrativos ($150.000) y financieros de $50.000 para obtener la utilidad antes de impuestos de $350.000.

En la estructura actual de manera nominal, la empresa tiene una imposición tributaria a la renta de las utilidades netas del 22% y otra del 15% por participación de los trabajadores que en total suman el 37%[203] frente a la Propuesta I, la misma que se registra a la derecha del cuadro, donde se invierte el orden del cobro del 15% de la participación de los trabajadores antecediendo al cobro del impuesto a la renta, con la salvedad de que el pago del 15% sea un incentivo para el empresario, deduciéndolo del 22% del impuesto a la renta; en otras palabras, el neto de cobro por impuesto a la renta sería del 7%; esto es, el 22% establecido por ley para el cobro del impuesto a la renta menos el 15% de la participación de los trabajadores sobre las utilidades, pero el global es 22% de impuestos totales a la empresa.

Para determinar los resultados económicos del esquema actual frente a la propuesta establecida en el Ejemplo 1, tenemos que completar la información asumiendo lo siguiente: 10 la cantidad total de trabajadores de la empresa y que todos ganan en promedio $500 mensuales o $6.000 al año.

La comparación de los resultados económicos del primer ejemplo los encontramos el cuadro COMPARACIÓN ECONÓMICA DE PROPUESTA I. De izquierda a derecha es la comparación del cuadro en mención para poder entender los resultados

---

[203] En términos reales el monto impositivo es de alrededor del 34%, cifra que proviene de la suma del Impuesto a la Renta (77.000) más la Participación de los Trabajadores (40.950) dividido para las Utilidades antes de Impuestos (350.000)

del primer ejemplo, donde a la izquierda se registra el resultado de las cifras del esquema inicial de recaudación y donde la suma de los sueldos anuales ($12.000) más $4.095 que recibiría cada trabajador por el 15% de repartición de utilidad. Los $16.095 de ingresos menos los gastos deducibles (alimentación, salud, vivienda, educación y transporte) de $6.000 anuales, de esta manera quedan $10.095 de excedentes de ingresos que no entran en la tabla para el cálculo de impuestos a la renta personal, siendo la recaudación en este rubro: cero. Adicionalmente, para el ejemplo, se asume que el 100% del excedente de ingresos del trabajador van a consumo de productos que genera Impuesto al Valor Agregado (IVA).

## COMPARACIÓN ECONÓMICA DE PROPUESTA I

| | | | | | |
|---|---|---|---|---|---|
| | CANTIDAD DE TRABAJADORES | 10 | | CANTIDAD DE TRABAJADORES | 10 |
| | SUELDO ANUAL | 12.000 | | SUELDO ANUAL | 12.000 |
| | GASTOS DEDUCTIBLES | (6.000) | | GASTOS DEDUCTIBLES | (6.000) |
| | PART. UTILIDADES DE UN TRABAJADOR | 4.095 | | PART. UTILIDADES DE UN TRABAJADOR | 5.250 |
| | TOTAL DE INGRESOS | 10.095 | | TOTAL DE INGRESOS | 11.250 |
| 0% | IMPUESTOS A RENTA PERSONAL | | 5% | IMPUESTOS A RENTA PERSONAL | 563 |
| | IMPUESTOS A RENTA PERSONAL TOTAL | | | IMPUESTOS A RENTA TOTAL | 5.625 |
| | CONSUMO | 40.950 | | CONSUMO | 52.500 |
| 12% | IVA POR CONSUMO DE TRABAJADORES | 4.914 | 12% | IVA POR CONSUMO DE TRABAJADORES | 6.300 |
| | IMPUESTOS A RENTA EMPRESA | 77.000 | | IMPUESTOS A RENTA EMPRESA | 20.825 |
| | PROPIETARIO DE LA EMPRESA | | | PROPIETARIO DE LA EMPRESA | |
| 35% | IMPUESTO A LA RENTA PERSONAL | 81.218 | 35% | IMPUESTO A LA RENTA PERSONAL | 96.836 |
| 12% | IVA POR CONSUMO DE PROPIETARIO | 27.846 | 12% | IVA POR CONSUMO DE PROPIETARIO | 33.201 |
| | TOTAL RECAUDADO | 190.978 | | TOTAL RECAUDADO | 162.787 |

Elaborado por: BFN                                                                        -15%

La recaudación por impuesto al valor agregado (IVA) suman $40.950, cantidad que se asume que su totalidad van a consumo de bienes y servicios grabables con el 12% de IVA, registrando un valor de $4,914 por recaudación de dicho impuesto.

**¿Qué pasa Ecuador?**

También se asume que existe un solo propietario de la empresa en el ejemplo y que retira el 100% de las utilidades que registra el Estado de Pérdidas y Ganancias para uso personal; por tal motivo, el empresario pagaría por impuesto a la renta lo que la tabla indique por su retiro de dinero en forma de dividendo que recibió de la empresa de $232.050, asumiendo adicionalmente que todo este monto es un excedente neto de sus ingresos.

Según la Tabla de Impuestos a la Renta, por los $232.050 de excedente, el propietario de la empresa pagaría el 35% del monto, el mismo que es equivalen a $81.218 y por IVA se pagaría $27.846 que equivale al 12% de los 232.050 consumidos. Con el Ejemplo 1, el total de impuestos recaudados en el esquema actual es de $190.978 frente a los $162.787 por recaudación en la Propuesta I, siendo una cifra menor en 15% por recaudación del total de los impuestos.

La diferencia en la Propuesta I frente a la actualidad está en el cobro del impuesto a la renta donde se incentiva el pago del 15% de la participación de los trabajadores sobre las utilidades antes de que se aplique el impuesto a la renta. Con esta propuesta el fisco sale perjudicado en la recaudación de los tributos totales en 15%; sin embargo, la propuesta alivia al sector empresarial favoreciendo la inversión y la recaudación futura con la reactivación y crecimiento de la economía.

Para atraer la inversión al país, es más fácil convencer al inversionista nacional y extranjero que invierta y que no se preocupe por el pago de utilidades a los empleados porque éste es deducible del impuesto a la renta, que tratar de convencer a los mismos inversionistas que además del riesgo que corren con la inversión sin importar cuantos años de pérdidas hayan tenido, ni bien registran utilidad, tendrán que reconocer el 15%

de sus utilidades para sus trabajadores adicionales al pago del impuesto a la renta establecido por ley.

Las preguntas gravitan en qué momento se da el paso para un cambio en las políticas tributarias: ¿Se justifica o no atender el pedido de los empresarios de reducir las cargas impositivas?, ¿Qué cambio tributario incentiva la inversión extranjera? Y ¿Qué beneficios traen una reforma tributaria para la generación de empleo?

Indiscutiblemente, una sugerencia de cambio como la Propuesta I nos aleja de la toma de decisión por el impacto económico de -15% en la recaudación de impuestos, peor en momentos que hay déficit presupuestario que afecta el statu quo de la burocracia. Sin dejar de ser la Propuesta I el esquema ideal en la toma de decisiones porque sin eliminar el 15% de la participación de los trabajadores lo estamos deduciendo en su totalidad del impuesto a la renta. Veamos la Propuesta II en el cuadro del Ejemplo II:

### ESTADO DE PÉRDIDA Y GANANCIAS DE CUALQUIER EMPRESA

| | ACTUAL | | PROPUESTA II | |
|---|---|---|---|---|
| | VENTAS BRUTAS | 1.000.000 | VENTAS BRUTAS | 1.000.000 |
| | - COSTOS DE VENTAS | (100.000) | - COSTOS DE VENTAS | (100.000) |
| | VENTAS NETAS | 900.000 | VENTAS NETAS | 900.000 |
| | - COSTOS OPERATIVO | (350.000) | - COSTOS OPERATIVO | (350.000) |
| | UTILIDAD BRUTA | 550.000 | UTILIDAD BRUTA | 550.000 |
| | - GASTOS ADMINISTRATIVO | (150.000) | - GASTOS ADMINISTRATIVO | (150.000) |
| | - GASTOS FINANCIERO | (50.000) | - GASTOS FINANCIERO | (50.000) |
| | UTILIDAD ANTES DE IMPUESTOS | 350.000 | UTILIDAD ANTES DE PART. TRABAJ. | 350.000 |
| 22% | - IMPUESTOS A LA RENTA | (77.000) | 15% - PARTICIPACIÓN DE TRABAJADORES | (52.500) |
| | UTILIDAD ANTES DE PART. TRABAJ. | 273.000 | UTILIDAD ANTES DE IMPUESTOS | 297.500 |
| 15% | - PARTICIPACIÓN DE TRABAJADORES | (40.950) | 15% - IMPUESTOS A LA RENTA | (44.625) |
| | UTILIDAD NETA | **232.050** | UTILIDAD NETA | **252.875** |

Elaborado po:   BFN

**¿Qué pasa Ecuador?**

A continuación, hacemos una aproximación para que el fisco no sobrelleve tanto impacto en la siguiente propuesta:

- <u>Propuesta II.</u> - Que se pague primero el 15% de la participación de los trabajadores sobre las utilidades y que se merme el cobro del impuesto a la renta del 22% a un mínimo del 15%.

La descripción de la Propuesta II es muy sencilla, de la utilidad bruta que genera la actividad de la empresa se procede a rebajar el cálculo del 15% de participación de los trabajadores para que, de esa utilidad (Utilidad antes de Impuesto a la Renta), se liquide una nueva tasa del 15% de Impuestos a la Renta y llegar al final del acto contable con una Utilidad Neta a disposición de los inversionistas o propietarios.

La Propuesta II no cambia el monto de la participación de los empleados ($52.500) que va directo al consumo, es la misma de la Propuesta I, pero si se procede a ajustar el impuesto a la renta al 15% sobre las utilidades después de ser descontadas de la participación a los trabajadores. Siendo 15% de impuestos a la renta superior al 7% de la Propuesta I y Ejemplo I, la recaudación para el Ejemplo II es de más del doble ($44.625 versus $20.825). De allí nace la clave para la aproximación de la Propuesta II como mejor alternativa numérica para su aplicación que la Propuesta I. Veamos los resultados económicos que nos brinda el cuadro COMPARACIÓN ECONÓMICA DE PROPUESTA II.

En la Propuesta II, continuamos con las mismas asunciones de que son 10 los trabajadores de la empresa, que cada uno gana $12.000 anuales de sueldo, que tienen gastos por deducir anuales de $6.000, la totalidad de las utilidades que reciben trabajadores y propietario van a ser consumidos, por lo tanto, pagan IVA del 12%, ocasionando que el total de la recaudación de impuestos sea $175.401 frente a los $190.978 del esquema actual; es decir, 10% menos en recaudaciones y 9% ($252.875 versus $232.050) más de utilidad para el propietario de la empresa.

## COMPARACIÓN ECONÓMICA DE PROPUESTA II

| | | | | | |
|---|---|---|---|---|---|
| | CANTIDAD DE TRABAJADORES | 10 | | CANTIDAD DE TRABAJADORES | 10 |
| | SUELDO ANUAL | 12.000 | | SUELDO ANUAL | 12.000 |
| | GASTOS DEDUCTIBLES | (6.000) | | GASTOS DEDUCTIBLES | (6.000) |
| | PART. UTILIDADES DE UN TRABAJADOR | 4.095 | | PART. UTILIDADES DE UN TRABAJADO | 5.250 |
| | TOTAL DE INGRESOS | 10.095 | | TOTAL DE INGRESOS | 11.250 |
| 0% | IMPUESTOS A RENTA PERSONAL | | 5% | IMPUESTOS A RENTA PERSONAL | 563 |
| | IMPUESTOS A RENTA TOTAL | | | IMPUESTOS A RENTA TOTAL | 5.625 |
| | CONSUMO | 40.950 | | CONSUMO | 52.500 |
| 12% | IVA POR CONSUMO DE TRABAJADORES | 4.914 | 12% | IVA POR CONSUMO DE TRABAJADORE | 6.300 |
| | IMPUESTOS A RENTA EMPRESA | 77.000 | | IMPUESTOS A RENTA EMPRESA | 44.625 |
| | PROPIETARIO DE LA EMPRESA | | | PROPIETARIO DE LA EMPRESA | |
| 35% | IMPUESTO A LA RENTA PERSONAL | 81.218 | 35% | IMPUESTO A LA RENTA PERSONAL | 88.506 |
| 12% | IVA POR CONSUMO DE PROPIETARIO | 27.846 | 12% | IVA POR CONSUMO DE PROPIETARIO | 30.345 |
| | TOTAL RECAUDADO | 190.978 | | TOTAL RECAUDADO | 175.401 |

Elaborado po:   BFN                                                                            -8%

Tanto como las Propuesta I y II son válidas, depende del riesgo financiero que quiera correr el mandatario de turno para su aplicación. Las dos propuestas son sumar-sumar porque son buenas tanto como para los inversionistas que sienten la alternativa que se rebaje el peso del 15% de la participación de los trabajadores y tanto como para los trabajadores que reciben mayor participación porcentual por el hecho de que su participación sobre la utilidad es calculada antes del impuesto a la renta corporativo; lo que demuestra que esto es cuestión de iniciativa de las autoridades de turno porque con poca gestión se pueden hacer cambios sustanciales a las políticas económicas.

Para transcender en la vida pública no se necesita estudios profundos que certifiquen los cambios emprendidos ni recetarios dogmáticos que no se adaptan ni a los unos ni a los otros; todo depende del grado de decisión y riegos que el mandatario quiera tomar, sin medir consecuencias de desafectos políticos, todos tenemos que poner algo en la práctica para el éxito de los nuevos cambios y el futuro de la nación.

Por un lado, arriba tenemos el escenario extremo e ideal para los empresarios (Propuesta I) de incentivar el pago de la participación de los trabajadores por una deducción equitativa y porcentual en la aplicación del impuesto a la renta corporativo; y por otro lado, tenemos una aproximación al esquema ideal (Propuesta II) a través de una deducción parcial del impuesto a la renta a un mínimo del 15% por el pago de la participación de los trabajadores. Mientras nos podemos de acuerdo de cómo llegamos al esquema ideal deberíamos hacer una aproximación con la Propuesta II y así evitamos las situaciones antagónicas que repercuten en la actividad política. Siempre será necesario decidirse explicando el cómo y el porqué de tal y cual decisión que se adopte entorno a las alternativas que puedan presentarse a lo largo de la actividad pública.

Finalmente, empresa que quiera reconocer un bono de eficiencia a sus trabajadores están libre de hacerlo en el Ecuador. Como política internacional debe haber empresas multinacionales que reconocen un bono de eficiencia a sus empleados por rendimiento en el cumplimiento de sus obligaciones o por haber logrado un incremento importante en la producción. Téngase la seguridad que la obligatoriedad del pago del 15% de participación de los trabajadores sobre las utilidades serían descontados del bono de eficiencia estipulado por aquella multinacional; por lo tanto, no nos degastemos alrededor de la eliminación del 15% de la participación de los empleados sobre las utilidades adaptándonos, sin espantar al inversionista, como una ventaja para promover la deducción al impuesto de la renta.

## RECOMENDACIONES

Desistir de la idea de crear más impuestos a los ciudadanos, sean estos ciudadanos adinerados o comerciantes de productos considerados suntuarios por las autoridades económicas. El Estado es un pésimo administrador de los fondos públicos y jamás logra su cometido en la distribución eficiente de los impuestos recaudados. Los impuestos restan dinero a la actividad económica privada restringiendo las transacciones comerciales y por ende la generación de empleo. La reactivación económica siempre viene de la mano de incentivos tributarios o ideas novedosas en la forma de recolectar los impuestos y no a través de subirlos.

Con moneda dura como el dólar, un país como Ecuador, no debería tener una tasa de IVA más allá del 10%. Una deducción del IVA del 12% hasta llegar al 10% sería bien visto por los actores económicos, además de que la tarifa del 10% simplifica el cálculo del impuesto en una campaña de inclusión de actores económicos informales a la economía.

**¿Qué pasa Ecuador?**

En temas tributarios, el pensamiento actual, apelando una vez más a la igualdad, es de que, en algún momento en los países, se comience a aplicar tasas planas[204] para la recaudación de impuestos, de esa manera, no se persigue al generador de riqueza.

---

[204] La aplicación de una tasa plana impositiva es igualitaria para todos los ciudadanos, sin distinción de clases sociales. Ejemplo, impuesto a la renta del 10% a las utilidades netas de las corporaciones, a los ingresos netos de los ciudadanos y a todo tipo de productos importados.

# ENCUESTA POLÍTICA, SOCIAL Y ECONÓMICA

*"Los hombres son de mente tan simple, y sus necesidades inmediatas los dominan de tal manera, que el hombre engañoso siempre encontrará a muchos dispuestos a dejarse engañar."*

Nicolás Maquiavelo (1469-1527)

En Código de la Democracia amparado en la Ley Orgánica Electoral y de Organizaciones Políticas de la República del Ecuador, en el artículo cuarto literal dos, se refiere a la obligatoriedad del voto de los ciudadanos negándose el derecho de libertad del adulto mayor de los 18 años siendo optativo la votación para los jóvenes entre las edades de 16 hasta 18 años[205].

Porque los ecuatorianos estamos obligados a participar en cada elección seccional, municipal, consulta en referendo, para asambleístas o presidente debemos aprender a elegir mejor nuestros representantes públicos, acorde a nuestros criterios y conveniencias dentro de la sociedad. El objetivo sería que los ciudadanos con mediano nivel de preparación se involucren en la orientación y selección de candidatos con razonamientos formados, similares a nuestra forma de pensar. Es decir, si logramos que los candidatos contesten una encuesta sobre temas generales sobre política, sociedad y economía, tendríamos un test idéntico al que el lector pueda realizar con la finalidad de comparar los resultados de manera sencilla, contando la puntación de cada una de las afirmaciones o preguntas del test realizado por el candidato versus la del elector de modo individual.

---

[205] Para un mejor análisis sobre la obligatoriedad del sufragio leer Zúñiga Urbina, Francisco. "DERECHO DE SUFRAGIO: LA DEBATIDA CUESTIÓN DE SU OBLIGATORIEDAD.

**¿Qué pasa Ecuador?**

Por ejemplo, la puntuación del test que genere independientemente el candidato A, B o C puede ser comparable a mi propia puntuación tomando el mismo test. Hagamos de cuenta que el ciudadano Z al realizar el test puntúa 27 y el candidato A suma 45, el B registra en el test 33 y el C completa los 75 puntos, tengan la seguridad de que el ciudadano Z elegiría al candidato B como la opción más próxima a su pensamiento.

La realización de un test como el propuesto nos aproxima a la erradicación del populismo en procura de un electorado preocupado del destino de su país.

Un resultado numérico que demuestre que tan similar pensamos con respecto a los líderes políticos antes de que decidamos participar en política es también parte de la solución de apoyar al candidato con pensamiento definido.

La otra parte de la solución es el sufragio libre, alternativa de votación que estimula al ciudadano a participar con el voto cada vez que sus intereses se ven amenazados, ya sea por interés propio o por haber sido guiado por un líder barrial hasta la junta receptora del voto en defensa de sus intereses colectivos, caso contrario seguiríamos cometiendo los errores de siempre cada vez que descubramos que nos equivocamos con el político elegido que resultó ser un populista más de la lista de engañadores prometiendo en campaña, lo que con el poder no supieron cumplir.

ELECCIONES DE ECUADOR

| | 2013 | | 2017 | |
|---|---|---|---|---|
| Población | 14.483.499 | | 16.613.313 | |
| Empadronados | 11.675.441 | 100% | 12.816.698 | 100% |
| Votantes | 9.465.860 | 81% | 10.470.174 | 90% |
| Votos válidos | 8.602.603 | 74% | 9.447.362 | 81% |
| Votos en blanco | 179.230 | 2% | 286.069 | 2% |
| Votos nulos | 684.027 | 6% | 736.743 | 6% |

Fuente: Wikipedia, CNE                    Elaborado por: BFN

En Ecuador, a pesar de la multa del 10% del Salario Mínimo Vital que se aplica al ciudadano que no acuda a votar, el ausentismo más los votos nulos y blancos, expresión de que las elecciones no es de interés del ciudadano, suman alrededor del 27% (19% de ausentismo más 6% de votos nulos y 2% de votos en blanco) del total de los ciudadanos habilitados a votar (11'675.441) en las elecciones para presidente en el 2013 (ver cuadro ELECCIONES DE ECUADOR AÑO 2013). Esto equivaldría como que sólo el 73% de los ciudadanos están interesados acudir a votar. Mayor razón para que en Ecuador se comience a debatir sobre el sufragio libre; además que, la obligatoriedad del voto se puede prestar para el manipuleo del padrón electoral a través de la diferencia entre el ausentismo y el total de los habilitados para votar, haciendo aparecer menos ausentismo por intermedio de la validación de votos a favor de uno de los candidatos dentro de la elaboración de las actas electorales; actas que pueden llegar a ser cambiadas en el trayecto desde la junta receptora del voto hasta el centro de digitación de los escrutinios.[206]

La información sobre la elección del binomio presidencial del 2017 que registra el cuadro ELECCIONES DE ECUADOR es la correspondiente a la primera vuelta.[207] Existen múltiples denuncias de fraude que fueron desestimadas por el Consejo Nacional Electoral (CNE). No soy persona autorizada por ningún grupo político para sustentar o recoger las denuncias de fraude, pero como ciudadano puedo dar fe que proceso electoral estuvo viciado de irregularidades a favor del candidato oficialista:

---

[206] No quiero desviar la atención del lector a los problemas electorales con las múltiples formas de fraude que existen en procesos amañados como los suscitados en Ecuador durante la elección de asambleístas y binomio presidencial en el 19 de febrero y 2 de abril de 2017, respectivamente.
[207] CNE, "Resultados 2017".

medios de comunicación, infraestructura del estado y funcionarios públicos hicieron campaña a favor de los candidatos oficialistas en desmedro de los de oposición.

Curiosamente, los datos de primera vuelta no concuerdan las cifras del 2013 con las del 2017, ya que los votantes aumentaron en 9% (del 81% al 90%) y los votos válidos incrementaros 7% (del 74% de 2013 al 81% de 2017)[208]; al parecer en las elecciones del 2017 hasta los muertos votaron.[209]

## PEDIDO A LOS CANDIDATOS

Utilice los emails y redes sociales de todos los candidatos a la presidencia y vicepresidencia para hacer llegar el mensaje de que contesten el test político, social y económico, con la finalidad de que los ciudadanos puedan tener conocimiento de sus pensamientos y así se facilite la elección del candidato de su preferencia. El ciudadano al comprobar que la puntuación suya, una vez tomado el test, se aproxima a la puntuación de uno de los candidatos, demostraba similitud en el pensamiento definiendo la decisión por quien votar. Sin culpar a nadie el "porqué" no fue contestado mi email, peor la intención de realizar el test por parte de los candidatos, asumo que fue por la falta de frontalidad de los candidatos al tratarse temas polémicos hacen que los asesores recomienden, no contestar las preguntas por el supuesto mal uso que se pueda dar en campaña, a las repuestas individuales de cada una de las preguntas. Lo

---

[208] La información recabada del sitio web del CNE fue al 25 de abril de 2017.

[209] Rodríguez, Dennis (Blog: La vuelta al mundo en 80 días). El Comercio, "En el nuevo 'socialismo real', los muertos 'votan' y hacen ganar elecciones".

ideal sería que el candidato razone cada una de las preguntas y exponga su criterio, pero al parecer nos debemos conformar con la disposición a que realicen el test y nos hagan saber su puntuación. Puntuación que sería comparable a la puntuación de nuestras repuestas de manera independiente.

La carta que a continuación redacto tuvo la intención de obtener el pensamiento de los candidatos para las elecciones presidenciales de Ecuador 2017 a través de la contestación de un Test Político, Social y Económico.

Estimado Candidato(a):

Los ecuatorianos estamos próximos a elegir presidente, vicepresidente y asambleístas en los primeros meses del 2017. Por tal motivo, es de suma importancia que el ciudadano que tenga acceso a la lectura tenga la oportunidad de medir su pensamiento con el candidato de su preferencia, o, en su efecto, si es que está indeciso, pueda comparar los resultados de un test político, social y económico con los candidatos presentes en la lid electoral.

El Test Político, Social y Económico[210] se puntúa en cada literal seleccionado por pregunta o afirmación desde la "a" con 5 puntos hasta el literal "e" con 1 punto. Se suman los puntos obtenidos en las 20 preguntas para el resultado final. El ciudadano al tomar el test obtiene también su resultado numérico y puede comparar con la puntación de los candidatos que contestaron al test. Ninguno de los ciudadanos sabrá el resultado

---

[210] En el internet existen varios test sobre qué tan progresista somos; sin embargo, he adoptado el formato de test realizado por el periodista Glenn Beck en su libro "LIARS" y he adaptado la mayoría de las preguntas o afirmaciones descritas en el test a los cuestionamientos que tenemos los ecuatorianos sobre temas políticos, económicos y sociales.

de las preguntas de manera individual. El aproximamiento del pensamiento entre el candidato y el ciudadano que hace el test es de manera numérica, comparable sobre el total general de los puntos de las 20 preguntas. El resultado del test está entre los 20 puntos como mínimo y 100 puntos como máximo.

Para tener conocimiento sobre su manera de pensar en temas de interés público de los que dependemos todos los ecuatorianos, solicito que tenga la amabilidad de contestar el test que adjunto con la finalidad de que el mismo votante compare su forma de pensar y de elegir con la de su candidato seleccionado. Reitero que la comparación de los resultados del test que toma el ciudadano elector se logra de manera numérica al comparar con la repuesta y puntuación de usted, señor(a) candidato(a). A mayor aproximación en los puntajes, mayor es la similitud entre el candidato y el elector.

Agradezco la atención que dé a esta solicitud y le agradecería retorne la encuesta solicitada al presente email marcando con una "x" cada pregunta o afirmación en uno de los literales alternativos.

Adjunto el test político, social y económico en mención.
Saludos y suerte en la lid electoral,
Bruno Faidutti Navarrete
b_faidutti@hotmail.com

***Fin del email***

Recordemos que previo a las elecciones presidenciales de primera vuelta de febrero 19 de 2017, había alrededor del 52% de indecisos[211] por lo que se hacía indispensable orientar a la

---

[211] Metro. "Cedatos: 52% de electores están indecisos para elecciones de 2017"

ciudadanía para que maduren en su decisión y asuman con co-nocimiento su selección los asambleístas y binomios presiden-ciales.

Dos destacados economistas tuvieron la delicadeza de con-testar el Test Político, Social y Económico de inmediato. Sin ne-cesidad de destacar sus puntaciones los menciono: Alberto Dahik Garzozi y Jaime Zeas Flores, ambos buenos amigos que tuvieron confianza y entereza en conceder sus criterios a través del test, por lo que agradezco haber confiado en el subscrito.

Demostrado que el test original, adjunto a la carta (email), no fue contestado por político alguno, procedo a modificar li-geramente las preguntas para que tenga relación al pensa-miento escrito en este libro. Por lo que recomiendo al lector contestar el test a continuación, anotar su puntuación y aspirar que algún día los candidatos a futuro hagan lo mismo.

## EL TEST POLÍTICO, SOCIAL Y ECONÓMICO

Qué tanto aprueba o desaprueba los siguientes pensamien-tos o afirmaciones:

(Favor marcar con una "x" el casillero de las 5 alternativas por cada pre-gunta. Puntuaciones: a=5; b=4; c=3; d=2 y e=1)

1. El estado debe regular las fuerzas del mercado para evi-tar que los precios suban.
   a. Apruebo totalmente ☐
   b. Apruebo en algo ☐
   c. No apruebo ni desapruebo ☐
   d. Desapruebo un poco ☐
   e. Desapruebo totalmente ☐

2. Es aceptable que el gobierno provea fondos públicos a instituciones de beneficencia privadas que proporcionan servicios útiles a los pobres.
   a. Apruebo totalmente ☐
   b. Apruebo en algo ☐
   c. No apruebo ni desapruebo ☐
   d. Desapruebo un poco ☐
   e. Desapruebo totalmente ☐

3. Las personas más ricas de la sociedad tienen que pagar más impuestos para que el estado combata las desigualdades económicas entre los ciudadanos.
   a. Apruebo totalmente ☐
   b. Apruebo en algo ☐
   c. No apruebo ni desapruebo ☐
   d. Desapruebo un poco ☐
   e. Desapruebo totalmente ☐

4. Para evitar los problemas de salud de los ciudadanos, sería aceptable pasar leyes que hagan que ciertos productos sean ilegales o grabados con más impuestos.
   a. Apruebo totalmente ☐
   b. Apruebo en algo ☐
   c. No apruebo ni desapruebo ☐
   d. Desapruebo un poco ☐
   e. Desapruebo totalmente ☐

5. El Gobierno debe apoyar al deporte recreativo y de alta competencia con fondos del Estado.
   a. Apruebo totalmente

b. Apruebo en algo
c. No apruebo ni desapruebo
d. Desapruebo un poco
e. Desapruebo totalmente

6. El financiamiento o becas a la educación superior debe ser en campos donde existen carencias de profesionales.
   a. Apruebo totalmente
   b. Apruebo en algo
   c. No apruebo ni desapruebo
   d. Desapruebo un poco
   e. Desapruebo totalmente

7. Todas las culturas tienen algo que ofrecer, deberíamos proveer a cada uno de los grupos étnicos y sociales derechos de formar su propia nación para la creación de leyes, fuerzas policiacas y reglas propias.
   a. Apruebo totalmente
   b. Apruebo en algo
   c. No apruebo ni desapruebo
   d. Desapruebo un poco
   e. Desapruebo totalmente

8. El ciudadano debería tener el derecho de libertad de expresión a menos que su discurso sea dirigido a ofender otras personas.
   a. Apruebo totalmente
   b. Apruebo en algo
   c. No apruebo ni desapruebo
   d. Desapruebo un poco
   e. Desapruebo totalmente

9. Debería ser aceptable pasar leyes que forcé la implementación de tasas o impuestos que recauden dinero para ciertas organizaciones de caridad o beneficencia.
   a. Apruebo totalmente ☐
   b. Apruebo en algo ☐
   c. No apruebo ni desapruebo ☐
   d. Desapruebo un poco ☐
   e. Desapruebo totalmente ☐

10. Los bancos son los culpables de las crisis económicas de 1925 y 1999 en Ecuador.
    a. Apruebo totalmente ☐
    b. Apruebo en algo ☐
    c. No apruebo ni desapruebo ☐
    d. Desapruebo un poco ☐
    e. Desapruebo totalmente ☐

11. Los ciudadanos están mejores cuando el progreso esté manejado por la ciencia y el discurso social, en lugar de la religión o dogmas de fe.
    a. Apruebo totalmente ☐
    b. Apruebo en algo ☐
    c. No apruebo ni desapruebo ☐
    d. Desapruebo un poco ☐
    e. Desapruebo totalmente ☐

12. La balanza comercial debe mantenerse positiva (más exportaciones que importaciones) para que la dolarización se mantenga en el país.
    a. Apruebo totalmente ☐
    b. Apruebo en algo ☐

c. No apruebo ni desapruebo ☐
d. Desapruebo un poco ☐
e. Desapruebo totalmente ☐

13. La industria nacional debe ser protegida para que se desarrolle y así poder sustituir las importaciones que se llevan los dólares del país.
    a. Apruebo totalmente ☐
    b. Apruebo en algo ☐
    c. No apruebo ni desapruebo ☐
    d. Desapruebo un poco ☐
    e. Desapruebo totalmente ☐

14. Es necesario tener moneda propia para poder enfrentar las crisis económicas internacionales y contrarrestar las devaluaciones de los países vecinos.
    a. Apruebo totalmente ☐
    b. Apruebo en algo ☐
    c. No apruebo ni desapruebo ☐
    d. Desapruebo un poco ☐
    e. Desapruebo totalmente ☐

15. El buen control del Estado sincera y mantiene bajos los precios de los alimentos de primera necesidad.
    a. Apruebo totalmente ☐
    b. Apruebo en algo ☐
    c. No apruebo ni desapruebo ☐
    d. Desapruebo un poco ☐
    e. Desapruebo totalmente ☐

16. La falta de Reservas Internacionales de Libre Disponibilidad pone en peligro el modelo monetario/cambiario
de la Dolarización.
    a. Apruebo totalmente ☐
    b. Apruebo en algo ☐
    c. No apruebo ni desapruebo ☐
    d. Desapruebo un poco ☐
    e. Desapruebo totalmente ☐

17. El fondo de liquidez (reservas) de los bancos debe quedarse en el país para que sea aporte a la economía.
    a. Apruebo totalmente
    b. Apruebo en algo ☐
    c. No apruebo ni desapruebo ☐
    d. Desapruebo un poco ☐
    e. Desapruebo totalmente ☐

18. Las tasas de intereses de los bancos deben ser reguladas
para evitar abuso en su cobro.
    a. Apruebo totalmente
    b. Apruebo en algo ☐
    c. No apruebo ni desapruebo ☐
    d. Desapruebo un poco ☐
    e. Desapruebo totalmente ☐

19. Con respecto al gasto público. No importa cuánto se
gaste con tal que se haga la obra.
    a. Apruebo totalmente ☐
    b. Apruebo en algo ☐
    c. No apruebo ni desapruebo ☐
    d. Desapruebo un poco ☐
    e. Desapruebo totalmente ☐

20. Los recursos naturales deben ser manejados eficientemente solamente por empresas estatales.

    a. Apruebo totalmente ☐
    b. Apruebo en algo ☐
    c. No apruebo ni desapruebo ☐
    d. Desapruebo un poco ☐
    e. Desapruebo totalmente ☐

# REFERENCIAS

Aduana del Ecuador, "Comité de Comercio Exterior, Resolución No. 59". En: https://www.aduana.gob.ec/archivos/Boletines/2013/ARANCEL_FINAL_1_DE_ENERO_R93.pdf

Agencia de Regulación y Control de las Telecomunicaciones (ARCOTEL), "Servicio Móvil Avanzado". Estadísticas sobre: Densidad de líneas activas y participación de mercado, líneas activas por modalidad (Prepago – Pospago) y líneas activas por tecnología. En: http://www.arcotel.gob.ec/servicio-movil-avanzado-sma/

Aleksashenko, Sergey, , "Is Russia's Economy Doomed to Collapse?" THE NATIONAL INTEREST web site. (Economics: July 1, 2016). En: http://nationalinterest.org/feature/russias-economy-doomed-collapse-16821?page=6

Ámbito, "ECUADOR – Riesgo País". (JP Morgan). En: http://www.ambito.com/economia/mercados/riesgo-pais/info/?id=5&desde=01/02/2015&hasta=01/03/2017&pag=13

América TV, "Roba pero hace obra" (Cuarto Poder, reportaje). En: http://www.americatv.com.pe/cuarto-poder/reportaje/roba-hace-obra-noticia-11024

American Forests, "Carbon Calculator Assumptions and Sources" – Conversión de una tonelada métrica de Carbón. En: https://www.americanforests.org/assumptions-and-sources/

Anzil, Federico, "Tasas de Interés Negativas". En sitio web Zona Económica (16 de Feb de 2016). http://www.zonaeconomica.com/tasas-interes-negativas

Arellano, María Elena, "GESTIÓN ESTATAL DEVASTÓ FILANBANCO". Unidad de Investigación. (EXPRESO - LA HORA: enero 19 de 2003). http://lahora.com.ec/index.php/noticias/show/1000135791/-1/Gesti%C3%B3n_estatal_devast%C3%B3_Filanbanco.html#.WC88u4WcH3w

Arias, Oscar, "Algo Hicimos Mal". (La Nación – Opinión), En: http://www.nacion.com/opinion/foros/HICIMOS-MAL_0_1045695478.html

Arosemena Arosemena, Guillermo. "La Revolución Juliana, evento ignominioso en la historia de Guayaquil". (Selected Works: 2002). En: https://works.bepress.com/guillermo_arosemena/about/?paginate=1&page=13&page_size=25

Asamblea Nacional, "Constitución del Ecuador". En: http://www.asambleanacional.gov.ec/documentos/constitucion_de_bolsillo.pdf

Asamblea Nacional, "Ley Orgánica de Regulación y Control de Poder de Mercado". En sitio web planificación: http://www.planificacion.gob.ec/wp-content/uploads/downloads/2012/10/Ley-Organica.pdf

Asociación Bancaria de Panamá, "Directorio Bancario". En: http://www.asociacionbancaria.com/html/index.php?id=254

Banco Central del Ecuador, "BOLETÍN ANUARIO # 33". En: http://www.bce.fin.ec/index.php/component/k2/item/327-ver-bolet%C3%ADn-anuario-por-a%C3%B1os

Banco Central del Ecuador, "La economía ecuatoriana en 1998". En: https://contenido.bce.fin.ec/documentos/PublicacionesNotas/Catalogo/Memoria/1998/cap2int.pdf

Banco Central del Ecuador, "Historia del Banco Central del Ecuador". En: https://www.bce.fin.ec/index.php/historia

Banco Central del Ecuador, "Informe al Honorable Congreso Nacional, Pro del Gobierno Central y Límite de Endeudamiento Público Año 2006". En: https://contenido.bce.fin.ec/documentos/PublicacionesNotas/Notas/Proforma/INFPROFORMA2006.pdf

Beck, Glenn, "Quiz: Are you progressive?". (Lori: Wednesday, Aug 10, 2016). En: http://www.glennbeck.com/2016/08/10/quiz-are-you-a-progressive/

Bigas, Magda, "Las diez monedas más utilizadas del mundo". VIAJES. (LAVANGUARDIA: 12/03/2014). En: http://www.lavanguardia.com/viajes/20140312/54401265775/las-diez-monedas-mas-utilizadas-del-mundo/item/2/euro.html

Blitz, Matt, "DO COW FARTS REALLY SIGNIFICANTLY CONTRIBUTE TO GLOBAL WARMING?". (TODAY I FOUND OUT: APRIL 11, 2014). EN: http://www.todayifoundout.com/index.php/2014/04/cow-farts-really-significantly-contribute-global-warming/

## ¿Qué pasa Ecuador?

Bloghthings, "Are You Progressive, Conservative. Or Libertarian?". En: http://www.blogthings.com/areyouprogressiveconservativeorliberta-rianquiz/

Butler, Rhett A., "The Top 10 most biodiverse countries". (Mongabay site: 21 may 2016). En: https://news.mongabay.com/2016/05/top-10-bio-diverse-countries/
Cabieses, Guillermo, "La Revolución Industrial y el derecho laboral". (Instituto Cato: 27 de marzo de 2013). En: https://www.elcato.org/la-revolu-cion-industrial-y-el-derecho-laboral

Cabrera, Diana, "CANTIDAD DE ÁRBOLES POR PERSONA A NIVEL MUNDIAL". (El Universal: septiembre 15 de 2015). En: http://104.130.41.150/ar-ticulo/periodismo-de-datos/2015/09/15/cantidad-de-arboles-por-persona-nivel-mundial

Cárdenas Ochoa, César Augusto. "La Justicia Indígena según la Constitución del Ecuador del año 2008 y su repercusión en el juzgamiento de conductas indebidas en la comunidad de Gallorrumi, cantón Cañar". Resumen. (Universidad de Cuenca, Facultad de Jurisprudencia. 2010): http://dspace.ucuenca.edu.ec/bitstream/123456789/2956/1/td4392.pdf
Center of Global Development, "Education and The Developing World". (Why is education essential for development?). En: https://www.cgdev.org/files/2844_file_EDUCATON1.pdf

Central Intelligence Agency, "The World Facebook". Sitio web de la CIA. https://www.cia.gov/library/publications/the-world-factbook/rankor-der/2172rank.html

Centro Nacional de Competitividad (CNC Panamá), "Fortalezas del Sistema Bancario Panameño". (Edición N° 92 – abril 2012). En: http://cncpa-nama.org/phocadownload/Competitivi-dad%20al%20Dia%20No.%2092%20-%20Fortalezas%20del%20sis-tema%20bancario%20panameno.pdf

ChinaHoy, "¿Qué hace China para salir de la pobreza?". Sitio web:

http://www.chinatoday.mx/soc/societ/content/2016-11-29/con-tent_731557.htm

Concentración Deportiva de Pichincha, "Historia de Concentración Deportiva de Pichincha". En: http://www.cdp.com.ec/historia.html

Comisión Económica para América Latina y el Caibe (Cepal), "La importancia de Raúl Prebisch en el siglo XXI". (Notas de la CEPAL). En: http://www.cepal.org/notas/74/EnFoco_3.html

Comisión Económica para América Latina y el Caibe (Cepal), "Historia de la CEPAL". En sitio web: http://www.cepal.org/es/historia-de-la-cepal

Comité Olímpico Ecuatoriano, "Historia del COE – Reconocimiento del COE en 1959". En: http://www.coe.org.ec/index.php/organizacion/72-historia

Comité Olímpico Internacional, "National Olympic Committees".

https://www.olympic.org/national-olympic-committees

Congreso Nacional de Chile, "LA FLEXIBILIDAD LABORAL EN LOS PAÍSES DE ECONOMÍAS AVANZADAS Y DE AMERICA LATINA, EL CASO CHILENO". Biblioteca del Congreso Nacional de Chile, departamento de estudios, extensión y publicaciones. DEPESEX/BCN/SERIE ESTUDIOS AÑO XV, N° 318. (Santiago de Chile: Julio de 2005). En: http://www.bcn.cl/bibliodigital/pbcn/estudios/estudios_pdf_estudios/nro318.pdf

Consejo Nacional Electoral (CNE), "Resultados 2017" (presidente y vicepresidente). En: https://resultados2017.cne.gob.ec/frmResultados.aspx

Contacto Directo, "Declaraciones de Miguel García, presidente de la Federación de Servidores Públicos". En Ecuavisa sitio web: http://www.ecuavisa.com/articulo/contacto-directo/destacada/100883-carrasco-niega-que-burocracia-haya-crecido-garcia-cree

Corte Constitucional del Ecuador, "Caso n.°2205-13-EP, Juez Ponente: Doctor Gagliardo Loor, MSc.". En: http://doc.corteconstitucional.gob.ec:8080/alfresco/d/d/workspace/SpacesStore/c9567e16-b592-4e21-9567-b6ccdae9f1ec/2205-13-ep_auto.pdf?guest=tr

Curry, Judith, "Effects of solar variability on climate". En: https://judithcurry.com/2012/09/27/effects-of-solar-variability-on-climate/

De La Vega, Jorge Alejandro, "Calentamiento Global – Captura de Carbono". En Eco Portal: http://www.ecoportal.net/Temas-Especiales/Cambio-Climatico/Calentamiento_Global_-_Captura_de_Carbono

## ¿Qué pasa Ecuador?

Delgado Jara, Diego C, "¿Los resultados se dirimen siempre en las urnas? - ¿Una "feliz" "coincidencia"?" (Quito: Altercom, 13 de octubre de 2006). En: http://www.llacta.org/notic/2006/not1013a.htm

Desjardins, Jeff, "All of the World's Stock Exchanges by Size". (The Money Project web site: February 16, 2016). En: http://money.visualcapitalist.com/all-of-the-worlds-stock-exchanges-by-size/

Dirección Nacional de Investigaciones y Análisis Fiscal, Subsecretaría de Ingresos Públicos, Secretaría de Hacienda, Ministerio de Economía y Finanzas Públicas, Presidencia de la Nación. "Tributos Vigentes en la República Argentina a Nivel Nacional". (Actualizado al 31 de diciembre de 2016). En: http://www.mecon.gov.ar/sip/dniaf/tributos_vigentes.pdf

Documanía TV, "Al Gore – Una verdad incómoda". En: http://www.documaniatv.com/naturaleza/al-gore-una-verdad-incomoda-video_417669111.html

Dólar Today, "Indicadores Economía Venezolana". En: https://dolartoday.com/indicadores/

Ecuador Inmediato, "Banco Central administrará Fondo de Liquidez para convertirlo en prestamista de última instancia". (Sección Economía: 2009-03-24). En: http://www.ecuadorinmediato.com/Noticias/news_user_view/banco_central_administrara_fondo_de_liquidez_para_convertirlo_en_prestamista_de_ultima_instancia--100573

Ecuador Inmediato, "Paro petrolero en Dayuma, provincia de Orellana". (Sucesos: 2006-03-02). En: http://www.ecuadorinmediato.com/Noticias/news_user_view/paro_petrolero_en_dayuma_provincia_de_orellana--30016

Educación de Calidad, "Constitución de la República del Ecuador". En: http://educaciondecalidad.ec/constitucion-educacion.html

El Carbobeño, "Consecomercio: Venezuela cerró el 2016 con inflación por encima de 700%"". (EFE: 10 de enero de 2017). En: https://www.el-carabobeno.com/consecomercio-venezuela-cerro-2016-inflacion-700/

El Comercio, "¿Ecuador está preparado para un petróleo a un precio de USD 20?". (7 de marzo de 2016). En: http://www.elcomercio.com/actualidad/ecuador-preparados-petroleo-precio-petroecuador.html

El Comercio, "Ecuador ingresa a la red 4G con rezago". (Actualidad - redactor: Sebastián Angulo, 20 de junio de 2014). http://www.elcomercio.com/actualidad/operadoras-4g-ecuador-licitacion.html

El Comercio, "Exija sus derechos al dejar un empleo". (Negocios: 23 de julio de 2011). En: http://www.elcomercio.com/actualidad/negocios/exija-derechos-al-dejar.html

El Español, "Los nuevos millonarios son chinos y están ocupados". En http://www.elespanol.com/corazon/20160307/107739229_0.html
El Mundo, "Los subsidios y la cartera agrícola". Sitio web de Economía y Negocios. En: http://www.elmundo.com.ve/firmas/alejandro-caribas/los-subsidios-y-la-cartera-agricola.aspx
El País, "Las cifras asombrosas del nuevo Canal de Panamá". (Reportaje de Ramón Muñoz: 26 junio 2016). En: http://economia.elpais.com/economia/2016/06/25/actualidad/1466855348_207431.html
El Universo, "Aumento del IVA del 12% al 14% regiría desde 1 de junio próximo en Ecuador". (Sección Economía: Lunes, 16 de mayo, 2016). En: http://www.eluniverso.com/noticias/2016/05/16/nota/5582889/aumento-iva-12-14-regiria-1-junio-proximo
El Universo, "Diego Martínez: '(Dinero electrónico) Es un mecanismo para sobrellevar la falta de liquidez'". (Informes: Domingo 29 de mayo de 2016). En: http://www.eluniverso.com/noticias/2016/05/29/nota/5604588/es-mecanismo-sobrellevar-falta-liquidez

El Universo, "Ecuador pagará en junio la deuda con petrolera Occidental". (Sección Economía: Quito, noticia Reuters del Martes, 24 de mayo, 2016). En: http://www.eluniverso.com/noticias/2016/05/24/nota/5598240/ecuador-pagara-junio-deuda-occidental
El Universo, "El miércoles son 7 años de Rafael Correa en el poder en Ecuador". (Informes: domingo, 12 de enero, 2014). En: http://www.eluniverso.com/noticias/2014/01/12/nota/2014596/gobierno-revolucion-cifras
El Universo, "En $ 6,1 millones, saldo de dinero electrónico en el Banco Central del Ecuador". (Economía: viernes, 7 de abril, 2017). En: http://www.eluniverso.com/noticias/2017/04/07/nota/6126713/61-millones-saldo-e-dinero-bce
El Universo - La Revista, "Casas elevadas de caña guadua". En: http://www.larevista.ec/actualidad/vivienda-y-decoracion/casas-elevadas-de-cana-guadua

## ¿Qué pasa Ecuador?

El Universo, "Exámenes ENES solo para entrar a universidades públicas o cofinanciadas". (Quito, viernes, 23 de enero de 215). En: http://www.eluniverso.com/noticias/2015/01/23/nota/4468441/examenes-enes-solo-entrar-u

El Universo, "Nada, lo mejor del 2009; los apagones, lo peor". En:

http://www.eluniverso.com/2009/12/27/1/1355/nada-lo-mejor-pais-apagones-lo-peor.html

El Universo, "Sentencia apelable a favor de los hermanos Isaías en Miami". (Sección Política: sábado, 1 de junio, 2013). En: http://www.eluniverso.com/noticias/2013/06/01/nota/974336/sentencia-apelable-favor-hermanos-isaias-miami

Expansión, "China tiene más de un millón de millonarios". (Economía: miércoles, 27 de mayo de 2015). En http://expansion.mx/economia/2015/05/27/china-tiene-mas-de-un-millon-de-millonarios

Expansión, "Rating: Calificación de la deuda de los países". (Sitio web: Datos Macro). En: http://www.datosmacro.com/ratings

Faidutti Navarrete, Bruno. "¿Pillería o Negligencia?". FaroEconómico. (Artículo original publicado en Diario el Universo: sábado, 7 de diciembre de 1991). En: http://www.faroeconomico.com/index.php?option=com_content&view=article&id=280:caso-banco-de-pichincha-de-nassau&catid=28:editorial&Itemid=43

Faidutti Navarrete, Bruno, "ECOLOGÍA INHUMANA". (Sitio web: Faro Económico, Febrero 2010). En: http://www.faroeconomico.com/index.php?option=com_content&view=article&id=542:ecologia&catid=28:editorial&Itemid=43

Faidutti Navarrete, Bruno. "*ENTENDIENDO EL TLC*". (Diario El Universo: abril 3 de 2006). En: http://www.faroeconomico.com/index.php?option=com_content&view=article&id=243:entendiendo-el-tlc&catid=28:editorial&Itemid=43

Faidutti Navarrete, Bruno, *"La Miopía de la Aplanadora"*. (Diario Expreso: noviembre 30 de 1998).

Faidutti Navarrete, Bruno, *"Las Cifras de las Auditorias"*. (Diario Expreso: Domingo 8 de agosto de 1999).

Federación Deportiva del Azuay, "Nuestra Historia". En: http://www.fedeazuay.com/organizacion.php?codigo=PPPPPPPPPPPPPPPPPPPPP
Federación Deportiva del Guayas, "Historia". En: http://fedeguayas.com.ec/historia/
Foros Ecuador, "¿Cuántos Ministros hay en Ecuador?" En: http://www.forosecuador.ec/forum/ecuador/pol%C3%ADtica/11262-%C2%BFcu%C3%A1ntos-ministros-hay-en-ecuador-actualizado-2017

Freeman, Milton y Rose, "Free to Choose". A Personal Statement. (New York: Harcourt Brace Jovanovich, Inc., 1980)
Fundación Carlos Slim, Capacítate para el empleo: ELECTRICISTA. En:

https://capacitateparaelempleo.org/pages.php?r=.tema&tagID=12
García, Pamela y Tapia, Evelyn. Redactoras (I), "La amnistía tributaria llegó al BNF". (El Comercio: 29 de abril del 2015). En: http://www.elcomercio.com/actualidad/amnistiatributaria-asamblea-banconacionaldefomento.html
Global Carbon Project, "Goals". En: http://www.globalcarbonproject.org/about/index.htm

Gore, Al, "The case for optimism on climate change". (TED site: filmed Feb 2016). En: https://www.ted.com/talks/al_gore_the_case_for_optimism_on_climate_change
Hall Robert E. and Alvin Rabushka, "The Flat Tax in 1995". (Hoover Institution, Stanford University: January 1995). En: http://web.stanford.edu/~rehall/Flat%20Tax%201995.pdf
Hansmann, Henry, "Ownership of the firm". (Journal of Law, Economics and Organization, vol. 4 no. 2, Yale University: Fall 1988). En: https://web2.uconn.edu/ciom/ownership.pdf"
Hernández, José. "El Bless es el arca abierta de Richard Espinoza". (4pelagatos: marzo 16 de 2017). En: http://4pelagatos.com/2017/03/16/el-biess-es-el-arca-abierta-de-richard-espinosa/?lang=en

## ¿Qué pasa Ecuador?

Huffingtonpost web site: http://www.huffingtonpost.com/entry/sergey-aleksashenko-russia-economy-interview_us_56c62e7be4b0928f5a6b4586

Hurtado B., José Alberto, "Control de Precios en Venezuela". (El Universal: Domingo 9 de diciembre de 2012). http://www.eluniversal.com/opinion/121209/control-de-precios-en-venezuela
Hurtado Larrea, Osvaldo. "Discurso del presidente de CORDES, en el Trigésimo aniversario de su fundación". (MIPYMES: ENE-FEB 2015). AÑO 13 – N° 73

Instituto Ecuatoriano de Estadísticas y Censos, "ENCUESTA NACIONAL DE EMPLEO, DESEMPLEO Y SUBEMPLEO". (Indicadores Laborales, diciembre 2015, 15 años y más). Ecuador en Cifras en: http://www.ecuadorencifras.gob.ec/documentos/web-inec/EMPLEO/2015/Diciembre-2015/Presentacion_Empleo_dic_15.pdf
Instituto Ecuatoriano de Estadísticas y Censos, "ENCUESTA NACIONAL DE EMPLEO, DESEMPLEO Y SUBEMPLEO". (Indicadores Laborales diciembre 2016). Ecuador en Cifras en: http://www.ecuadorencifras.gob.ec/documentos/web-inec/EMPLEO/2016/Diciembre-2016/122016_Presentacion_Laboral.pdf

Iglesias, Patricia, "Filanbanco: Informe Interno de Inspección In Situ No. 001". AUDITORIA SUPERINDENDENCIA DE BANCOS. (noviembre 26 del 2001).

INFOBAE, "¿Hacia un mundo con mayor flexibilidad laboral?" (Política: 22 de febrero de 2012). En: http://www.infobae.com/2012/02/22/1044677-hacia-un-mundo-mayor-flexibilidad-laboral

Inter Economía, "Las 10 mejores frases de Winston Churchill en contra del socialismo". (Economía – Empresas: 27 enero 2015). En: https://intereconomia.com/economia/10-mejores-frases-economia-winston-churchill-20150127-0000/

International Olympic Committee, "National Olympic Committees (NOCS)". En: https://www.olympic.org/ioc-governance-national-olympic-committees

International Renewable Energy Agency (IRENA). "RENEWABLE POWER GENERATION COSTS IN 2014". (January 2015). Sitio web IRENA: http://www.irena.org/documentdownloads/publications/irena_re_power_costs_2014_report.pdf

Jezl Contadores y Auditores, "TABLA IMPUESTO A LA RENTA 2016, PERSONAS NATURALES". En: http://www.jezl-auditores.com/index.php/10-novedades-tributarias/48-tabla-de-impuesto-a-la-renta-ir-2016-2015-2014-personas-naturales-ecuador

Jorgensen Farrales, Mark. "What is Corruption? A History of Corruption Studies and the Great Definitions Debate". (University of California, San Diego. USA. June 8, 2005).

Junta de Política y Regulación Monetaria y Financiera. REFORMAS A LAS NORMAS PARA LA GESTIÓN DE DINERO ELECTRÓNICO. Resolución No. 109-2015-M. JULIO 23 DE 2015. En: http://www.juntamonetariafinanciera.gob.ec/PDF/resolucion109m.pdf?dl=0

Kroeze, Ronald. New perspectives on the history of corruption and why they are important. ANTI-CORRUPTION RESEARCH NETWORK. TRANSPARENCY INTERNATIONAL. En: http://corruptionresearchnetwork.org/acrn-news/blog/new-perspectives-on-the-history-of-corruption-and-why-they-are-important

La Nación, "Venezuela carece del 80% de los alimentos más necesarios" (Mundo: 29 de mayo de 2016). En: http://www.nacion.com/mundo/latinoamerica/Venezuela-carece-alimentos-necesarios_0_1563643657.html

La Historia, "Collas: la ruta más cara de la región". En: http://lahistoria.ec/2014/08/04/collas-ruta-mas-cara-region/

La Hora, "Autoridades ecuatorianas multan con 40 dólares a Teleamazonas por noticia". (Quito, EFE: jueves, 25 de junio de 2009). En:

## ¿Qué pasa Ecuador?

http://lahora.com.ec/index.php/noticias/show/895608/-1/Autoridades_ecuatorianas_multan_con_40_dólares_a_Teleamazonas_por_noticia.html#.WO1PzoWcE-9
La Hora, "Informe de actividades en la OEA". (Domingo, 30 de julio de 2000). En: http://lahora.com.ec/index.php/noticias/show/1000014030/-1/home/goRegional/Zamora#.WPT3BIWcE-8
La República, "Lenin Moreno menciona la posibilidad de tener moneda propia". (Política: miércoles 4 de enero de 2017). En: http://www.larepublica.ec/blog/politica/2017/01/04/lenin-moreno-menciona-la-posibilidad-de-tener-moneda-propia/

Ma, Alexandra, "What Russia's Failing Economy Means For Putin's Legacy And Military Ambitions". (Worldpost: 02/20/2016 updated Jan 05, 2017).
Magi, Brian, "Unusually Bad Air Quality in North Carolina". Multidisciplinary Earth System and Atmospheric Sciences Research Group (MESAS). University of North Carolina. (Charlotte: 2016-11-16). En: https://claspages.uncc.edu/mesas/news/
Mansfield, Edwin, "Economics: Principles, Problems, Decisions". University of Pennsylvania. W.W. Norton & Company Inc. Second Edition. (New York, 1977).
Market Wired, "Proposed Tariffs on Chinese Hardwood Plywood Imports Would Cost American Jobs, Impact Economy". En: http://www.market-wired.com/press-release/proposed-tariffs-on-chinese-hardwood-plywood-imports-would-cost-american-jobs-impact-1712692.htm
Marketing Directo, "Al consumidor se le conquista por el subconsciente". En: https://www.marketingdirecto.com/marketing-general/tendencias/al-consumidor-se-le-conquista-por-el-subconsciente
Marqués de Vélez, "Adquisición de Bienes Inmuebles en el Ecuador por Extranjeros". (Foro: 21 marzo 2013). En expat.com: http://www.expat.com/forum/viewtopic.php?id=244024
Marx, K. y Engels, F., "Manifiesto del Partido Comunista (1848)". Marxists Internet Archive en: https://www.marxists.org/espanol/m-e/1840s/48-manif.htm
Memoria Crisis Bancaria, "Capítulo V: AGD entidad del sector público". En: http://memoriacrisisbancaria.com/www/articulos/5_AGD.pdf
Metro Ecuador, "Cedatos: 52% de electores están indecisos para elecciones de 2017". En: https://www.metroecuador.com.ec/ec/noticias/2016/10/28/cedatos-52-electores-indecisos-elecciones-2017.html

Ministerio de Ambiente, "Estadísticas de Patrimonio Natural", Datos de bosques, ecosistemas, especies, carbono y deforestación del Ecuador continental (2015). En: http://suia.ambiente.gob.ec/documents/10179/346525/ESTADISTICAS+DE+PATRIMONIO+FINAL.pdf/b36fa0a7-0a63-4484-ab3e-e5c3732c284b

Ministerio del Ambiente. (UNEP-WCMC), "ECUADOR. Carbon, biodiversity & ecosystem services: exploring co-benefits". (Cambridge, United Kingdom). En: http://apps.unep.org/redirect.php?file=/publications/pmtdocuments/Carbon_biodiversity_ecosystem_services_Ecuador.pdf

Ministerio de Educación, "Ecuador: Indicadores Educativos 2011 – 2012". En: http://educacion.gob.ec/wp-content/uploads/downloads/2013/10/Indicadores_Educativos_10-2013_DNAIE.pdf

Ministerio de Salud Pública y Organización Panamericana de la Salud, "El Fenómeno del Niño en Ecuador". En: http://www.eird.org/estrategias/pdf/spa/doc12863/doc12863-10.pdf

Morales, Daniel. Universidad Bastiat, "Promedio de años de escolaridad América Latina y el Caribe". (Blog spot: 7th February 2012). En:

http://universidadbastiat.blogspot.com/2012/02/promedio-de-anos-de-escolaridad-america.html

Obando, Alberto, "Resumen de historia económica ecuatoriana en el periodo 1996 – 2000". (diciembre 2003). En: http://www.memoriacrisisbancaria.com/www/articulos/Obando_Resumen_historia_economica_1996_2000.pdf

Ortiz, José Luis. "MEMA, El Abuelo que Vino del Mar". (Guayaquil: Impresión Poligráfica C.A., 2003).

Ortiz-Ospina, Esteban y Roser Max, "Public Spending". OUR WORLD IN DATA web site: https://ourworldindata.org/public-spending/

## ¿Qué pasa Ecuador?

Panamá América, "Grupos de Derechos Humanos rechazan represión militar provincia petrolera y piden diálogo". (Quito: 07/12/07). En: http://www.panamaamerica.com.pa/content/grupos-de-derechos-humanos-rechazan-represi%C3%B3n-militar-provincia-petrolera-y-piden-di%C3%A1logo
Partnoy, Frank,. "The Cost of Human Life, Statistically Speaking". (The Globalist: July 21, 2012). En: http://www.theglobalist.com/the-cost-of-a-human-life-statistically-speaking/
Pásara, Luis, "Independencia judicial en la reforma de la justicia ecuatoriana". Fundación para el Debido Proceso; Centro de Estudios de Derecho, Justicia y Sociedad. (Instituto de Defensa Legal: 2014). En: http://www.dplf.org/sites/default/files/indjud_ecuador_informe_esp.pdf

Pérez Pimentel, Rodolfo. "FRANCISCO EUGENIO TAMARÍZ". En Diccionario Biográfico del Ecuador, sitio web: http://www.diccionariobiograficoecuador.com/tomos/tomo8/t1.htm

Perfil - Política, "Eduardo Galeano: "No volvería a leer las venas abiertas de América Latina". En: http://www.perfil.com/politica/eduardo-galeano-no-volveria-a-leer-las-venas-abiertas-de-america-latina-0501-0022.phtml

Peter Taylor, Larissa Davies, Peter Wells, Jan Gilbertson and William Tayleur, "A Review of the Social Impacts of Culture and Sport". (CASE: March 2015). En: https://www.gov.uk/government/uploads/system/uploads/attachment_data/file/416279/A_review_of_the_Social_Impacts_of_Culture_and_Sport.pdf

Pro Ecuador, "CODIGO ORGÁNICO DE LA PRODUCCIÓN, COMERCIO E INVERSIONES". En: http://www.proecuador.gob.ec/wp-content/uploads/2014/02/1-Codigo-Organico-de-la-Produccion-Comercio-e-Inversiones-pag-37.pdf

Rama, Martin y MacIsaac, Donna, "REDUCCIÓN DE PERSONAL EN EL BANCO CENTRAL: INGRESO Y BIENESTAR DE LOS EXEMPLEADOS". (Nota Técnica 38. Banco Central del Ecuador). En sitio web del Banco Central del

Ecuador: https://contenido.bce.fin.ec/documentos/PublicacionesNotas/Catalogo/NotasTecnicas/nota38.pdf

Reuters noticias, "Ecuador pagará en junio la deuda con petrolera Occidental". (Quito: Diario El Universo). En sitio web de El Universo: http://www.eluniverso.com/noticias/2016/05/24/nota/5598240/ecuador-pagara-junio-deuda-occidental

Reuben, Antony, "El 1% más rico del planeta "ya tiene tanto como el otro 99%", asegura Oxfam". (Reportaje de BBC, Mundo: 18 enero 2016). En: http://www.bbc.com/mundo/noticias/2016/01/160118_1_por_ciento_mas_rico_pobreza_desigualdad_economia_mr

Revista Avance, "El último fraude favoreció a Mahuad en 1998: Maugé". (Cuenca: Diciembre de 2012 – Edición N° 253). En: http://www.revistavance.com/entrevistas-diciembre-2012/el-ultimo-fraude-favorecio-a-mahuad-en-1998-mauge.html

Rincón, Andrés, "Zaqueo: un modelo para el desarrollo de una ética profesional cristiana". (Investigación – Ventana Teológica). En: http://www.unisbc.edu.co/investigacion/ventana-teologica/ediciones-anteriores/36-ventana-teologica-04/103-zaqueo-un-modelo-para-el-desarrollo-de-una-etica-profesional-cristiana

Rodríguez, Dennis (Blog: La vuelta al mundo en 80 días), "En el nuevo 'socialismo real', los muertos 'votan' y hacen ganar elecciones". Sitio web de El Comercio: http://www.elcomercio.com/blogs/la-vuelta-al-mundo-en-80-ideas/muertos-votan-ganar-elecciones-venezuela.html

Rodríguez, Orlando, "CASO FILANBANCO". (2 diciembre, 2010). En: https://orlandorodriguez7.wordpress.com/2010/12/02/caso-filanbanco/

Roser, Max, "Global Economic Inequality". I. Empirical View. (Our World In Data: Global Income Distribution 1988 to 2011). Sitio web: https://ourworldindata.org/global-economic-inequality

## ¿Qué pasa Ecuador?

Ruiz Euler, Nadja Dorothea, "En Trato Nacional y la Nación más Favorecida en el Acuerdo General Sobre el Comercio de Servicios de la Organización Mundial de Comercio". En: http://cdei.itam.mx/RuizAGCS.pdf
San José State University, "The Economic Collapse of the Soviet Union". Department of Economics. Web site: http://www.sjsu.edu/faculty/watkins/sovietcollapse.htm

Sandri, Piergiorgio M., "Historia de la corrupción". (LAVANGUARDIA: 03/08/2012): http://www.lavanguardia.com/estilos-de-vida/20120803/54331562523/historia-de-la-corrupcion.html
Salario Mínimo, "Salario Mínimo en Latinoamérica ¿en dónde se gana más?" (Financial Red). En: http://salariominimo.com.mx/comparativa-salario-minimo-latinoamerica/
Scotese, Christopher R., "Paleomap Project". En: http://www.scotese.com/climate.htmSantander, Demetrio, "Emisión de Obligaciones". Revista Judicial: Derecho Ecuador (miércoles 08 de febrero del 2012). En: http://www.derechoecuador.com/articulos/detalle/archive/doctrinas/derechopublico/2012/02/08/emision-de-obligaciones
Sassan S. Saatchia,b,1, Nancy L. Harrisc, Sandra Brownc, Michael Lefskyd, Edward T. A. Mitcharde, William Salasf, Brian R. Zuttaa,b, Wolfgang Buermannb, Simon L. Lewisg, Stephen Hagenf, Silvia Petrovac, Lee Whiteh, Miles Silmani, and Alexandra Morelj, "BENCHMARK MAP OF FOREST CARBON STOCKS IN TROPICAL REGIONS ACROSS THREE CONTINENTS". web site: http://www.pnas.org/content/108/24/9899.full.pdf

Sciencepo, "LEY ORGANICA ELECTORAL Y DE ORGANIZACIONES POLITICAS DE LA REPUBLICA DEL ECUADOR". CODIGO DE LA DEMOCRACIA. En: http://www.sciencespo.fr/opalc/sites/sciencespo.fr.opalc/files/codigodemocracia.pdf

Scientific America, "How Many Trees Are There in the World?". (Nature America, Inc. video: September 9, 2015). En: http://www.scientificamerican.com/article/how-many-trees-are-there-in-the-world-video/
Secretaria Nacional de la Administración Pública, "Tramites ciudadanos". En: http://www.tramitesciudadanos.gob.ec/listado_instituciones.php

Seldon, Barry J. y Boyd, Roy G., "The Economic Effects of A Flat Tax". (National Center for Policy Analysis, June 1996). En: http://www.ncpa.org/pub/st205
Serrano Dávalos, Alberto. *"ECONOMÍA ECUATORIANA EN CIFRAS"*. (ILDIS: QUITO 1999).

Servicio de Rentas Internas, "Otros Impuestos". En: http://www.sri.gob.ec/web/guest/otros-impuestos
Servicio de Rentas Internas, "SRI DEVOLVERÁ IVA PAGADO CON MEDIOS ELECTRÓNICOS". En: http://www.sri.gob.ec/web/guest/detalle?idnoticia=314&marquesina=1
Sostenibilidad, "Top 10 países con más biodiversidad". En: http://www.sostenibilidad.com/medio-ambiente/top-10-paises-mayor-diversidad

Spunik Mundo, "Rusia reduce dependencia del precio del petróleo, según el Banco Central". (Rusia: 22-01-2016). En: https://mundo.sputniknews.com/rusia/201601221055988594-rusia-dependencia-petroleo/
Tamayo R., Raúl, "impuesto a la circulación de capitales". (Sitio web: Derecho Ecuador, jueves 24 de noviembre del 2005). http://www.derechoecuador.com/articulos/detalle/archive/doctrinas/derechotributario/2005/11/24/impuesto-a-la-circulacioacuten-de-capitales

Tanner, Michael and Hughes, Charles, "THE WORK VERSUS WELFARE TRADE-OFF: 2013". (An Analysis of the Total Level of Welfare Benefits by State, The CATO Institute). En: http://object.cato.org/sites/cato.org/files/pubs/pdf/the_work_versus_welfare_trade-off_2013_wp.pdf

Transparency International, "Corruption Perceptions Index 2016". En: https://www.transparency.org/news/feature/corruption_perceptions_index_2016
The World Bank, "Doing Business". En: http://www.doingbusiness.org/rankings
The World Bank, "Understanding Poverty". En: http://www.worldbank.org/en/understanding-poverty
The World Bank, "United Arab Emirates". En: http://data.worldbank.org/country/united-arab-emirates
Trading Economics, "Singapure per Capita Income". (1960-2017). En:

## ¿Qué pasa Ecuador?

http://www.tradingeconomics.com/singapore/gdp-per-capita

UNICEF, "CONVENCIÓN SOBRE LOS DERECHOS DEL NIÑO". En:
http://www.un.org/es/events/childrenday/pdf/derechos.pdf
Unctad, "Actas de la Conferencia de las Naciones Unidas sobre Comercio y
Desarrollo". Segundo período de sesiones. Volumen I, Informe y Anexos.
(Nueva Delhi: 1 de febrero – 29 de marzo de 1968). En: http://unctad.org/es/Docs/td97vol1_sp.pdf

UNESCO, "Situación Educativa en América Latina y el Caribe". En:

http://www.unesco.org/new/fileadmin/MULTIMEDIA/FIELD/Santiago/pdf/situacion-educativa-mexico-2013.pdf

United Nations,"Preventing Disease and Promoting Health". SPORT AND
HEALTH. En: http://www.un.org/wcm/webdav/site/sport/shared/sport/SDP%20IWG/Chapter2_SportandHealth.pdf

Visión 360, YouTube, "Despojados parte 1 | Programa 34 - Bloque 1 | III
temporada. En: https://www.youtube.com/watch?v=-wsVd-lFn8Q

Visión 360, YouTube, "Despojados parte 2 | Programa 34 - Bloque 2 | III
temporada. En: https://www.youtube.com/watch?v=-e8ioFAuxTY

Wikipedia, "Abdalá Bucaram". En: https://en.wikipedia.org/wiki/Abdal%C3%A1_BucaramWikipedia, "Four Asian Tigers". En:
https://en.wikipedia.org/wiki/Four_Asian_Tigers

Wikipedia, "Al Gore". En: https://en.wikipedia.org/wiki/Al_Gore

Wikipedia, "Arthur Schopenhauer". En: https://en.wikipedia.org/wiki/Arthur_Schopenhauer

Wikipedia, "Basilea II". En: https://es.wikipedia.org/wiki/Basilea_II

Wikipedia, "Bolsa de valores". En: https://es.wikipedia.org/wiki/Bolsa_de_valores
Wikipedia, "Clima". En: https://es.wikipedia.org/wiki/Clima
Wikipedia, "Carbon credit". En: https://en.wikipedia.org/wiki/Carbon_credit#Emission_markets

Wikipedia, "Computadoras de Raúl Reyes". En: https://es.wikipedia.org/wiki/Computadores_de_Ra%C3%BAl_Reyes#cite_note-9
Wikipedia, "Día Internacional de los Trabajadores". En: https://es.wikipedia.org/wiki/Día_Internacional_de_los_Trabajadores

Wikipedia, "Dióxido de carbono". En: https://es.wikipedia.org/wiki/Di%C3%B3xido_de_carbono
Wikipedia, "Deng Xiaoping". En: https://es.wikipedia.org/wiki/Deng_Xiaoping

Wikipedia, "Desigualdad de Ingreso". En: en https://es.wikipedia.org/wiki/Desigualdad_de_ingreso
Wikipedia, "Dióxido de carbono". En: https://es.wikipedia.org/wiki/Di%C3%B3xido_de_carbono

Wikipedia, "Dogma". En: https://en.wikipedia.org/wiki/Dogma
Wikipedia, "Domestic policies of Vladimir Putin". En: https://en.wikipedia.org/wiki/Domestic_policies_of_Vladimir_Putin
Wikipedia, "Economía de escala". En: https://es.wikipedia.org/wiki/Econom%C3%ADa_de_escala

Wikipedia, "Efecto invernadero". En: https://es.wikipedia.org/wiki/Efecto_invernadero
Wikipedia, "Geary–Khamis dollar". En: https://en.wikipedia.org/wiki/Geary%E2%80%93Khamis_dollar

Wikipedia, "Greek government-debt crisis". En: https://en.wikipedia.org/wiki/Greek_government-debt_crisis#Government_debt
Wikipedia, "Huella de carbono". En: https://es.wikipedia.org/wiki/Huella_de_carbono#Registro_P.C3.BAblico_de_Huella_de_Carbono_.28Espa.C3.B1a.29

## ¿Qué pasa Ecuador?

Wikipedia, "International Olympic Committee". (International federations recognized by IOC). En: https://en.wikipedia.org/wiki/International_Olympic_Committee#International_federations_recognised_by_IOC

Wikipedia, "Instituciones españolas del Antiguo Régimen". En: https://es.wikipedia.org/wiki/Instituciones_espa%C3%B1olas_del_Antiguo_R%C3%A9gimen

Wikipedia, "Jaime Roldós Aguilera". En: https://es.wikipedia.org/wiki/Jaime_Rold%C3%B3s_Aguilera

Wikipedia, "John Maynard Keynes". En: https://en.wikipedia.org/wiki/John_Maynard_Keynes

Wikipedia, "José Andrés de Oteyza". En: https://es.wikipedia.org/wiki/Jos%C3%A9_Andr%C3%A9s_de_Oteyza

Wikipedia, "León Febres Cordero". En: https://en.wikipedia.org/wiki/Le%C3%B3n_Febres_Cordero

Wikipedia, "List of countries by largest historical GDP". En: https://en.wikipedia.org/wiki/List_of_countries_by_largest_historical_GDP

Wikipedia, "List of countries by tax rates". En: https://en.wikipedia.org/wiki/List_of_countries_by_tax_rates#cite_note-140

Wikipedia, "Lobbying Disclosure Act of 1995". En: https://en.wikipedia.org/wiki/Lobbying_Disclosure_Act_of_1995

Wikipedia, "Lobbying in the United States". En: https://en.wikipedia.org/wiki/Lobbying_in_the_United_States

Wikipedia, "Martin Niemöller". En: https://en.wikipedia.org/wiki/Martin_Niem%C3%B6ller

Wikipedia, "Mikhail Gorbachev". En: https://en.wikipedia.org/wiki/Mikhail_Gorbachev

Wikipedia, "Nacionalización de la banca en México". En: https://es.wikipedia.org/wiki/Nacionalizaci%C3%B3n_de_la_banca_en_M%C3%A9xico

Wikipedia, "Nicolás Maquiavelo". En: https://es.wikipedia.org/wiki/Nicol%C3%A1s_Maquiavelo#Obras

Wikipedia. "Oil reserves". https://en.wikipedia.org/wiki/Oil_reserves

Wikipedia, "Política de Corea del Sur". En: https://es.wikipedia.org/wiki/Pol%C3%ADtica_de_Corea_del_Sur

Wikipedia, "Prueba de resistencia bancaria". En https://es.wikipedia.org/wiki/Prueba_de_resistencia_bancaria

Wikipedia, "Rational expectations". En: https://en.wikipedia.org/wiki/Rational_expectations

Wikipedia, "Soviet ruble". En: https://en.wikipedia.org/wiki/Soviet_ruble#Historical_official_exchange_rates

Wikipedia, "There ain´t no such thing as a free lunch". En: https://en.wikipedia.org/wiki/There_ain%27t_no_such_thing_as_a_free_lunch

Wikipedia, "Thomas Arnold". En: https://es.wikipedia.org/wiki/Thomas_Arnold

Wikipedia, "Tierra". En: https://es.wikipedia.org/wiki/Tierra

Wikipedia, "Value of Life". En: https://en.wikipedia.org/wiki/Value_of_life

Wikipedia, "Yasuni National Park". En: https://en.wikipedia.org/wiki/Yasuni_National_Park

Wikipedia, "Yegor Gaidar". En: https://en.wikipedia.org/wiki/Yegor_Gaidar

World Economic Forum, "Competitiveness Rankings". En: http://reports.weforum.org/global-competitiveness-report-2015-2016/competitiveness-rankings/#indicatorId=GCI.B.08

World Health Organization, "Global Health Observatory (GHO) data". (Life expectancy, situation). En: http://www.who.int/gho/mortality_burden_disease/life_tables/situation_trends/en/

Yo Sostenible, "¿Cuánto CO2 emitimos los humanos al respirar?". (Ideas y sugerencias para reciclar y ahorrar energía día a día: miércoles, 11 de 2008). En: http://yosostenible.blogspot.com/2008/06/cunto-co2-emitimos-los-humanos-al.html

Yumpu, "Informe del Tribunal Supremo Electoral al H. Congreso Nacional agosto 1998. En: https://www.yumpu.com/es/document/view/13714720/ecuador-informe-del-tribunal-supremo-electoral-al-congreso-

**¿Qué pasa Ecuador?**

Zinnbauer, Dieter, "Corruption and the private sector". (Transparency International: January 28 2010). En: http://corruptionresearchnetwork.org/resources/frontpage-articles/corruption-and-the-private-sector

Zúñiga Urbina, Francisco. "DERECHO DE SUFRAGIO: LA DEBATIDA CUESTIÓN DE SU OBLIGATORIEDAD". Universidad de Chile-UDP. Sitio web: http://www.scielo.cl/scielo.php?script=sci_arttext&pid=S0718-52002009000100012